素养为纲的高中课堂

全面实施"双新"背景下
普通高中学科核心素养教育教学
实践研究

刘招川　主编

华东师范大学出版社
·上海·

图书在版编目(CIP)数据

素养为纲的高中课堂:全面实施"双新"背景下普通高中学科核心素养教育教学实践研究/刘招川主编. —上海:华东师范大学出版社,2023
ISBN 978 - 7 - 5760 - 4295 - 5

Ⅰ.①素… Ⅱ.①刘… Ⅲ.①素质教育-教学研究-高中 Ⅳ.①G632.0

中国国家版本馆 CIP 数据核字(2023)第 220869 号

素养为纲的高中课堂：

全面实施"双新"背景下普通高中学科核心素养教育教学实践研究

主　　编　刘招川
责任编辑　彭呈军
特约审读　郑　月
责任校对　时东明　张佳妮
装帧设计　卢晓红

出版发行　华东师范大学出版社
社　　址　上海市中山北路 3663 号　邮编 200062
网　　址　www.ecnupress.com.cn
电　　话　021 - 60821666　行政传真 021 - 62572105
客服电话　021 - 62865537　门市(邮购)电话 021 - 62869887
地　　址　上海市中山北路 3663 号华东师范大学校内先锋路口
网　　店　http://hdsdcbs.tmall.com

印　刷　者　上海盛隆印务有限公司
开　　本　787 毫米×1092 毫米　1/16
印　　张　16.25
插　　页　2
字　　数　363 千字
版　　次　2023 年 12 月第 1 版
印　　次　2024 年 9 月第 2 次
书　　号　ISBN 978 - 7 - 5760 - 4295 - 5
定　　价　62.00 元

出 版 人　王　焰

(如发现本版图书有印订质量问题,请寄回本社客服中心调换或电话 021 - 62865537 联系)

卓然独立

越而胜己

序　言

华东师范大学第二附属中学 1958 年在华东师范大学校园内建校,2020 年华东师范大学第二附属中学普陀校区建立,普陀校区传承了二附中创校至今的办学理念与精神。二附中长期致力于教育教学改革,是华东师大教科研的试验田,拥有一支不断深耕教学的卓越教师队伍是二附中的"密码"。普陀校区虽新建校不久,但在探索"双新"课程改革方面已初见成效。

《素养为纲的高中课堂:全面实施"双新"背景下普通高中学科核心素养教育教学实践研究》是由华东师范大学第二附属中学普陀校区执行校长刘招川领衔,华东师范大学卓越教育研究所所长周敬山博士筹策,多学科教师践行教育教学改革的成果集。该书由 23 位一线教师合作完成,编者 100％拥有研究生学历,其中博士、博士后约占 30％。

该书的研究成果主要包括三个部分:基础型学科核心素养学理研究、基于"双新"的学科核心素养教育教学实践研究、"双新"实施中学科核心素养教育教学案例研究。涵盖了普通高中数学、语文、外语、物理、化学、生物学、思想政治、历史、地理、美术、音乐、体育与健康、信息技术、通用技术、心理、科创等 16 项学科与领域,涵盖必修课程、选择性必修课程、选修课程等《普通高中课程方案》规定的课程类型,以及"三科"科创课程、"数学建模"竞赛课程、跨学科融通课程、晨晖讲坛等华二普陀校区特色校本课程。

当前我国核心素养实践研究已经进入一个新的阶段,在教育实践层面,"双新"课改与高考命题素养导向对核心素养落实提出了更高的要求,一线学科教育教学面临着更深层次的挑战。基础教育教学要夯实学生的学科基础,《普通高中课程标准》要求细化学生核心素养落地,强化学生在课堂学习中的效果,提炼学科课程的价值,培育习得核心素养的学习能力,保证学校教学从知识传授向发展核心素养转变。

"新课程与新教材"需要"教与学"来实现"坚持素养导向、强化学科实践",本书尝试理论与实践结合,回应"双新"要求。本书第一部分"学理研究:学科核心素养的价值导向",对高中基础型学科核心素养的内涵、构成要素、评价指标等进行了深入探讨和分析,提出了基于学科核心素养的课程设计、教学模式、评价方式等一系列实践性的教学方法和策略。这些研究成果对于推动高中基础型学科核心素养教育教学改革具有重要的参考价值。第二部分"实践研究:学科核心素养的教学维度",涉及"整本书阅读""平面向量""英语辩论""GIS 信息叠图""学习评价""议题活动""数学建模""科创课题"等多个研究项目,针对学科具体核心素养进行细化研究,对"数学抽象""语言能力""历史解释""空间素养""文化理解""科学素养"等高中学科核心素养教育教学实践进行了深入研究和探索。第三部分"案例研究:学科核心素养的教学策略"还对"双新"实施中学科核心素养教育教学案例研究进行了深入探讨,案例从课堂到课外,从"数学建模融通信息技术""用数学方法描绘种群数量变化""生活中的有机物的大单元"等学习探索到"解密苏州河工业文明研学""伟大的改革开放""剧润心灵"等活动实践,这些案例研究在跨学科学习、研学活动、科创课题、深度学习等领域做了尝试与探索,不仅具有很高的实践价值,还可为其他学科核心素养教育教学提供经验和借鉴。

《素养为纲的高中课堂:全面实施"双新"背景下普通高中学科核心素养的教育教学实践研究》一书的学理研究、实践研究和案例研究为中学"双新"背景下全面实施普通高中学科核心素养的开展提供了理论参考,将教育改革理念与具体学科教学实践相结合,为新时代中学教师落实核心素养、实现学校深化发展提供有益借鉴,也为全社会培育卓越创新人才在学校学科教育教学实践层面作出了有益尝试。

周 彬

2023 年 10 月 3 日

前　言

　　党的十八大明确教育的根本任务是"立德树人"。2014 年,教育部在《关于全面深化课程改革落实立德树人根本任务的意见》中强调落实立德树人根本任务的重要抓手和突破口是课程改革,同时提出研究制订学生发展核心素养体系的重要举措,并将核心素养实践研究落实到各学科的教学中。2016 年,教育部发布的《中国学生发展核心素养》以三个维度、六大素养、十八个基本要点构建我国学生发展核心素养框架①。党的十九大进一步强调"落实立德树人的根本任务,发展素质教育"。为切实推进普通高中育人方式变革,2017 年,教育部印发《普通高中课程方案和语文等学科课程标准(2017 年版 2020 年修订)》(新课程),并组织编写修订了普通高中各学科教材(新教材),两者统称为"双新"。此次课程改革把党的教育方针中关于立德树人的总体要求具体化、细化为学生发展核心素养。各学科结合学科自身特点和学生发展核心素养的要求,进一步凝练出学科核心素养,并把学科核心素养作为课程目标确定、教学内容遴选、教学活动设计的主要依据。

　　《素养为纲的高中课堂:全面实施"双新"背景下普通高中学科核心素养教育教学实践研究》正是在"双新"背景下,全面深度梳理普通高中学科核心素养教育教学理论和实践的研究成果,这既是回应当下"双新"改革对高中教育教学的要求,也是华东师范大学第二附属中学普陀校区(以下简称华二普陀)的必然使命。华二普陀创办于 2020 年,实行二附中"一校多区"统一管理,沿袭并传承二附中"追求卓越,培养创造未来的人"育人理念。作为华二普陀首任执行校长,我曾在二附中本部长期担任教学和教育管理工作,参与了上海市一期课改、二期课改在学校的研究、推进和实施。在探索普通高中创新人才和基础学科拔尖学生培养特点和规律的教育教学过程中,我感到"三课"即"课堂·课题·课程"是学校教育教学管理的关键要素。因此,华二普陀建校后,也秉持"三课"办学精神,依据本校实情,积极探索适合本校师生发展的办学模式。本书正是华二普陀践行"三课"精神的产物:以课堂为抓手,将学科核心素养教育融入具体教学案例,以学科课堂为主阵地,为发展学

---

① 林崇德等. 中国学生发展核心素养:深入回答"立什么德、树什么人"[J]. 人民教育,2016(19):12—16.

生核心素养提供落脚点;以课题为动力,从多学科角度展开研究,深入探讨不同学科的核心素养和实践方法,为教师教学提供操作指南;以课程为引领,系统梳理各学科课程的培养路径和方法,形成一套完整的课程教学体系,助力学科核心素养教育落地实施。

作为一所新开办学校,"双新"对我们是一项挑战,新时代的教育改革不断深化,教育领域竞争激烈,对学校提出了更高的要求,我们必须积极探索符合新教育改革导向的办学模式和教学方法,制定符合学校特色的教育教学计划。同时,"双新"对我们也是一个机遇,相较于传统学校,新学校会拥有更大的创新空间,可以在课程设置、教学方式、教育理念等方面积极进行尝试和创新,也可以更灵活地整合教育教学资源,有针对性地吸引和培养优秀的教师团队,打造高水平的师资力量,形成自己的教育特色。我们在深入实践立德树人这一根本任务的过程中,发现学科核心素养教育对学生全面发展的促进作用日益显现,同时也认识到高中学科核心素养教育的理论研究和实践探索还存在一定的不足。因此,我们决定组织编写这本书,旨在对学科核心素养教育的研究成果进行系统总结和分享,为一线教师提供理论和实践指导,促进学科教育教学质量的切实提升。本书具有三大特点,使其在学科核心素养教育教学研究领域独具价值和意义。

第一,研究拓展度深,学科覆盖面广。本书总体分为三个部分,第一部分"学理研究:学科核心素养的价值导向",该部分对高中各学科核心素养的学术理论研究包括研究背景、研究趋势做了综述,探讨了学科核心素养与三维目标之间的内在联系以及学科核心素养在"双新"背景下对教育教学的新要求等内容。第二部分"实践研究:学科核心素养的教学维度",每门学科根据学科核心素养特点,立足"双新",从课程观、教材分析、课堂教学策略、学科实践(学科实验)等方面,探讨学科教育教学落实核心素养的目标、要求、策略、资源、评价等问题。第三部分"案例研究:学科核心素养的教学策略",基于"课堂·课题·课程"校本特色理念,围绕核心素养在新课程新教材中的落实,形成教学设计案例、教学实录、教学资源案例等实践案例,分析案例设计思路及其对发展学生核心素养的意义。本书全面汇集高中阶段所有学科及本校特色学科,包括数学、语文、英语等在内的 15 个学科与领域,均从三个部分做了深入探讨与研究,对科创教育课程学科则从实践角度做了详细阐析。研究的深度和广度使得本书成为一本综合性的教材,我们期望它对教师在教育教学中如何落实学科核心素养起到借鉴和参考作用。

第二,紧扣核心素养,理论联系实际。本书编者均为华东师大二附中在职教师,他们热爱教育科学研究,拥有高等教育学历,既有教学经验丰富的经验型教师,也有学术背景深厚的研究型教师,大家共同致力于学科核心素养教育教学研究,各自贡献专业知识和经验,形成丰富多样的研究视角和成果。通过倾力合作,编者们对各国(地区)核心素养要求进行详细梳理,阐析中国学生发展核心素养的框架及要求,紧密围绕学科核心素养这一关键概念展开研究,深入挖掘学科核心素养的内涵和构成要素,具有较强的指导性、针对性、实用性。同时,本书编者们认真阅读新课程标准及文献,多次研究、讨论,使每个部分的教育教学目标具体化、精细化,使之具有可操作性、可评价性。因此,本书内容既有关于核心素养教育教学的相关理念阐述,又结合案例解读如何以理论指导实践。这种理论与实践相结合的方法使得本书既有学术深度,又具有实用性,为学科核心素养的落地提供了切实可行的方法和策略。

第三,多学科合作,跨学科研究。本书编写团队由 15 个学科共 23 位来自不同分支学科的教师组成,编者们在撰写过程中积极推崇多学科合作,并进行跨学科研究。跨学科研究是一种综合性的研究方法,通过将不同学科领域的知识和方法相互结合,来解决复杂的问题。在学科核心素养教育研究中,跨学科研究具有重要意义。通过多学科合作,编者们汇聚了来自不同学科的专业知识和研究经验。这种合作不仅丰富了研究视角,拓展了研究范畴,还有助于发现学科之间的交叉点和融合点。例如,在探讨学科核心素养培养的过程中,数学教育研究者可以与信息技术教育研究者合作,共同研究如何运用信息技术手段提升数学学科核心素养。这种跨学科合作不仅推动了学科之间的交流和合作,也促进了学科核心素养教育研究的深入发展。通过整合不同学科的研究成果,形成丰富多样、综合性的实践成果和案例研究,为学科核心素养教育教学提供新的思路和方法。

我始终相信,每一所学校都有其独特的基因,而对于新学校,在起始阶段尤其需要植入优秀的基因,只有如此,学校才能稳健前行,获得良好的发展态势。创校管理者的使命就是塑造并编辑学校的基因,创建一套独具特色且行之有效的教育教学体系。无论孩子的天资和条件如何,无论教师的经验和背景如何,只要运用学校建立的个性化、有效的教学系统,每个学生都有机会充分发掘潜能,达到最优的学习成果,每位教师都能在此系统中获得专业成长和个人发展,充分发挥自己的专业素养和热情,为学生成长和学校发展贡献自己的才华和智慧。华二普陀办学三年以来,在高考教学、学科竞赛、科技创新、教师教科研等各个方面均取得了不俗的成绩,本书谨此开启以"双新"背景教育教学改革为导向,以学科核心素养为依据,践行"三课"精神在未来教育教学改革的新征程,以期激发更多一线教师对学科核心素养教育教学的兴趣和热情,也为广大新教改教师和相关领域研究者提供有益的启示与借鉴,促进教学改革和创新。最终为学生的全面发展和成长提供更有力的支持,让学生在学科教育中获得更丰富的素养培育,为构建社会主义现代化国家贡献更多的优秀人才。当然,由于编者能力有限,加上时间紧迫,错误之处在所难免,恳请广大读者批评指正。

　　本书的编者均为一线教师。各部分编写人员分别是：杜昌敏（数学学理研究、实践研究、案例研究）、李颖燕（语文学理研究、实践研究）、查晨婷（语文案例研究）、袁雨轩（英语学理研究、实践研究、案例研究）、汤晨毅（物理学理研究）、赵越（物理实践研究、案例研究）、夏斌斌（化学学理研究）、陈媛媛（化学实践研究、案例研究）、黄琳（生物实践研究、案例研究）、何方圆（生物学理研究、科创实践研究）、司建（思想政治学理研究）、张蒙（思想政治实践研究、案例研究）、岳潇翰（历史学理研究）、李芬（历史实践研究、案例研究）、李梅（地理学理研究、实践研究）、王道奎（地理案例研究）、温佳琳（信息技术学理研究、实践研究、案例研究）、刘海生（通用技术学理研究、实践研究、案例研究）、朱丽蓓（音乐学理研究、实践研究、案例研究）、何桂臣（美术学理研究、实践研究、案例研究）、李美慧（体育与健康学理研究、实践研究）、吴宇妍（体育学理研究、案例研究）、陈秋妍（心理学理研究、实践研究、案例研究）。全书由正高级教师周敬山策划并统稿，李梅、何方圆组织、协调并进行校对。感谢参与编辑工作的吴宇妍、刁志瑞、林雨菲等老师。本书在编写过程中参考了大量文献和案例，在此向这些文献和案例的作者表示感谢。

刘招川

2023 年 7 月 30 日

目　录

第一部分　学理研究：学科核心素养的价值导向

第二部分　实践研究：学科核心素养的教学维度

第三部分　案例研究:学科核心素养的教学策略

第一部分
学理研究：学科核心素养的价值导向

　　本书共分为学理、实践、案例三个部分。本部分旨在探究高中学科核心素养的价值导向，通过对数学、语文、英语、物理、化学、生物、政治、历史、地理、美术、音乐、体育、信息、通用技术、心理学等学科核心素养的学理研究，探讨如何将核心素养融入课堂教学，提高学生综合素质和学科能力，为高中教育改革和发展提供理论支持。

　　在高中教育中，学科核心素养是指学生在特定学科领域中所需具备的核心能力和素养，是学科知识、技能、态度和价值观的综合体现。学科核心素养不仅是学科知识的积累和掌握，更是学生全面发展的重要基础。因此，将学科核心素养融入课堂教学已成为当前高中教育改革的重要方向。

　　我们将通过对数学、语文、英语、物理、化学、生物学、政治、历史、地理、美术、音乐、体育、信息、通用技术、心理学等学科核心素养的学理研究，探讨如何将核心素养融入课堂教学，提高学生综合素质和学科能力，为高中教育改革和发展提供理论支持。同时，本研究还将分析当前高中教育存在的问题和挑战，提出相应的解决方案和建议，为高中教育改革提供有益的参考。

1. 普通高中数学学科核心素养学理研究
2. 普通高中语文学科核心素养学理研究
3. 普通高中英语学科核心素养学理研究
4. 普通高中物理学科核心素养学理研究
5. 普通高中化学学科核心素养学理研究
6. 普通高中生物学学科核心素养学理研究
7. 普通高中思想政治学科核心素养学理研究
8. 普通高中历史学科核心素养学理研究
9. 普通高中地理学科核心素养学理研究
10. 普通高中美术学科核心素养学理研究
11. 普通高中音乐学科核心素养学理研究
12. 普通高中体育与健康学科核心素养学理研究
13. 普通高中信息技术学科核心素养学理研究
14. 普通高中通用技术学科核心素养学理研究
15. 普通高中心理学科核心素养学理研究

普通高中数学学科核心素养学理研究

一、数学学科核心素养研究背景

1999 年 6 月,中共中央、国务院作出《关于深化教育改革全面推进素质教育的决定》,把素质教育视为中国基础教育的核心内容。2003 年,教育部印发了普通高中课程方案和课程标准实验稿,2014 年,全面启动了高中各学科课程标准修订工作,2017 年底,教育部印发了包括《普通高中数学课程标准(2017 年版)》在内的各科课程标准,2020 年 6 月又发布了包括《普通高中数学课程标准(2017 年版 2020 年修订)》在内的各学科课程标准。

"双基"是中国数学基础教育的精神——基础知识和基本技能,传统数学教育的目标就是要求基础知识扎实、基本技能熟练。从 2001 年开始,我国课程改革的核心,就是把一维目标变为三维目标,即把知识技能这一维目标,变为知识与技能、过程与方法、情感态度与价值观这样的三维目标。在前期课程改革中,数学"双基"成为三维目标中的重要要求。我国对数学"双基"比较广泛认可的释义是在特定教育阶段,根据教育目标所确定的、学生发展所必需的最基本的数学知识、技能。课程改革以来,"双基"的内涵随着课程内容的调整也有了一些变化。高中目标中的"四基"应运而生,修订版课程标准提出:"通过高中数学课程的学习,学生能获得进一步学习以及未来发展所必需的数学基础知识、基本技能、基本思想、基本活动经验(简称'四基');提高从数学角度发现和提出问题的能力、分析和解决问题的能力(简称'四能')。"

经过十多年的课程改革,教育取得了巨大发展,推进素质教育取得了一定成效,但仍存在许多深层次的问题。另外,各种思想文化由于经济全球化的快速进展而激烈碰撞交流,学生的成长环境与需求发生了深刻改变。这些变化和需求对课程改革提出了新的更高的要求。希望通过建立核心素养体系达到的重要目的主要有两个:一是基于落实立德树人根本任务,聚焦教育方针和社会主义核心价值观的有关内容,提出一些具体的品格和能力要求,进而贯通各学段,深刻解决"培养什么人、怎样培养人"的问题。二是为衡量学生全面发展状况提供评判依据,引导教育教学评价从单纯考查学生的基本知识和基本技能转向考查学生的综合素养,并通过评价促进能力的提高。

二、国际上关于核心素养的研究

2003 年,经济合作与发展组织发表的报告《核心素养促进成功的生活和健全的社会》中指出,核心素养对每个人来说都极具重要意义,是促进成功生活和健全社会的重要素养。2004年,联合国教科文组织出版了《发展教育的核心素养:来自一些国际组织和国家的经验和教训》,该书指出核心素养对个人和社会来说都是所必需的素养。美国数学教师协会指出数学素养体现在对数学价值、数学技能的信心,解决数学问题的能力,学会数学交流和思想方法[3]。2005年,欧盟发布了《终身学习核心素养:欧洲参考框架》,指出"核心素养"涵盖了知识社会中,一个人要实现自我、融入社会,以及就业所需要的素养,其中包括知识、技能和态度。TIMSS从数学内容、数学认知和数学教学目标三个维度界定数学核心素养[4]。澳大利亚数学课标中的数学素养体现为理解、熟练、问题解决和推理;日本课标中的数学素养体现为数学活动、表达能力、数学优越性和数学论据。

进入21世纪,"数学素养"成为各国数学教育研究热点的一个原因是经济合作与发展组织发起的PISA研究。不同于其他大型国际比较研究(FIMS、SIMS、TIMSS)把数学成就作为比较对象,PISA把学生为成人生活所准备的阅读、数学和科学方面的素养作为国际比较的内容。PISA认为,数学素养有赖于对数学知识和技能的综合体的熟悉程度,包括现代社会所必需的进行数学式的思维和工作的能力。在PISA的测试框架中,数学素养有三个维度:过程、内容、背景。

PISA在2015年的一次研究中,对数学素养的定义是:个体在各种情景中形成、运用和解释数学的能力。它包括通过数学推理,运用数学概念、程序、事实和工具去描述、解释和预测现象,从而使个体认识到数学在现实世界中的作用,并成为能够合理决策的、有建设性的和具有反思能力的公民。为了考查学生的数学素养水平,PISA又进一步给出了数学素养的评价框架。从中可以看出PISA定义的数学素养实际上是一个多维度的系统。

除了数学素养以外,许多国家在数学课程中采用了数学能力的说法。

美国:理解、解决问题,抽象化,论证、推理,数学建模,合理使用恰当的工具,关注准确性,寻求并使用结构,表征,交流;

德国:数学论证,用数学的方式解决问题,数学建模,数学表征及其应用,数学符号、公式、技巧的熟练运用,数学交流;

法国:检索,建模,表征,推理,计算,交流;

韩国:问题解决,推理,创意与融合,交流,数据分析,态度与实践;

日本:思维,表达,应用;

新加坡:数学概念,数学技能,数学过程,数学学习元认知,对数学的态度。

三、国内关于核心素养的研究

辛涛、姜宇、刘霞基于国际形势和本国实际分析提出推动核心素养模型构建的启示与建议[5];李艺和钟柏昌教授指出核心素养有三个指向,即双基指向、问题解决指向、科学(广义)思维指向[6];何小亚将数学素养描述为数学运算、推理、意识、思想方法、情感态度价值观[7]。史宁中对数学素养的描述可用"三会"(会用数学的眼光观察现实世界、会用数学的思维思考现实世界、会用数学的语言表达现实世界)来概括[8]。章建跃教授分析研究了如何通过高中数学教材落实数学核心素养[9];曹才翰教授指出应从问题、情境、活动等方面精心安排数学教学[10]。

2016年9月,中国学生发展核心素养研究团队正式发布了研究成果,并不断完善为学生发展核心素养,主要指学生应具备的、能够适应终身发展和社会发展需要的正确价值观、必备品格和关键能力。发展学生核心素养需要各学科课程的实施来支撑。修订版课程标准指出:"学科核心素养是育人价值的集中体现,是学生通过学科学习而逐步形成的正确价值观、必备品格和关键能力。数学学科核心素养是数学课程目标的集中体现,是具有数学基本特征的思维品质、关键能力以及情感、态度与价值观的综合体现,是在数学学习和应用的过程中逐步形成和发展的。"

四、数学学科核心素养

数学学科核心素养包括:数学抽象、逻辑推理、数学建模、直观想象、数学运算和数据分析。这些数学学科核心素养是一个有机的整体,它们既相互独立又相互交融。修订版课程标准对六个数学学科核心素养分别从内涵、价值、表现、目标达成四个层面做了表述。尤其要注意以下几点:一是核心素养目标的主体是学生。二是对六个数学学科核心素养关键词内涵表述的落脚点是素养。三是对各核心素养的认识既要准确理解其内涵,也要全面把握其外在表现。四是要关注各数学学科核心素养目标与课程内容、教学实施、学业质量水平的关联,注意目标的顶层定位与实践操作的贯通与落实。

数学抽象是指通过对数量关系与空间形式的抽象,得到数学研究对象的素养。主要表现为:获得数学概念和规则,提出数学命题和模型,形成数学方法与思想,认识数学结构与体系。

逻辑推理是指从一些事实和命题出发,依据规则推出其他命题的素养。主要表现为:掌握推理的基本形式和规则,发现问题和提出命题,探索和表述论证过程,理解命题体系,有逻辑地表达与交流。

数学建模是对现实问题进行数学抽象,用数学语言表达问题,用数学方法构建模型解决问题的素养。主要表现为:发现和提出问题,建立和求解模型,检验和完善模型,分析和解决问题。

直观想象是指借助几何观和空间想象感知事物的形态与变化,利用空间形式,特别是图形,来理解和解决数学问题的素养。主要表现为:建立数与形的联系,利用几何图形描述问题,借助几何直观理解问题,运用空间想象认识事物。

数学运算是指在明晰运算对象的基础上,依据运算法则解决数学问题的素养。主要表现为:理解运算对象,掌握运算法则,探究运算思路,求得运算结果。

数据分析是指针对研究对象获取数据,运用数学方法对数据进行整理、分析和推断,形成关于研究对象的知识的素养。主要表现为:收集和整理数据,理解和处理数据,获得和解释结论,概括和形成知识。

这六个核心素养既独立又融合,各自有着独特的内涵和明确的价值取向,但它们又是一个整体,同时作用于数学学习和问题的解决过程。

21世纪初,我国把素质教育作为基础教育的核心,素质教育成为第八次基础教育课程的指导思想。为了落实素质教育,在基础教育各学科课程标准中均提出了"三维课程目标"。《普通高中数学课程标准(实验)》从基础知识和基本技能、基本能力、拓展能力、应用意识和创新意识、兴趣和态度、数学视野和理性精神等方面分析了课程目标。这六个方面基本上可以分为三个层次:第一个层次是知识与技能;第二个层次是过程与方法;第三个层次是情感态度与价值观。

五、核心素养与三维目标的联系

修订版高中课程方案明晰了普通高中教育的地位:普通高中教育是在义务教育基础上进一步提高国民素质、面向大众的基础教育。普通高中教育的责任是促进学生全面而有个性地发展,为学生适应社会生活、高等教育和职业发展做准备,为学生的终身发展夯实根基。三维目标更加强调课程要回归到知识的本质,弱化了学生为主体的能动性。数学学科核心素养既是对三维目标的继承与凝练,它继承了三维目标对课程的要求,在课程深化改革的新时代,核心素养对其又有发展和超越。核心素养以贯彻党的十八大、十九大提出的"立德树人"根本任务为指针,明确培养什么样的人,怎样培养人和为谁培养人的问题。《中国学生发展核心素养》提出了三个方面的培养目标:具有理想信念和社会责任感;具有科学文化素养和终身学习能力;具有自主发展能力和沟通合作能力。核心素养彰显了"以人为本",这也是三维目标难以体现的地方。

六、数学学科核心素养的新要求

数学学科核心素养是学生培养核心素养在数学学科中的详尽化,是数学育人价值的集中体现,从学生角度看,也是学生学习数学后的期望成就的表现。数学学科核心素养,既体现学生发展和核心素养的关联性,又体现了数学学科独有的特点:其一,从数学学科的角度,聚焦数学的本质;其二,从数学教育的角度,聚焦数学育人的价值;其三,从学生发展角度,聚焦学生成长的表现;其四,从历史发展角度,梳理我国高中数学课程在目标定位上的历史发展过程,关注一些重要历史节点在数学关键能力培养上的变化(如从三大基本能力到五大基本能力),把握其历史脉络和发展主线,以求在继承中有所发展。

数学课程标准把数学学科核心素养描述为"具有数学基本特征的思维品质、关键能力以及情感、态度与价值观的综合体现"。数学学科是基础教育阶段最为重要的学科之一,培养目标可以描述为:通过基础教育阶段的数学教育,会用数学眼光观察世界;会用数学思维思考世界;会用数学语言表达世界。在本质上,这"三会"就是高中阶段的数学学科核心素养,是超越具体数学内容的教学目标。

【参考文献】

［1］中华人民共和国教育部.普通高中数学课程标准(2017 年版 2020 年修订)[S].北京:人民教育出版社,2020.

［2］史宁中,王尚志.普通高中数学课程标准(2017 年版 2020 年修订)解读[M].北京:高等教育出版社,2020.

［3］林佳礼.高一学生数学学科核心素养培养的研究与实践[D].济南:山东师范大学,2018.

［4］王鼎.国际大规模数学测评研究[D].上海:上海师范大学,2016.

［5］辛涛,姜宇,刘霞.我国义务教育阶段学生核心素养模型的构建[J].北京师范大学学报(社会科学版),2013(1).

［6］李艺,钟柏昌.谈"核心素养"[J].教育研究,2015,36(09):23.

［7］何小亚.数学核心素养指标之反思[J].中学数学研究(华南师范大学版),2016(13):53.

［8］史宁中.学科核心素养的培养与教学——以数学学科核心素养的培养为例[J].中小学管理,2017(1):35 - 37.

［9］章建跃.树立课程意识,落实核心素养[J].数学通报,2016(5):14.

［10］曹才翰,章建跃.中学数学教学概论(第二版)[M].北京:北京师范大学出版社,1990.

(本文作者:杜昌敏)

普通高中语文学科核心素养学理研究

一、语文学科核心素养教育教学背景研究

（一）发展回顾

2003 年，教育部印发《普通高中课程方案和课程标准（实验稿）》，为我国高中语文教学提供指导性意见，有效地提升了学生的语文素养，以及教师的教学能力。但随着我国综合国力不断提升，社会不断发展，人民生活水平提高，教育领域也要不断进行更新改变。教育和国家命运息息相关，新的语文学科核心素养也应运而生。教育的根本任务是立德树人，而其中语文学科在德育过程中起着核心作用，因此建设语文学科核心素养是教育工作的重中之重。

2014 年，教育部印发《关于全面深化课程改革落实立德树人根本任务的意见》，深化语文核心素养改革，指出具体原则与方法。

2017 年，教育部印发普通高中课程方案和语文等学科课程标准（2017 年版），推进普通高中语文课程改革，提升语文教学质量，号召创新教研方式，促进课程有效实施。

2020 年，教育部印发普通高中课程方案和语文等学科课程标准（2017 年版 2020 年修订），结合时代特征，开展丰富多元、创新多变的语文课程，以满足新时代对人才多样化的要求。

核心素养是贯彻立德树人、深化课程改革的基础，《普通高中语文课程标准（2017 年版 2020 年修订）》将语文学科核心素养明确为语言建构与运用、思维发展与提升、审美鉴赏与创造和文化传承与理解四个方面，强调老师在课堂上的主导作用，以老师的"教"促进学生的"学"，在课堂上发展学生综合素质。

（二）实施方法

新时代的教育是以核心素养为基础的，确立语文核心素养不仅有利于明确教师在语文教学工作中的教育目的；也有利于让学生更好地领悟文学作品中的情感主旨，培养学生的文化自信和爱国情感。

语文学科核心素养的目的是促进核心素养发展，完成教育立德树人的任务，新课标将"立足学生核心素养发展，充分发挥语文课程育人功能"确立为首要任务。因此，实施语文核心素养要把这四个方面整体融合在一起，实现文以载道、立德树人的教育功能。

随着时代的发展、科技的进步以及教育设施的不断更新，帮助学生更好地理解教材内容和领悟文章所传达的感情，让学生理解作者对文字的运用，有利于培养学生的文学素养和陶冶学生的道德情感。

二、理解与运用语文学科核心素养

（一）语文学科核心素养概述

1. 语言建构与运用概述

语言建构与运用是对于文字的要求，学生要学会正确、熟练、有效地运用文字，培养听、说、读、写的基本能力，这是对学生学习语文的基本能力要求，同时也是语文学科核心素养的重中之重。

语言素养是发展学生思维、培养美感和文化素养的基础，而学生积极主动地在言语实践活动中积累经验，在具体的语境和现实生活的情境下表达、交流和运用语言是培养语文素养的关键所在。如何培养学生的语言运用能力？这就要求教师在课堂教学过程中要不断地更新教学方法，构建合适的教学情境，在古诗文的学习中，引导学生在诵读中把握节奏和句式特点，培养学生的语言建构与运用能力。在课堂上通过练字造句诵读让学生领会作者凝练在作品中的深刻含义，学习语言文字的规律，把学到的语言能力运用到古诗文的品读中，培养学生良好的语言素养，达到提升学生领悟和运用语言的能力。

2. 思维发展与提升概述

语言的运用与思维发展密不可分，两者之间相互促进，相辅相成。教师可以适当地引导学生借助想象，创设情景，丰富和整合学生对古文的理解，发现不同文章题材的要求，在学习过程中反思自己实践的过程，发展思辨性思维，增强思维的批判性，促进学生思维的深刻性、敏捷性和灵活性。比如学习《以工匠精神雕琢时代品质》一文时，指导学生对文章内容进行层次划分，梳理文章具体论证思路。

3. 审美鉴赏与创造概述

审美鉴赏与创造以语言建构与运用为基础，以思维发展与提升为核心。美感教育同样也是语文教学中的重点之一，在语文学习中，有古诗词的意象美和韵律美，有散文的思想美和情感美，有议论文的理性美和辩证美，这些多样的文章体裁能够唤起学生们对于美的感受。审美鉴赏要求培养学生自觉的审美意识和高尚的审美情趣。高中阶段是学生发展的关键期，要求学生要树立正确的美感，在审美体验、领悟和评价等语文学习活动中逐渐形成正确的审美意识、积极向上的审美观念与鉴赏能力，掌握表达美和创造美的方法。以古诗词为例，教师在古诗词的教学过程中，带领学生鉴赏诗歌中的意象美，在《声声慢》中通过运用"雨打芭蕉"这一意象，营造了一种寂寥、悲伤之感。在教学古诗词的过程中，教师可以引导学生调动多种感官来获得审美体验，培养学生们领悟诗歌的意象美，提升学生鉴赏诗歌之美以及创造美的能力。

我们要重视语文学科中的人文性，教师在教学过程中要密切关注学生的反应，把教学内容和学生的情感关联起来，培养学生科学审美的能力，提升学生分辨是非的能力，促进学生形成正确的人生观和价值观。比如学习朱自清的《荷塘月色》时，除了引导学生感受月下荷塘的优美景色，教师也应带领学生感悟作者在动荡的社会和自身愁苦中，选择以荷塘美景排解心灵苦闷的方式,让学生构建自己的精神家园。

4. 文化传承与理解概述

文化传承与理解是以语言建构与运用为基础的,文化传承这一素养要求在语文课程中进一步理解和尊重文化多样性,关注当代文化学习对文化现象的剖析,积极参与先进文化的传播。在中华五千年的历史长河中,中华文化源远流长,古诗词和文言文作为中国五千年文化财富中绚丽的瑰宝,教师在古诗词教学中要对学生进行有效的引导,建构教学情境,在实践中推动中华优秀传统文化的创造性转化和创新性发展。教师在教学时可以进一步开发教学资源,优化教学设计,开拓教学内容,从而促进中华优秀传统文化和文学经典的代代传承。比如在学习苏轼的《念奴娇·赤壁怀古》一文时,了解作者对宇宙之间的循环有了一种了悟,在不如意之时依然有一种平静、宠辱不惊的旷达。

(二)语文学科核心素养在教学中的应用

1. 发挥学生的主体性

建构主义教学观提出,教师要基于学生自身的经验,满足学生多样化需求,在教学中,要搭建支架,创设情境,使学生在探究中获得和掌握知识,从而培养学生多元的核心素养。因此,教师在发挥自身主导作用的同时要以学生为中心开展教学活动。

在教学之前的准备工作中,教师要充分了解学生的特点和学情,选择适合学生情况的教学方法,设计能激发学生主动性的教学活动,让学生在完成课堂任务的过程中获得满足感,增强学生的自我效能感,激发学生的认知内驱力,从而激发学生自主探索的兴趣。

教师在教学中要创设正确的教学情境,让学生能够深入领悟到课本的内容,以此亲身体验来领悟文章中作者想表达的情感,理解书中角色的言行举止,从而引起学生们的共鸣,提高教学效率。同时在教学过程中,教师要适当给予学生一定的启发,对一些复杂的问题进行拆解,搭建学生学习的"支架",提升学生理解知识的能力。例如在学习鲁迅的《祝福》时,可以让学生编排话剧,通过细致的改变,理解鲁迅先生对吃人礼教的批判。

2. 促进学生的主动性

语文要培养学生的理解能力,而兴趣是提高学生主动性,激发学生学习动力的重要来源,只有引起了学生学习语文知识的兴趣,学生才能在学习过程中更加主动地对文章进行思考。而培养学生对语文科目的兴趣并非是一蹴而就的,这是一个循序渐进、厚积薄发的过程,因此教师要从学生的实际情况出发,课内课外相结合,激发学生学习兴趣。

教师可以充分利用媒体资源,把丰富多样的媒体资源转化为教学资源,比如观看纪录片《千古风流人物》,通过观看纪录片的形式,不仅让学生了解了古代文人的生平背景,还促进了学生学习古诗词的兴趣。教师在这个过程中也要及时发挥主导作用,通过和学生们交流看法,分享双方的观点,在这个过程中不断进行兴趣上的引导,激发学生学习语文的兴趣。

3. 提升学生的创造性

语文学科中通过掌握语言来理解形象思维,并发展辩证思维以及逻辑思维,来提升灵活性以及创造性。因此,语文教师在教学中要充分挖掘教学内容,在学习过程中培养学生的创造性。在课堂教学中,发挥学生的创造性要求教师要明确学生的主体地位,培养学生在学习过程中主动体验和自主探索,注重学生间的个体差异性,进行针对性教学和正确的教学设计,在课堂上进行师生互动、小组间交流探讨的生生互动,促进学生学习兴趣的同时也提升学生的创造力。

在高中语文阅读教学中,教师应该秉承着因材施教的教学原则,尊重学生之间的差异性,在课堂间的交流讨论中进行精确的点拨来激发学生的创新意识,并有意识地引导学生将之前学过的知识和新知识结合起来解决遇到的各种问题,从而有效地打开学生的思维,激发学生的创造性,增强学生在阅读中的体验感。同时,教师也要重视文本的多样性,在教学中,利用诗歌、散文和议论文等不同的体裁来契合学生的阅读喜好,增强学生学习的主动性,激发学生在语文学习中的创造性,进而使之更好地掌握语文知识。

三、结语

语文学科作为一门语言的学科,它不仅是交流的工具,还是思维的工具,更是文化的重要组成部分。因此,在语文教学中,教师必须树立正确的教学观和教师观,尊重学生的主体性,发挥教师的主导作用,一方面,要选择正确的教学方法,精心设计教学环节,重视学生掌握知识的过程,培养学生发现问题以及解决问题的能力,促进学生发散思维的发展。另一方面,要重视语文的人文性,尊重学生个体差异,聚焦学生的发展,把教学内容和学生的情感结合起来,树立学生正确的价值观。培养学生语文核心素养是每位高中语文教师教学工作的重点,教师要以这四个维度为核心来开展教学,落实语文核心素养的培养理念,不断推动新课改的发展。

【参考文献】

[1] 中华人民共和国教育部.普通高中语文课程标准(2017年版)[S].北京:人民教育出版社,2018:4.
[2] 王云峰.试析语文学科核心素养[J].语文建设,2018(2):5.
[3] 罗玉桦,陈玥瑾,龙素容.语文核心素养理念下高中语文古诗词教学——以部编版高中语文教科书为例[J].当代教研论丛,2023,9(2):52-55.
[4] 戴碧瑶.新时代高中语文核心素养生成路径探析——基于学生发展视角[J].湛江师范学院学报,2020,041(006):86-92.
[5] 叶圣陶.语文教育论集[M].北京:教育科学出版社,1980.
[6] 钟启泉.现代课程论[M].上海:上海教育出版社,1989.
[7] 倪元宝.语言学与语文教育[M].上海:上海教育出版社,1995.
[8] 皮连生.学与教的心理学[M].上海:华东师范大学出版社,1997.
[9] 朱绍禹.中学语文教材概观[M].北京:人民教育出版社,1997.
[10] 李海林.言语教学论[M].上海:上海教育出版社,2000.
[11] 王尚文.语感论[M].上海:上海世纪出版集团,2000.
[12] 张华.课程与教学论[M].上海:上海教育出版社,2000.
[13] 施良方.学习论[M].北京:人民教育出版社,2001.

(本文作者:李颖燕)

3

普通高中英语学科核心素养学理研究

一、英语学科核心素养教育教学背景研究

（一）国内国际英语学科核心素养教育教学趋势

自 2014 年底，教育部在《关于全面深化课程改革落实立德树人根本任务的意见》（中华人民共和国教育部，2014）中提出"核心素养"这一范畴以后，迅速引起了中国教育领域关于核心素养问题的激烈探讨。在全球化、信息化的时代背景下，我国对人才建设提出了更高的要求，而核心素养这一理念的提出，正反映了国家对未来人才培养方向的认识，即培养什么人和如何培养人。

核心素养的发展和培养需要通过基础教育中各学科的教育教学落实。因此，各学科都要结合学科内容和特点发展学生的核心素养，即培养学生形成有助于个人发展和社会发展的正确价值观、必备品格和关键能力（北京师范大学，2016）。由此，基于核心素养的大观念，我国各学科也逐渐衍生出其特有的学科核心素养，英语学科也构建出了自身的学科核心素养（程晓堂，赵思奇，2016）。

我国英语学科核心素养是基于国际相关研究经验与成果的学习、国内教育专家及研究者的建议，结合我国国情以及实际教育教学情况构建而成的。学者通过学习多个国际组织及国家的核心素养框架，发现大部分核心素养框架中包括了外语素养，外语素养主要涵盖知识内容、技能运用、情感态度三方面（辛涛、姜宇等，2014）。在澳大利亚的核心素养框架中，英语课程学习所要求的能力与该国倡导的七大通用能力均互相关联（刘晶晶，2014）。国际上已有的研究成果对于厘清英语学科应该培养学生的何种核心素养提供了有力参考。

我国学者也基于英语教学碎片化、表层化等教学现状，提出了英语学科需要具备的核心素养。龚亚夫（2014）指出，英语教学需抛弃"唯工具论"思想，应设计多元目标，通过对英语学科的学习促进学生的品格塑造和思维发展。程晓堂、赵思奇（2016）认为，英语学科还需注重育人价值，即不仅使学生习得语言知识和技能，还要促进他们在心智、情感、品德、社会责任等方面的综合发展。陈艳君、刘德军（2016）也指出英语学科的学习应"以人为本"；强调"工具与素养合一"的学习目的；同时应注重"语文并行"，既关注语言发展的同时也要关注文化培育，缺一不可。

在参考国外学者对核心素养的研究以外，我国也一直处在不断积极探索符合国情的英语

学科核心素养的道路上。《普通高中英语课程标准(实验)》于 2003 年颁发,将英语学科的课程目标定为"综合语言运用能力",聚焦语言技能、语言知识、情感态度、学习策略和文化意识五个要素。这一目标的落实有效地提升了英语教师队伍的教学水平以及学生的英语综合运用能力,但这一目标仍有其局限性:不能完全脱离英语学科本位,且各要素之间如何互动会对总目标产生影响尚不清晰。因此,在认真总结十余年全国范围内英语学科教学经验以及响应落实国家深化课程改革政策的基础上,《普通高中英语课程标准(2017 年版 2020 年修订)》应运而生。高中英语课程目标从综合语言运用能力转向了英语学科核心素养,包括四大要素:语言能力、文化意识、思维品质和学习能力。这一目标转变填补了综合语言运用能力的局限,将语言、思维、文化有机融合,为实现学科育人提出了切实可行的学科目标。

(二)英语学科核心素养教育教学实践

各学科的核心素养需要基于总体核心素养体系以及本学科特点进行落实。英语课程是实施和推进英语学科核心素养的重要载体,核心素养的培育应贯穿英语课堂教学,从而培养学生的语言能力、文化意识和思维品质,提高其学习能力(梅德明、王蔷,2020)。

我国对英语学科核心素养融入英语课程的探索主要基于学者对更早期进行核心素养建构的国家的借鉴(邵朝友、周文叶等,2015)。诚然,这种参照可以在一定程度上帮助我国课程改革规避一些误区,但由于国情不同,我国更应该充分挖掘本土英语教学实践,开辟出一条融合国际化与本土化的英语教育教学道路。陈艳君、刘德军(2016)基于英语学科核心素养在教学目的、主体、内容、过程、方法的落实上提出了适用于中国本土化的英语教学理论。

近年来,我国一线英语教师不断探索、反思、总结如何将英语学科核心素养落实在教学实践中,教研成果颇丰。卓俊静(2017)统计了人教版高中英语教材中的文化内容,结合核心素养中的文化意识,就英语教学中文化意识的培养提出了建议。孟祥芳、孙宝玲(2017)提出了起源于美国的 5E 探究性教学法,结合实际教学案例讨论该教学法对英语核心素养四个维度的促进作用。鲍淑琴(2017)从作业的角度着手,提出了以英语学科核心素养为指向的网络作业形式以及评价机制优化可以有效改善教学生态。

此外,不少学者列举出英语学科核心素养在具体课型中的落实方式,提供了基于核心素养理论的教学设计、教学分析,让一线教师有了更清晰明了的教学方向。路小明(2016)以一节英语听说课为例,设计了逻辑严密的教学流程,每一流程对应了核心素养的一个维度,在提高学生听说能力的基础上,培养了学生的批判性思维,帮助学生树立正确的情感态度和价值观。李明远、彭华清(2017)提出了基于阅读教学的英语学科核心素养培养策略,从阅读选材、分层阅读设计、学生情感与文化升华、课堂评价与活动实施等方面促进学生核心素养的形成。李鑫媛(2021)探讨了如何在英语写作教学中设计切实可行的教学目标,从而落实英语学科核心素养。

综上所述,我国有关英语核心素养教育教学实践的研究大多已能跳脱理论的范畴,能结合教材课例给出具体可行的教学设计。然而,目前针对英语教学中同样重要的语法、翻译等内容的文献较少;核心素养中"语言能力"维度下"看"(Viewing)的课例也涉及较少,还需更多英语教育实践者和研究者进一步地探索。

二、理解和把握学科核心素养的教育教学要求

(一)英语学科核心素养教育教学要求

为迎接全球化、信息化的时代挑战,英语学科课程的育人总目标提出要培养具有中国情怀、国际视野和跨文化沟通能力的卓越人才(中华人民共和国教育部,2020)。这一育人总目标包含了情怀、视野、能力三个维度。基于这一总目标,最终凝练出了语言能力、文化意识、思维品质、学习能力这四大要素,构成英语学科核心素养框架。

1. 语言能力

语言能力是指学生可以通过听、说、读、写、看等方式在社会语境中理解并表达的能力,以及在学习和使用英语时普遍形成的语言意识和语言感知能力。语言能力不仅是核心素养的基础,也是发展其他要素的重要依托。首先,学生只有通过自己已掌握的英语语言能力去理解和分析语言素材,才能批判性地认识英语文化中的内涵。其次,语言是文化的载体,学生文化素养的发展离不开其语言能力和相关语言知识;语言也是思维的工具,语言的表达实则离不开思维的参与,故语言能力也为高层次思维提供扎实的基础(梅德明,王蔷,2020)。

2. 文化意识

文化意识表现为理解中外文化,认同优秀文化的能力。英语学科是工具性与人文性统一的一门学科,具有其独特的育人价值。学生通过学习英语,能感知语篇中反映的文化意涵,对不同文化保持尊重,学习并汲取优秀文化,遂将其内化为个人意识和行为,塑造具有自尊、自信的良好品格(梅德明,王蔷,2020)。

3. 思维品质

思维品质指学生具有逻辑性、批判性、创新性思维的能力。一种语言的背后是一种文化、一种思维方式。中英文在语言结构上的巨大差异实则体现出了两种不同的思维方式。思维品质作为一种心智特征,其发展能帮助提升学生认识问题、解决问题的能力,思维品质的发展有助于其他三种素养的提高(梅德明,王蔷,2020)。

4. 学习能力

学习能力指学生积极运用英语学习策略、拓宽英语学习渠道、提升英语学习效率的能力,该能力是英语学科核心素养的发展条件。英语学习能力既包括学生对英语学习的整体驾驭能力,也包括学生在英语学习过程中使用具体学习策略的实操能力。这一核心素养的培育不仅有助于提升学生的英语学科学习能力,也对学生实现终身学习的目标至关重要(梅德明,王蔷,2020)。

(二)英语学科核心素养与三维目标的内在联系

核心素养的提出并非对过去"双基"和"三维目标"的全盘否定,而是在继承中完善这些教

育理念。在三维目标中,知识与技能聚焦于语言知识和语言能力;过程和方法关注学生在英语学习中发现问题、解决问题的能力;情感、态度与价值观注重发展学生高尚的思想品质和审美能力(郑昀、徐林祥,2017)。

英语学科核心素养在三维目标的基础上建立了语言能力、文化意识、思维品质和学习能力四个维度。语言能力涵盖了三维目标中的知识与技能;文化意识是对三维目标中价值观的凝练,要求学生要能鉴别中外文化的异同;学习能力是对过程与方法的提炼与拓展,不仅强调了学生学习英语学科的自主性、可迁移性、可持续性,还为学生的终身发展奠定了基础,故英语学科核心素养的发展是对三维目标的继承与超越。

(三) 学科核心素养的新要求

三维目标在“双基”的基础上增加了两个维度,但它仍是相对概括化的,其框架可以适用于各门学科(杨阳,2020)。正是由于其结构相对概括化,使得教学目标难以细化,在实际教育教学中教师仍往往只重视知识与技能的培养(梅德明、王蔷,2020)。

为进一步培养全面发展的人才,有效应对 21 世纪全球化的挑战,核心素养的概念在继承与超越中提出。英语学科核心素养中的语言能力相较以前的听、说、读、写,增加了“看”的内容,即利用多模态语篇来理解所学语篇(程晓堂,2017);文化意识是对情感、态度、价值观的凝练与超越,体现出英语学科核心素养的育人导向,不仅要求学生能鉴别、评价中外文化的异同,在交流中具备跨文化敏感性,还要深入了解中华文化,具有一定传播优秀文化的能力,并将优秀文化内化为个人意识和行为(梅德明、王蔷,2020);思维品质素养是一个全新的维度,注重培养学生的逻辑性、批判性与创新性,对学生知识和能力的内化提出了更高的要求;学习能力强调的是学生主动调整学习策略、拓展学习渠道、提升学习效率的能力。语言能力是基础,文化意识是取向,思维品质是心智,学习能力是条件,这四大要素协调发展,形成合力,共同培养兼具情怀、视野和能力的社会主义建设者和接班人。

综上所述,英语学科核心素养是对三维目标的扬弃。在内容上整合并拓展了人才所需具备的素养,在结构上弥补了“三维”操作性较差的局限性,更系统地规范和落实了人才培养的目标。

【参考文献】

[1] 鲍淑琴.基于核心素养的网络作业及评价创新[J].上海教育科研,2017(3):61 - 64.
[2] 北京师范大学.《中国学生发展核心素养》发布[N].人民日报,2016.09.14.
[3] 陈艳君,刘德军.基于英语学科核心素养的本土英语教学理论建构研究[J].课程·教材·教法,2016(3):50 - 56.
[4] 程晓堂,赵思奇.英语学科核心素养的实质内涵[J].课程·教材·教法,2016(5):79 - 85.
[5] 龚亚夫.英语教育的价值与基础英语教育的改革[J].外国语,2014(6):18 - 19.
[6] 李明远,彭华清.基于阅读教学培养学生英语学科核心素养的探索[J].中小学教材教学,2017(4):48 - 53.
[7] 李鑫媛.基于英语学科核心素养的英语写作课教学研究——以人教版高中英语必修一 Unit 1

Friendship 写作课为例[J]. 海外英语,2021(19):68-75.

[8] 刘晶晶. 澳大利亚基础教育国家学业质量标准述评[J]. 教育科学,2014(6):85-90.

[9] 路小明. 基于学科核心素养理念探究英语听说课堂的教学设计策略[J]. 基础教育研究,2016(19):57-60.

[10] 梅德明,王蔷. 普通高中英语课程标准(2017 年版 2020 年修订)解读[M]. 北京:高等教育出版社,2020.

[11] 孟祥芳,孙宝玲. 5E 探究性教学法对发展英语核心素养的促进作用[J]. 天津师范大学学报(基础教育版),2017(10):46-49.

[12] 邵朝友,周文叶,崔允漷. 基于核心素养的课程标准研制:国际经验与启示[J]. 全球教育展望,2015(8):14.

[13] 辛涛,姜宇,王烨晖. 基于学生核心素养的课程体系建构[J]. 北京师范大学学报(社会科学版),2014(1):5-11.

[14] 杨阳. 从三维目标到核心素养:英语教学的机遇和挑战[J]. 校园英语,2020(34):208-209.

[15] 郑昀,徐林祥. 从"双基"到"三维目标",再到"核心素养"——新中国成立以来语文学科教学目标述评[J]. 课程·教材·教法,2017(10):43-49.

[16] 中华人民共和国教育部. 教育部关于全面深化课程改革落实立德树人根本任务的意见[EB/OL]. [2014-04-08]. http://www. moe. gov. cn/srcsite/A26/jcj_kcjcgh/201404/t20140408_167226. html.

[17] 中华人民共和国教育部. 普通高中英语课程标准(2017 年版 2020 年修订)[S]. 北京:人民教育出版社,2020.

[18] 卓俊静. 英语学科核心素养视角下的文化品格培养[J]. 文学教育(下),2017(10):92-93.

(本文作者:袁雨轩)

普通高中物理学科核心素养学理研究

一、物理学科核心素养教育教学背景研究

学生核心素养在具体学科中以学科核心素养的方式得以体现,学生核心素养在上位引领学科的教学,同时需要以学科素养的方式来具体落实。在整个教学过程中,将学生核心素养与学科核心素养有机结合,以学科核心素养为载体,才能通过教学使核心素养得以落地落实,使学生能将其内化为自身素养,引领学生一生的发展。[1]

钟启泉指出核心素养与各门学科素养之间是"蓝图"与"构件"的关系。核心素养体现了新时代对下一代公民形象"蓝图"的期许。各门学科以其基本概念、技能及固有本质、认知、思维与表征方式等形成实现核心素养蓝图的"构件"。核心素养是对各学科素养的整合,学科素养中则渗透了核心素养的要素。[2]

李艺则提出由三个层面所构成的学科核心素养:以基本技能和基础知识为底层;以实践过程中形成的基本方法为中层;以在学科学习过程中系统地经历、领会而慢慢内化形成的稳定的价值观和思维方法为上层,本质上来说就是具有学科烙印的认识、改造世界的方法论和价值观。[3]

二、理解和把握学科核心素养的教育教学要求

(一)物理学科核心素养教育教学要求

《普通高中物理课程标准(2017 年版)》(以下简称《课标》)中指出:"学科核心素养是学科育人价值的集中体现,是学生通过学科学习而逐步形成的正确价值观念、必备品格和关键能力。"[4]《课标》提出将"物理观念""科学思维""科学探究"和"科学态度与责任"四个方面作为物理学科的核心素养。

"物理观念"是主观与客观相结合的产物,是对"物质、运动与相互作用、能量"等客观概念、规律形成的基本认识;是对物理概念和规律等进行提炼升华后的思维产物[5]。"从物理学视角解释自然现象和解决实际问题的基础"是物理观念的主要作用;"物质观念、运动观念、相互作用观念、能量观念及其应用等要素"是物理观念的主要内容。[6]

"科学思维"是从物理学角度,"对客观事物的本质属性、内在规律及相互关系的认识方式"[7];是对观察结果、经验事实进行抽象概括,建构为物理模型的过程;是归纳与演绎、比较与

分类、分析与综合等方法在物理学科领域中的具体运用;是将推理思维运用于客观证据后得出的对各种观点与结论的判断;是对已有知识、理论的批判性接受,并保持怀疑的态度,提出修正与改进的品格与勇气[8]。

"科学探究"是在观察的基础上提出物理问题,明确问题的范围和目标,提出假说和猜测,设计实验、观察和调查方案并有效执行,收集并正确记录相关数据和信息,能够解释数据和信息并形成证据,得出结论,利用各种手段呈现、展示科学探究的过程与结果,交换、评估、审视数据、模型、过程和结论的能力,主要包括"问题、证据、解释、交流等要素"[9]。

"科学态度与责任"是指基于对科学本质和"科学·技术·社会·环境"关系的认识,逐步形成探索自然的内驱力,求真务实、贵在坚持和严谨认真的科学态度,以及遵守道德准则,保护自然环境,推动可持续发展的责任感,主要包括"科学本质、科学态度、社会责任等要素"[10]。

(二)物理学科核心素养所要培养的价值观念、关键能力与必备品格

1. 物理学科核心素养所要培养的价值观念

探索精神:培养学生对自然界的好奇心和求知欲望,鼓励他们主动进行观察、实验和探究,发展对科学的热爱和兴趣。

求真精神:强调追求真理和客观事实,尊重科学的客观性和严谨性,鼓励学生通过实验和观察获取真实数据,注重在实证和证据的支持下进行科学推理和结论的建立。

科学精神:了解科学的客观性、严谨性和可重复性,尊重科学的发展规律,崇尚科学的普遍性和合作性。

创新意识:能够独立思考,勇于创新和开拓进取,敢于探索未知领域、追求新知,能够提出新颖的观点和解决方案。

应用意识:理解物理学对社会、经济和环境的重要性,鼓励学生将物理学知识和方法应用于解决实际问题,推动科技创新和社会发展。

责任意识:对科学研究和科技发展负起责任,注重科学伦理和科学道德,重视知识产权和学术诚信,意识到科学的进步对社会和人类的影响,注重科学成果的正确应用和社会效益。

社会意识和环境意识:学生意识到科学研究与社会发展和环境保护的关系,具备社会责任感和环境意识,能够将科学知识应用于解决社会和环境问题。

2. 物理学科核心素养所要培养的关键能力

模型建立与应用能力:学生能够将实际问题抽象为物理模型,理解和应用物理学的数学表达式和模型进行问题求解。

逻辑思维能力:能够理清思路、分析问题、构建模型、提出假设和预测、推导出结论,运用科学思维和方法分析、理解、处理实际问题。

批判性思维能力:能够分析、评估和判断不同观点和解释,能够审视科学论据的可靠性和科学研究的局限性,理性看待问题,保持开放的心态,不断改进自己的思维方式。

跨学科思维能力:能够将物理学知识与其他学科进行联系,综合运用多个学科领域的知识和方法,能够探索物理学在工程、医学、环境科学等领域的应用。

提问与问题定义:能够提出深入和有挑战性的问题,明确问题的范围和目标,合理设定研究方向。

设计实验和观察:能够根据研究目的和问题设计物理实验、观察和调查方案,正确理解和使用物理实验中的仪器设备、测量方法,收集并正确记录相关数据和信息。

数据分析和解释:学生能够对实验数据进行统计分析和图表绘制,并从中得出结论和解释现象。

科学沟通与合作:学生能够清晰表达物理观点和发现,包括口头、书面和运用多种物理学的图像与符号等表达方式,具备科学写作和口头演讲的能力,能够与他人进行科学交流和合作。

科学决策与应用:学生能够将物理学知识应用于实际问题的解决方案中,具备科学决策和科学应用的能力。

3. 物理学科核心素养所要培养的必备品格

持续学习与创新:具有持续学习和探索新的科学知识的热情,关注科学研究的最新进展。

坚韧与毅力:面对困难和挑战时,具备坚持不懈、勇于尝试和克服困难的品质。

公正客观:具备客观公正的科学态度,尊重科学事实和理论,避免主观偏见和个人情感对科学判断的干扰。

严谨思维:具备严谨的思维方式,注重科学推理和论证的逻辑性和严密性,避免盲从和主观臆断。

诚信正直:具备诚实守信、遵守学术道德和科学规范的品质,重视知识产权和科学诚信。

合作精神:具备团队合作和科学交流的能力,尊重他人贡献,愿意分享知识和经验,共同推进科学研究和创新。

(三) 物理学科核心素养的内涵外延及其之间的关联

物理观念的内涵可以从三个方面来理解:

基础性内涵。物理核心素养中的其他各方面的形成和发展都以物理观念为基础,物理观念是那些能够将物理学科知识内容组织整合起来的少数关键概念,是将各方面物理知识联结成为整体的核心内容。物理观念可以成为学生对更复杂概念进行理解或探究的关键工具。[11]

主观性内涵。通过对物理的概念以及规律等在头脑中进行提炼和升华,才能形成物理观念。实际上物理观念是从物理角度体验、认识及内化形成的相对稳定的对客观世界的基本认识。与客观性的物理知识、概念或规律不同,物理观念是对物理学科客观内容的主观性凝练,是形成世界观的重要组成部分,蕴含着对自我、自然和社会的价值观念。

框架性内涵。物理观念也可以成为认识和建构物理世界的认知框架。通过这个认知框架,人们能够发现各个事实、事物、概念、经验之间的内在联系,并且能将这些事实、事物、概念、经验放置在一个连续性的整体中去理解其意义。[12]

物理观念为科学思维提供了内容和对象;为科学探究提供了理论依据和认识工具,指导学生提出科学问题、设计实验和观察方案、分析数据并解释现象;同时为科学态度和责任意识的形成提供了基础。

物理学科核心素养中的"科学思维"包括模型建构、科学推理、科学论证、质疑创新。[13]模型建构是一种重要的思维方式及认识手段,学生依据问题的侧重和情境的特征来对真实情境进行抽象和概括,将真实世界提炼为既能反映问题或事物的本质特征或共同属性,又足够简单而易于研究的理想对象、过程或条件。建构模型的过程能帮助学生分辨在不同情况下问题或事物的主次关键,深化对概念、过程和条件的理解,形成对系统的认识和从系统角度理解事物的能力。高中生的模型建构表现为能分析问题涉及的要素及要素间的关联关系;使用模型对物理现象、物理过程做出合理解释;借助模型进行物理概念和原理的说明;在客观情境中进行模型建构的能力和意识等。推理是从已知前提出发进行推导从而得出结论的思维过程,是由已知知识来得到未知知识。科学教育中的推理既包括逻辑上的推理,如归纳、演绎、类比等,也包括比较、分类、分析、综合、抽象、概括等思维方式,还包括相关推理、理想实验、因果推理、控制变量、概率推理、组合推理等推理形式。高中生应当能够准确理解以及应用科学推理的方法,从定性和定量的角度完成规律寻找、结论形成、现象解释和问题解决等任务。论证是用若干已知为真的判断确定另一判断的真实性或虚假性的过程。科学论证是以可靠的实验数据和已知的科学知识为前提,对面临的问题提出自己的论点,再以数据、理论、模型等进行解释说明,支持自己的论点或反驳别人的质疑、批判。科学论证是一种需要将理论与实际相结合,对模型建构、科学推理与科学探究的结果进行综合运用的高级思维活动。高中生应当具备将数据资料、理论转换为证据的意识和能力,能在研究问题的各阶段,运用证据进行描述、解释。敢于质疑是创新的源泉和起点,而创新是质疑的目的和落脚点。质疑需要基于知识、常识和经验,但又要对知识、常识和经验保持理性的怀疑。创新是产生新思想、新观点、新理论等新成果的思维过程,是将已有的知识、理论、方法运用于原本未运用过的领域或是组合出原本不存在的结构。高中生阶段的质疑创新主要表现为质疑创新的意识,思考的批判性和独立性,思维的开放性和灵活性等方面。从物理学习活动的角度来说,质疑创新的培养主要在于问题的提出与解决、概念理论的适用范围、实验的观察与进行等方面。[14]

学生通过逻辑和推理的科学思维方式来理解和运用物理知识、概念、规律,凝练物理观念。科学思维提供了科学探究的方法和逻辑,帮助学生构建科学假设、进行实验和数据分析、得出科学结论。在这个过程中,学生面临着各种问题和挑战,需要运用科学方法和思维来解决问题。同时科学思维是在科学态度的指导下,运用逻辑和批判性思维进行科学探究和问题解决的过程。

科学探究是一种特殊的科学实践活动,是以科学内容为范畴和目标,以科学模型和推理为指导,以科学规范和准则为边界的实践活动。通过科学探究,人们可以有计划、有目的地对自然进行探索和了解,积累事物在不同情况下的状态数据或变化趋势,最终获得科学知识。科学探究的过程通常包含设立问题，做出假设猜想，设计和实施调查研究，分析和解释数据，形成概念、规律或结论，基于证据对探究过程及结果进行论证，交流、评估探究过程和探究结果。《课标》中提出："'科学探究'主要包括问题、证据、解释、交流等要素。"[15]这四个要素在高中生阶段呈现的科学探究能力表现有：(1)问题：在学习和日常生活中具有问题意识，能从真实情境中发现、提出问题；能用准确合理的语言表述问题，能将一般性的问题转换成适合探究的科学问题。(2)证据：能够围绕提出的问题设计研究方案，具备正确选择、操作相关仪器的能力，能正确实施研究方案，并通过观察、调查、实验等手段定性或定量地取得相关的数据，具有选择合适的处理数据方法对数据进行处理并解读其含义的能力，能够以文字、数据、图像、表格等多种方式将探究结果呈现出来。(3)解释：能够运用模型建构、科学推理等思维工具发掘探究活动中取得的数据、现象、资料间的内在联系，能够从相关度、正向或反向趋势、数值关系或结构等方面将探究结果纳入统一、整体性的关系结构中或是与现有理论进行比对，反思证据的可靠性或解释的合理性，能够将解释应用于科学论证中。(4)交流：了解科学交流的范式和规则，能以符合科学社群标准的方式描述探究的问题、过程和结果，了解常用的交流手段，熟练运用常用的交流工具，对自身的探究过程与结果保持开放态度，愿意接受他人的批评或指导，也愿意尊重他人的探究成果，乐于提供自己的意见或建议。[16]在物理学科中，科学探究的方法主要包括比较法、转换法、模型法、等效替代法、控制变量法、实验推理法等。

科学探究是通过实验、观察获得数据，运用科学思维进行分析和推理，在实践中验证和应用物理观念的过程。学生通过探究性学习来深化对物理学知识的理解。科学态度对科学探究起到了引导和规范作用，帮助学生以客观、严谨和负责任的态度进行科学研究和实践。通过科学探究，学生亲身经历科学研究的过程，从而加深对科学的理解和认识。这种经历有助于培养学生对科学的敬畏、对科学方法的理解和运用，进而形成正确的科学态度。

物理核心素养的第四方面"科学态度与责任"主要包括科学本质、科学态度、社会责任等要素。[17]对科学本质的了解包括对科学知识的定义和产生，科学研究的过程和方法，科学的功能与规范，科学的价值、社会影响和局限性等方面的认识。了解科学的特点，形成对科学的总体性理解。

就科学知识而言，应当了解科学知识的本质特点如可证伪性、逻辑性、有限性和发展性；就科学方法而言，应当了解观察归纳、提出假设、实验测量、分析检验、预测修正等科学研究步骤。

科学态度有两个维度的内涵，一是自身对于科学的态度，例如对科学抱有好奇心，尊重科学，愿意尝试学习和理解科学等；二是在科学实践过程中表现出的态度的科学性，如求真务实，严谨审慎，能进行批判性思考，保持敏感性、开放性和灵活性，自信等。社会责任主要包括科学伦理和STSE(science, technology, society and environment)。科学伦理是指尊重和遵守规范准则，诚实共赢，不损害他人、人类和环境，重视可持续发展等。STSE是"科学·技术·社会·环境"的英文缩写，在STS(science, technology and society)基础上加入了环境要素，主要涉及对于科学和技术的本质、科学和技术对自然环境和可持续发展的影响等的理解和认识，是发展学生社会责任感的认知基础[18]。

科学态度包括对科学的敬畏与热爱、对科学方法和规范的尊重、对科学事实和理论的客观看待等。科学态度对学生的研究兴趣和动机产生积极影响,激发他们主动进行科学探究,对问题进行深入思考和研究,而不仅仅是被动地接受知识。同时这种态度能够引导学生在科学探究中保持客观、严谨、负责任的态度,不受个人偏见和主观因素的影响。

综上所述,物理核心素养的几个组成部分相互交织、相互促进,共同构成了物理学科核心素养的整体框架。物理观念提供了知识基础,科学思维为问题解决提供了方法和思维方式,科学探究是学生运用物理观念和科学思维进行实践的过程,而科学态度则引导和规范学生的学习和实践行为。这些部分相互依存、相互支持,共同培养学生的科学素养和能力。

【参考文献】

[1] 成尚荣.回到教学的基本问题上去[J].课程·教材·教法,2015,(1):21-28.

[2] 钟启泉.读懂课堂[M].上海:华东师范大学出版社,2015:205,23,21.

[3] 李艺,钟柏昌.谈"核心素养"[J].教育研究,2015,36(09):17-23+63.

[4][5][7][13][15][17] 中华人民共和国教育部.普通高中物理课程标准(2017年版)[S].北京:人民教育出版社,2018.

[6] 冯杰.物理学科核心素养之"物理观念"辨析[J].现代基础教育研究,2020,39(03):64-70.

[8][9][10][18] 廖伯琴.《普通高中物理课程标准》(2017年版)要点解读[J].物理教学,2020,42(02):2-5.

[11] 郭玉英.从三维课程目标到物理核心素养[J].物理教学,2017,39(11):2-4+8.

[12] 李松林.以大概念为核心的整合性教学[J].课程.教材.教法,2020,40(10):56-61.

[14][16] 胡卫平.物理学科核心素养的内涵与表现[J].中学物理教学参考,2017,46(15):1-3.

(本文作者:汤晨毅)

普通高中化学学科核心素养学理研究

一、化学学科核心素养教育教学背景研究

（一）国内国际化学学科核心素养教育教学趋势

什么是核心素养？其名称在不同时期和地区有不同的提法，具有代表性的有"key competencies""core competencies""key skills"等，"核心"对应的是"key"和"core"，"素养"对应了"competencies"和"skills"。现代汉语词典中"核心"释为"中心，主要部分"，牛津英语词典中"key"指的是"That which serves to open up, disclose, or explain what is unknown, mysterious, or obscure"。因此，"key"更多强调"解释事物，得出问题的答案，最重要的事物"。"core"在牛津英语词典中的解释为"The central or innermost part, the 'heart' of anything"。可以发现"core"更接近"核心"的解释，但是国外多用的是"key"，说明国外更多强调核心素养是一个人发展最重要的素养。

在 2001 年，纳菲尔德课程中心（Nuffield Curriculum Centre）的约翰·霍尔曼（John Holman）学者，为了更好地设计新的中学化学教学过程，提出了化学学科核心素养一词，该词也叫 chemical literacy，其中包括化学专业用语、化学家在干什么、化学基本技能以及化学的应用、化学核心素养等核心要点。耶尔·施瓦兹（Yacl Shwartz）学者认为，对丁中学阶段的学生来说，包含两种基本的素养水平：（1）Basic level，即大部分高中毕业生都能达到的基本水平；（2）Advanced level，则代表将来进行更深层次化学学习的学生应该达到或者即将达到的相应水平。

《普通高中化学课程标准（2017 年版）》中指出化学学科核心素养是化学学科育人价值的集中体现，是核心素养在化学学科中的具体化表达，是关联核心素养总框架和化学学科知识的桥梁，是学生通过化学学科学习而逐步形成的有利于学生终身发展的正确价值观念、必备品格和关键能力。

化学核心素养包括"宏观辨识与微观探析""变化观念与平衡思维""证据推理与模型认知""科学探究与创新意识""科学态度与社会责任"等五个方面，每一项素养划分为四个水平。

吴俊明教授认为：化学核心素养应包括若干具有化学学科特质的观念、能力、品格。朱鹏飞认为：化学核心素养应该包含学习化学应具有的观念，学习化学的思维及方法，化学的科学实践与应用,科学精神和态度。王云生认为以化学核心素养培养为主旨的教学单元的实施应该做到:第一,联系生活实际、自然、社会热点等创设真实的问题情境,让学生从生活中走进化学,再从化学走进生活;第二,课堂以学生的活动为线索,体现学生的学习主体性;第三,采用多种多样的教学方式,课堂上既要有学生的自主学习、合作学习,也要有师生间的情感交流,让课堂充满活力;第四,教师在课堂中要发挥主导作用,组织学生开展讨论、探究,听取意见并给予学生必要的帮助与启示,建立起共同学习、探究的学习共同体。刘前树认为:化学核心素养包含四个维度,即化学基本观念、化学过程、化学应用和化学态度。王云生指出:在新课程标准修订时,化学学科核心素养的内涵指标除了上文中述及的诸如"宏观辨识与微观探析"的描述形式外还有另一种表述,包括"宏微结合""变化守恒""模型认知""实验探究""绿色应用"。

(二)化学学科核心素养教育教学实践

课堂教学是培养学生核心化学素质的关键场所,鉴于此,化学教师必须首先具有出色的专业知识和教学技能,能够围绕化学核心素养精心设计课堂教学计划。而基于培养学生化学核心素养的教学设计,国内很多学者给出了不同的建议。

黄秀娟提出"情境—模型"双轮驱动教学模式,该模式是借助情境设计来构建化学模型认知,解决实际问题的一种教学实践,教师采用这种教学模式,对学生化学核心素养的形成是大有帮助的。

周业虹认为,化学核心素养的发展取决于教学内容,核心素养隐藏在教学内容中。因此,有必要合理设计教学内容,充分利用其所包含的素养教育。不同的教学内容意味着化学的核心素养也不同,其侧重点是不同的。

李海媚提出,只有改变传统的教学模式,发展探究式课堂教学,才能够真正地发展化学核心素养,需要学生学会自主学习,形成自主探究的学习模式,才能适应社会对人才的需求。

其制定了基于化学核心素养的习题设计框架,框架是由物质分类知识、化学核心素养和情境组成。

帕顿(Patten, J. V.)在其研究中指出,设计涵盖教学设计,即教学设计是设计科学中的一员。为了满足人的需要,其包含各个设计的共同特征,采用科学原理并且应用。因此,帕顿学者认为,教学设计是对学生成绩问题及表现的解决措施,并相应地进行策划的一个过程。

二、理解和把握学科核心素养的教育教学要求

(一)化学学科核心素养教育教学要求

高中化学学科核心素养指出:高中化学课程要帮助学生形成化学学科的基本概念,培养科学思维、科学实践能力,树立正确的价值追求。它明确了学生学习化学课程后应形成的正确价值观念、必备品格和关键能力,体现了立德树人的根本宗旨。

2017年版高中化学课程标准基于学科本质凝练了5种化学学科核心素养:宏观辨识与微观探析、变化观念与平衡思维、证据推理与模型认知、科学探究与创新意识、科学态度与社

责任。

素养1：宏观辨识与微观探析

能从不同层次认识物质的多样性，并对物质进行分类；能从元素和原子、分子水平认识物质的组成、结构、性质和变化，形成"结构决定性质"的观念。能从宏观和微观结合的视角分析与解决实际问题。

素养2：变化观念与平衡思维

能认识到物质是运动和变化的，知道化学变化需要一定的条件，并遵循一定规律；认识到化学变化的本质特征是有新物质的生成，并伴有能量的转化；认识到化学变化有一定限度、速率，是可以调控的。能多角度、动态地分析化学变化，运用化学反应原理解决简单的实际问题。

素养3：证据推理与模型认知

具有证据意识，能基于证据对物质的组成、结构及其变化提出可能的假设，通过分析推理加以证实或证伪；建立观点、结论和证据之间的逻辑关系。知道可以通过分析、推理等方法认识研究对象的本质特征、构成要素及其相互关系，建立认知模型，并能运用模型解释化学现象，揭示现象的本质和规律。

素养4：科学探究与创新意识

认识到科学探究是进行科学解释和发现、创造和应用的科学实践活动；能发现和提出有探究价值的问题；能从问题和假设出发，依据探究目的，设计探究方案，运用化学实验、调查等方法进行实验探究；勤于实践，善于合作，勇于质疑，勇于创新。

素养5：科学态度与社会责任

具有安全意识和严谨求实的科学态度，具有探索未知、崇尚真理的意识；深刻认识化学对创造更多物质财富和精神财富、满足人民日益增长的美好生活需要的重大贡献；具有节约资源、保护环境的可持续发展意识，从自身做起，形成简约适度、绿色低碳的生活方式；能对与化学有关的社会热点问题做出正确的价值判断，能参与有关化学问题的社会实践活动。

(二)化学学科核心素养与三维目标的内在联系

一方面，"核心素养"是对曾经提出的"三维目标"的传承。"核心素养"是个体获得成功、融入社会和胜任工作所必备的，集"知识、能力和态度"于一体的正确价值观、必备品格与关键能力，是知识与技能、过程与方法、情感态度与价值观"三维目标"融为一体的整体表现。

另一方面，"核心素养"是对"三维目标"的提升和发展。"三维目标"强调学生在学习的过程中自主探究知识与技能，掌握方法，发展能力，培养情感态度和价值观，"核心素养"要求学生培养适应知识经济、信息时代和全球化社会所必备的文化基础、自主发展和社会参与等方面的能力和品质。核心素养聚焦于培养学生未来融入社会并获得成功所需的正确的价值观、必备品格和关键能力，更能体现时代发展对人的需求，更能体现以学生发展为本的教育理念；与"三维目标"更多体现现代学科的内在价值不同，"核心素养"指向多学科、跨学科对学生形成"正确价值观、必备品格和关键能力"的贡献，更强调不同学科融合对学生发展的教育价值。

(三)学科核心素养的新要求

基于学科育人目标的改革特点,在实施高中化学课程中发展学生核心素养有以下几方面要求:在课程目标中体现化学学科核心素养,基于化学观念认识化学学科核心素养,在学习过程中发展化学学科核心素养,通过评价促进化学学科核心素养的发展。

比较实验版和修订版课程标准的化学课程目标,我们容易发现,基于学科核心素养的化学课程目标重视对核心概念的要求,强调三维目标的融合,关注教学实践中目标的落实。例如,通过化学学科核心素养中关于"变化观念与平衡思维"的内涵、必修模块课程相关内容要求和学业要求、化学学业质量标准的内容,我们不难发现,为了形成该素养,学生需要理解条件对化学变化的影响、化学变化的规律、化学变化的本质、化学能转化为电能的原理等化学知识,并在此基础上形成化学核心概念。

【参考文献】

[1] Bennett J, Holman J. Context-Based Approaches to the Teaching of Chemistry:What are They and What Are Their Effects? [C] // Gilbert J K et al. Chemical Education:Towards Reaearch-based Practice. Springer Netherlands,2003.

[2] Shwartz Y B R H. Chemical Literacy:What Does This Mean to Scientists and School Teachers? [J]. *Journal of Chemical Education*,2006,83(10):1557.

[3] 中华人民共和国教育部.普通高中化学课程标准(2017版)[S].人民教育出版社,2018.2 - 6,11 - 36,89 - 90.

[4] 吴俊明.关于核心素养及化学学科核心素养的思考与疑问[J].化学教学,2016(11):3 - 8.

[5] 朱鹏飞.学科核心素养的研究进展及其对中学化学教学的启示[J].化学教学,2017(01):8 - 15.

[6] 王云生.建构基于学科核心素养培养的教学单元[J].化学教学,2017.(3):8 - 12.

[7] 刘前树.试论化学核心素养的结构[J].化学教育,2016,37(21):4 - 8.

[8] 王云生.基础教育阶段学科核心素养及其确定——以化学学科核心素养为例[J].福建基础教育研究,2016(2):7 - 9.

[9] 黄秀娟.高中化学"情景•模型"教学模式的实例研究[J].化学教与学,2017(11):6 - 10.

[10] 周业虹.基于发展化学学科核心素养的教学设计案例分析[J].化学教学,2016(8):36 - 39.

[11] 李海媚.基于化学核心素养的教学设计与实践研究——以说溶液的离子平衡为例[D].广西师范大学硕士论文,2020.

[12] James Van Patten. Selection and Education of Prospective Teachers:The Role of the First Education Course [J]. Journal of Teacher Education,1977,28(2):372 - 374.

(本文作者:夏斌斌)

普通高中生物学学科核心素养学理研究

一、生物学学科核心素养教育教学研究背景

在全国课程改革的大背景下,高中生物学学科教育教学经历了多次课程改革。最早可追溯到新中国成立之初,我国根据苏联《中学生物学教学大纲(草案)》,颁布第一份高中生物教育教学指导文件《全日制中学生物教学大纲(草案)》。2003 年,教育部颁布《普通高中生物课程标准(实验)》(以下简称"课标"),至此标志着我国已形成系统化的高中生物学教育理念和课程体系,有效推动了高中生物课程教学变革。2020 年,教育部在《普通高中课程标准(2017 年版2020 年修订)》中发布并完善了包括生物学科在内的 21 门学科的"学科核心素养",其中生物学科核心素养包括生命观念、科学思维、科学探究、社会责任四个方面。2023 年 5 月,教育部等十八部门发布《关于加强新时代中小学科学教育工作的意见》,强调健全课程教材体系,完善科学教育标准,加强中小学包括生物在内的学科课程标准及教材修订完善工作,凸显学生核心素养培养,体现实践性、综合性。

"双新"背景下,学科核心素养的提出是课程教学改革的一次华丽转身,有助于基础教育界从对知识内容的关注转向对学习过程的关注。生物学学科核心素养作为公民必备的基本素养之一,拟通过解决真实生物学问题,锻炼学生必备品格和关键能力,为推动个人发展和社会进步做出贡献。生物学学科核心素养的凝练是生物学教育教学理念不断更新迭代后的成果,这种迭代既表现在每一次改革发布的生物学课程标准(简称"课标"),也表现在相应生物学"教材"。

就"课标"理念来说,2003 年版课标认为生物学"影响深远、促进科学与技术的发展,影响人们思维方式和思想观念"。该版课标的宗旨是面向所有学生,提高生物科学素养,倡导探究性学习,注重理论与现实的联系,强调帮助学生达成知识、情感和价值观三维目标。2017 年版课标则认为生物学具备"与自然科学共同的性质,包括丰富的知识体系、认识自然的思维方式及探究过程"。该版课标主旨是以生物学学科核心素养为中心,聚焦大概念教学,注重实践性教学过程,以促进学生的终身发展为导向的学业评价。它强调培养学生的"生命观念、科学探究、科学思维和社会责任"这四个生物学学科核心素养。就"教材"来说,以上海市为例,高中生物教材的编订主要经历四个阶段。第一阶段为自主教材编写,成果为《生物学(试用本)》。第二阶段为一期课改,成果为 1996 年胡人亮教授主编的《生物(试用本)》。第三阶段为二期课改,成果为2007年顾福康教授主编的《生命科学》。第四阶段为"双新"课改,成果为2021年赵云龙、周忠良教授编写的《生物学》。对比几个版本的教材可以发现,2021年版教材相较于之前的版本,在课程理念上更加强调培养学生的生物学核心素养。它鼓励采用聚焦大概念情境教学,注重课中、课后的过程性和增值性评价,热衷于讨论社会热点话题,并注重将生活实际与生物学理论相结合[1][2]。这些特点与课标中提出的培养学生在解决真实情境中的生物学问题时所必备的品格和关键能力目标是一脉相承的。

综上所述,生物学学科核心素养是基于学生发展核心素养框架提出,对于生物学科教学方向有着重要的指导作用。在教学实践中,如何建立生物课程与核心素养之间的内在联系,并充分挖掘生物学科课程教学的独特育人价值,有效落实生物学学科核心素养目标,是"双新"背景下高中生物教学领域需要重点探讨和研究的方向。

二、生物学学科核心素养教育教学实践

高中生物学学科核心素养一经颁布,立即成为生物学科教学的研究焦点,无论是学界还是基础教育界都在积极尝试生物学科教育教学领域的实践探索,相应的实践成果层出不穷。生物学学科核心素养的培育可以让学生深刻感受生命的真谛,勇于探索大自然的魅力,并更加热爱地球与生命,同时提升社会责任感,这是其他学科无法给予的。因此,以往教师采用的灌输式教学方式已不适合现有核心素养的目标体系,教师需要积极尝试优化教学方法和模式,将生物学学科核心素养渗透到整个教育教学活动中,很多学者和经验教师也由此提出了一些将学科素养落实到高中生物教育教学中的有效实践措施。

纵观这些实践研究成果[3][4][5][6],可知目前生物学学科核心素养教学实践研究主要包含以下几个方面:

第一,积极开发生物实验教学,引导学生树立正确的生命观念。生物学科最大的特点是建立在实验的基础上,教师通过大量有趣的生物学实验来进行教学活动,这不仅有助于学生快速投入生物学学习,还能激发学生对生物学的学习兴趣和内在动力。实验方式有多种,如现场演示实验、多媒体演示实验、思想实验等。

第二,丰富教学活动,培养科学思维。旧课堂模式中,教师常常过于强调学生对理论知识的记忆和掌握,核心素养导向下,运用这种模式显然无法落实目标。因此,教师需要积极完善教学活动,丰富生物教学的形式和内容,增加知识背景和知识文化,加强教学的趣味性和思维锻炼,如在学习细胞增殖的过程中,教师可以设置学习小组,让学生对不同类型细胞的增殖进行讨论和研究,从细胞增殖的发现历程和细胞增殖的特点出发,引导学生进行多层次、多维度的探究讨论,最大限度激发其科学思维。

第三,创设真实教学情境,锻炼科学探究能力。生物学学科核心素养目标体系下,最大的特点是将理论知识与真实生活相连接,知识在具体情境中的运用是重点。因此,引导学生在学习过程中主动发现、提出、分析、解决问题,基于已解决问题甚至还能提出新的问题,从而加强

学生科学探究能力,使之真正做到学有所用。而要达到这一目标,教师需要在新课标下的新教材积极尝试创设各种真实的、有趣的情境,以提供学生更多科学探究的机会。

第四,教学过程融入生活,提升学生社会责任感。生物学是自然科学中与人类自身关系最紧密的学科,其学科自身固有性质决定了生物这一学科具有极强的实践性。高中生处于一个三观建立的关键时期,正确且科学的生命价值观和社会责任观的引导对他们的一生具有非常重要的作用。如在学习糖类与脂质时,教师可从胆固醇与人体健康角度入手,引导学生知晓从青少年时期开始就要保持积极运动,形成低脂饮食的健康生活方式,这对自身健康具有重要作用。

在生物学学科核心素养实践探究过程中,越来越多的学者和教师认为,核心素养不是直接由教师"教"出来,而是通过持续性参与真实问题情境下的科学思维活动和科学探究实践潜移默化"育"出来的。因此,生物学学科核心素养教育教学的实践研究需要教师们不断探索,总结归纳,博采众长。

三、理解和把握学科核心素养的教育教学要求

(一)生物学学科核心素养教育教学要求

生物学学科核心素养是培育学生整体核心素养的基本因子,突显了生物学科对学生成长的意义与价值,具有发展性、综合性和持久性。生物学学科核心素养是学生在学习生物课程中逐步建立的,也是学生在知识、能力、情感态度与价值观方面的综合表现。"双新"背景下,高中生物教育教学的基本要求是使学生形成具有生物学科特征的关键能力与必备品格。

生命观念是生物学学科核心素养的重要标志。对中学生而言,学习生物学这门课程后获得的最重要的学习成果是形成健康的生命观念,这也是衡量他们是否受到良好生物学教育的标尺。建立健康的生命观念有助于学生理解新情境下的生物学事件和生命现象,穿透现实生活问题表象后领悟其本质和真谛,并在该过程中具有更好的决策力和解释力。因此,形成生命观念需要基于概念性知识的学习,体现在每堂生物课上,贯穿整个生物学课程教学。

科学思维是生物教学的核心任务。基本内容包括基于生物学事实和证据,运用归纳与概括、模型与建模、演绎与推理、创造性或批判性思维等方法论探索和解释自然现象和规律。它强调观察事物基本特征,倡导严谨务实的求知态度,运用科学方法提出问题、定义科学和非科学问题,分析问题,最后解决问题。新课标强调在科学思维的培养过程中,尤其需注重培养学生批判质疑的精神,提高他们收集证据的意识及获取和评价证据的能力。

科学探究是生物学教育教学的重要环节,它涉及观察、提问、设计实验方案、讨论与交流,并通过团队协作来深入了解生命规律。作为理科学科的主要属性,科学探究要求我们掌握相应的研究方法,提升实践、合作和创新等能力,培养良好的探究精神、科学态度和团队合作精神。

社会责任是生物学教育教学的终极目标,学生通过运用生物学知识积极参与社会问题的

讨论和解决,并以科学的方式做出合理的判断和行动。社会责任要求学生具备关注和尊重生命的观念,辨别科学与伪科学,促进环境保护和健康意识的宣传,同时也需要具备解决实际生物学问题的能力和担当。

基于生物学学科核心素养特点,上述四个要素之间存在密切的关系(如图1)。其中,生命观念作为生物学学科核心素养的基本特征和突出表现,处于中心位置。科学思维是核心素养中重要的能力层面,是构建生命观念的工具,也是进行科学探究和承担社会责任的基础。科学探究则是生物学科中的重要环节,通过科学探究逐步形成科学思维和生命观念,并培养社会责任感。社会责任则是生物学学科核心素养的外显表现,反映了学生生物学科核心素养的水平,同时也连接了生命观念、科学思维和科学探究。

由此可见,生物学教育的价值主要体现在两个方面:一是科学教育,强调培养学生形成科学思维,掌握探究方法,塑造科学精神和科学态度,养成良好的科学习惯;二是人文教育,注重培养学生对生命的热爱,关注生命赖以生存的自然和社会环境,承担相应的社会责任。这两个方面相互促进,共同助力学生获得适应终身发展和社会需求的关键品格与必备能力。

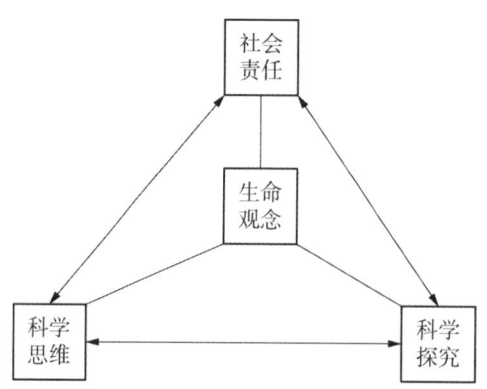

图1 生物学学科核心素养的内在关联[7]

(二)生物学学科核心素养与三维目标的内在联系

随着全国课程改革的推进,生物学科的教育理念也经历了不同阶段的发展,包括从"双基教学"到后来的"三维目标",再到现在的"核心素养"。每个教育理念都代表着不同的时代特点。双基教学强调基础知识和基本技能的教育,教师能够有效地掌控课堂。三维目标则包括知识与技能、过程与方法、情感态度与价值观,它们组成了教学目标的统一整体。在这个背景下,基于对三维目标的深化和发展,提出了学科核心素养,旨在提高学生解决实际问题的能力和让学生形成正确的情感态度与价值观,以应对社会生活的需求。可以说,核心素养是对三维目标的延伸和升级。因此,有人将双基教学比喻为1.0版课程目标,三维目标为2.0版,而核心素养则是3.0版。

从生物学科内涵来看,核心素养与三维目标之间存在一致性。在核心素养中,生命观念和科学思维属于知识层面,即获取生物学基本事实、原理等基本知识内容。生命观念、科学探究以及科学思维涉及能力层面,包括进行生物科学探究实验的通用、基本操作技能,以及获取新知识、分析和解决实际问题、交流与合作的能力等。生命观念和社会责任则对应于情感态度与价值观层面,即培养对科学的内在兴趣与学习热情,树立创新意识,培育愿意献身于科学研究事业的科学精神,理解科学、技术、社会之间的相互关系,逐步形成科学的世界观、人生观和价值观。

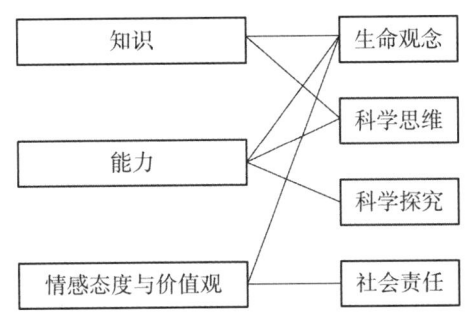

图2　生物学科三维目标与核心素养对应关系图[8]

当然,核心素养也不完全是对三维目标的继承,否则就失去了它存在的价值和研究的意义,而三维目标也并非就此退出舞台,因为素养的养成非一日之功,也不可能在一堂课上实现[9]。要将教育教学活动目标细化落实,一种有效的办法是以三维目标为抓手和落脚点,进一步提炼整合,形成可实施、可操作的生物学学科核心素养体系,这就需要生物教师理解核心素养在育人目标上的新要求,分别表现在新课标、新教材、新活动和新评价四个方面。

（三）生物学学科核心素养的新要求

1. 新课标

生物学科的核心素养是学生核心素养的重要组成部分,反映了新课标对生物学课程的全新要求。高中生物学科的教育总目标是通过科学探究课堂,帮助学生养成科学思维,形成健康的生命观念,以承担必要的社会责任,逐步形成具有生物学科特色表征的关键能力与必备品格,助益学生的终身学习与发展。

2. 新教材

新教材以落实立德树人的根本任务为核心,着重强调帮助学生发展生物学学科核心素养,切实贯彻课程内容要求,体现新课标的理念与要求。新教材强调生物学在促进人与自然和谐共处、推动科技发展和社会进步等方面的重要贡献。新教材以学生为中心,突出了"学材"理念,旨在基于学生的认知特点和学习规律,促进学生自主学习。此外,新教材注重实践过程,通过真实情境的呈现,引导学生思考核心问题或任务,并通过探究实验、调查活动、模型模拟等实践活动帮助学生解决这些核心问题。

3. 新活动

新教材中增加了很多新的生物学实验活动和生物学与社会的议题,教师需要充分使用这些栏目,引导并鼓励学生关注、探讨社会生活中的生物学问题,能够做出合理的科学解释与判断。同时,教师在课堂上要帮助学生提高生态环保意识,如积极参与环保活动,宣传有关绿色校园、绿色生活、珍爱生命等的知识,承担起与中学生相匹配的社会责任,为培育适应社会的必备品格和关键能力打下坚实的基础。

4. 新评价

高中生物新课标强调对学生的过程性评价,并在评价体系中新增了学业质量评价。根据学科核心素养的四个维度,新课标将学业质量划分为四个不同水平。其中,水平一和水平二的评定基于学业水平合格考试,而水平三和水平四的评估则依据学业水平等级考试进行。

随着生物科学技术的飞速发展,生物学科的知识量正迅猛增长,呈现出井喷式趋势。如何从纷繁复杂的知识表象中抽取深层次的学科核心素养,是生物学教师任重道远的教育教学责任。在教学过程中,教师应以生物学学科核心素养为指导,帮助学生培养健康的生命观念,发展科学思维和科学探究的精神,并承担起社会责任。为了实现这一目标,教师需要转变教学观念,从单纯的知识传授转向注重学科核心素养教育,为学生提供积极主动学习的机会,以提升他们的终身学习和创新实践能力。

【参考文献】

[1] 李文文. 2017 年版与 2003 年版普通高中生物课程标准的比较研究[D]. 哈尔滨:哈尔滨师范大学,2018.

[2] 张泓怡. 沪科 2007 年版与 2021 年版高中生物必修教材比较分析[D]. 上海:上海师范大学,2022.

[3] 高泽民,等. 高中生物教学中落实生物学科核心素养的实践研究[J]. 试题与研究,2022(15).

[4] 周初霞. 高中生物学科基地培育的实践探索与转型思考[J]. 中学生物教学,2019(21).

[5] 邓霞. 基于核心素养的高中生物学课堂教学研究[J]. 新课程,2022(16).

[6] 钟传金. 基于学生发展核心素养观的生物学科教学实践[J]. 基础教育研究,2018(17).

[7] 谭永平. 生物学学科核心素养:内涵、外延与整体性[J]. 课程. 教材. 教法,2018(38).

[8] 余文森. 从三维目标走向核心素养[J]. 华东师范大学学报(教育科学版),2016(1):11 - 13.

[9] 肖安庆,等. 落实生物学科核心素养应处理好三种关系[J]. 中学生物学,2018(34).

(本文作者:何方圆)

普通高中思想政治学科核心素养学理研究

高中思想政治学科核心素养的学理研究以"双新"教育为导向，重点以教育教学背景和教育教学要求为研究内容。教育教学背景主要分国外国内两个方面：一方面，国外教育教学侧重介绍公民教育包含的核心素养；另一方面，国内教育与教学主要介绍思想政治学科核心素养的形成机理。教育教学要求主要包括两个方面，一是学科核心素养的教育教学基本要义，二是学科核心素养与三维目标的内在联系等内容。

一、高中思想政治学科核心素养教育教学背景研究

（一）国外提出公民学科核心素养的背景

1. 联合国提出公民学科核心素养的背景

联合国教科文组织在 20 世纪 90 年代提出政治教育旨在培育公民精神和对社会的责任感（联合国教科文组织国际教育发展委员会，1996）。基础教育的参与应同国家承担的责任和开展有力的行动同时并行（联合国教科文组织，2010）。教育的宗旨是促使人们形成一种共同的价值理念，即在团结和责任中共创美好未来（联合国教科文组织，2017）。2022 年，联合国教科文组织提出，教育要培养学生的能动性、责任感、同理心、批判性和创造性思维，还要让他们掌握全方位的社交和情感技能（联合国教育、科学及文化组织，2022）。简言之，联合国教科文组织倡导的学生核心素养应该是培养具有世界眼光和社会关怀的世界公民。

2. 欧盟关于政治学科核心素养的阐释

欧盟倡导各个成员国坚持和遵循"多元一体"的理念，即在尊重成员国基本文化传统的前提下，力图营造一个公平公正的社会。因此，欧盟在政治教育上也注重尊重各个国家的政治与文化，在此基础上形成对欧洲共同体的认识。《终身学习核心素养：欧洲参考框架》在社交和公民素养中提到，公民在知识层面的学习包括知道当前欧洲的局势。在技能学习层面，公民应当积极投身公共领域服务，同时保持对社会问题的关注和关心（林崇德，2016）。在态度层面，公民应当对国家和世界形成认同感（林崇德，2016）。简言之，欧盟提出的有关公民政治的核心素养，旨在形成对欧盟的认同感，并且能关心自身生活区域并付诸行动。

3. 主要国家关于公民学科核心素养的介绍

美国进入 21 世纪后建立了核心素养内容体系，其中提出的"公民素养"旨在培养学生了解政府工作流程，引导学生积极参与公民生活。法国要求学校要培养学生学习本国和欧洲历史，

促使学生认识到政治选举和民主决策的重要性,并鼓励学生积极参加公民活动(林崇德, 2016)。英国在公民学科方面注重获得扎实的知识,同时也要懂得法律法规与社会公正。日本倡导的"21世纪型能力"指出,教育的目的在于提升学生的道德伦理和社会责任感(林崇德, 2016)。从美国、英国、法国、日本的公民学科核心素养来看,他们既重视对国家认同方面的教育,同时也注重对他人和社会的关注和关心,而这些都是核心素养具体的历史的体现。

(二)国内关于思想政治学科核心素养的阐释

1. 学生成为素养的"表达者"是学科育人的内在要求

思想政治学科的目的不是把学生培养成为素养的认识主体,而是要引导他们成长为素养的表达者和代言人(边洪伟, 2018)。首先,政治认同表达的是坚定的政治立场;其次,科学精神是指向辩证观点的表达;复次,法治意识是指向法理审视的表达;最后,公共参与表达的是群众观点。

2. 通过活动型育人方式完成本学科的核心素养培育

本学科的育人目标需要通过活动实现,即通过活动型学科的育人方式帮助学生习得生活和学习经验。活动育人的评价方式分为过程性和总结性两种,这两种评价方式既重视基于证据的评价,也重视基于流程的表现性评价(朱志平, 2016)。本学科强调的活动型学科课程,着力促使学生在日常生活中理解马克思主义基本理论,同时在日常生活中形成正确的价值观念。

3. 思想政治教师需要处理好"活动"与"课程"的关系

孙玉娟认为,思想政治作为活动型学科课程,其中的"课程"是目的,而"活动"则是实现课程目的的手段。活动型学科课程,提倡用活动推动课堂教学,这就需要教师通过化繁为简的方式为学生答疑解惑;教师在答疑解惑的基础上,引导学生自觉地生成和理解知识;在生成和理解知识的基础上,能够对知识有进一步的改造和创新,并且能够做到求同存异(姜凤, 2017)。进而言之,活动型学科课程中的"课程"是指向思想政治学科的课程,而该学科课程目标的实现方式则可以是丰富多样的。

二、理解和把握思想政治学科核心素养的教育教学要求

(一)思想政治学科核心素养培育的基本要义

思想政治学科核心素养具有联系性,一方面联系着素养的发展,要做到实实在在。另一方面联系着学科内容,要有根据(朱明光, 2020)。凝练思想政治学科素养,一方面需要考虑学习概念、技能和方法的纵向发展过程,另一方面也要考虑本学科涉及的政治、经济、哲学等横向的学科内容。简言之,思想政治学科核心素养,要凸显德育课程结构的综合性,也要彰显德育课程实施的过程性。德育是思想政治学科重要的育人功能,那么这就要求在核心素养的培育方面注重社会主义核心价值观的教育:树立政治认同,涵养家国情怀;增强法治意识,合理看待权利与义务;保持科学精神,善用唯物辩证法;学会公共参与,积极参与民主生活(朱明光, 2020)。思想政治学科核心素养共有四方面:第一,政治认同是社会主义教育的必然要求;第二,法治意

识是依法治国的内在要求;第三,科学精神是处理自身与外部环境关系的正确方法;第四,公共参与则是践行上述理念的具体实践。

1. 政治认同

政治认同的内涵是指在既定的政治生活中,社会成员在情感和意识上产生的归属感。政治认同主要表现为对政治道路、制度理论等方面的认同(教育部基础教育课程教材专家工作委员会,2018)。根据课标要求,我国公民的政治认同,就是认同中华人民共和国、中华民族、中华文化,弘扬和践行社会主义核心价值观(中华人民共和国教育部,2020)。政治认同是形成全国各族人民团结奋斗的共同思想基础,是支撑国家认同、民族认同、文化认同的基石。政治认同的教育,不仅需要突出阐明道路自信、理论自信、制度自信和文化自信,同时也要突出社会主义核心价值观的意识形态要求。政治认同最终表现为对社会理想的追求,这种社会理想可以进一步理解为对理想信念的追求,也就是对信仰的坚守。就个人发展而言,信仰就是牢记使命,不忘初心,信仰是支撑生命的精神支柱。政治认同在一定意义上是价值观的重要标识,决定着学生人生发展的方向。

2. 科学精神

一般而言,科学精神是逻辑与思维范畴的概念,主要指代理智、自主、反思、实事求是的思维品质和行为特征(教育部基础教育课程教材专家工作委员会,2018)。高中思想政治课中的科学精神与逻辑和思维意义的科学精神有所差别。根据课标要求,科学精神就是坚持马克思主义的科学世界观和方法论(中华人民共和国教育部,2020)。科学精神兼具科学性与人文性,其适用于自然科学领域,但也适用于认识世界和改造世界过程中所面临的价值判断和行为选择的精神领域。科学精神坚持的是唯物主义精神,而科学精神作为思想政治学科核心素养,同样有助于彰显马克思主义基本理论的科学性。科学精神是思想政治学科核心素养的思想之元,不仅为学生提供理论与实践的方法论指导,同时也是促进学生生成其他核心素养的基本条件。

3. 法治意识

从法学视角看,法治意识强调人对法律的认同与遵守,也就是公民对法治的认知、崇尚与遵循的思想观念和价值取向(教育部基础教育课程教材专家工作委员会,2018)。高中思想政治课的法治意识与法学视角的法治意识有所差别。根据课标要求,法治意识,就是尊法学法守法用法,自觉参加社会主义法治国家建设(中华人民共和国教育部,2020)。法治与人治是相对的,法治与人治的根本不同就在于,人的尊严不是取决于财富、地位、权势,而是取决于法治。法治建设,让国家有尊严,也让每一个公民有尊严。唯有建设社会主义法治国家,方能使人拥有并且真正地感受到这种尊严。法治意识的终极价值,不在于维护某一方的利益,而在于其对宪法尊严的捍卫与守护。

4. 公共参与

公共参与在一定程度上属于民主决策的学术范畴。公共参与主要是指公民通过合法的途径与方式表达利益诉求、影响公共活动以及公共决策的社会政治行为（教育部基础教育课程教材专家工作委员会,2018）。高中思想政治课的法治意识与民主决策视角的公共参与有所差别。根据课标要求,公共参与就是有序参与公共事务（中华人民共和国教育部,2020）。公共参与是一个广义的概念,其中包含着公德、公益、社会责任等社会层面的内容,而思想政治学科的公共参与突出强调人民的主体地位。当下,现代社会公共生活的领域不断拓展,公民参与公共生活的机会日益增多,而凭借传统意义上的"人情社会""关系社会"办事显然不符合时代发展的要求。

（二）思想政治学科核心素养与三维目标的内在联系

1. 知识观层面

核心素养完成对三维目标的知识继承。三维目标在知识观层面的理论基础是建构主义知识观,主要表现为知识与能力建构的主观性和既定内容的情境性。核心素养在知识与能力层面的理论基础同样也是建构主义,但是其着眼点不在于提倡主观性、情境性,而是基于适当情境实现学习上的意义建构。因此,核心素养在知识与能力学习方面是对三维目标的进一步总结,同时也对三维目标完成了意义层面的全新诠释。思想政治学科核心素养要求教师树立整体的、有序的知识观,这就要求教师在教学上要着眼于学科整体,抽象出具有统领性的学科核心概念。遵循系统内部结构的有序性,打通知识内在逻辑关联（王聚富,2020）。教师可以设置具体的问题情境,在解决情境问题的过程中实现知识的迁移和应用,进而生成新的有意义的结论。

2. 课程观层面

核心素养完成对三维目标的课程继承。三维目标在课程观层面的理论基础是经验主义的课程观,强调教师运用符合学情的教育方式引导学生理解相关学习内容。核心素养在过程与方法层面的理论基础是建构主义,其主要强调过程与方法是联结知识与能力,以及情感、态度、价值观的纽带。进言之,核心素养在过程与方法上既要考虑知识与能力的理论前提,也要注重为情感、态度、价值观作思想铺垫。思想政治学科核心素养要求教师构建并践行活动型学科课程,力图将"课程内容活动化"（朱明光,2016）。据此而言,教师在日常教学过程中,要理直气壮地彰显正确的价值观,并且要在实际教学过程中构建符合学情和教情的活动型学科课程。

3. 教学观层面

核心素养完成对三维目标的教学继承。建构主义的教学观是三维目标所推崇的教学观。这意味着,教师并非通过单向灌输而是通过内容疏导,逐层逐步地引导学生认同和践行社会主义核心价值观。核心素养在教学观层面的理论基础也是建构主义教学观,因此教师的教学应以知识与能力为基础,通过适合学情的过程与方法,引导学生形成正确的价值观念。思想政治学科核心素养要求教师在教学观层面对三维目标进行重塑与整合,这就需要教师在教学上对学科思维、观念与核心素养予以统整,通过分析与综合的方式,对割裂的三维目标进行融合,达成统一。

【参考文献】

[1] 联合国教科文组织国际教育发展委员会.学会生存:教育世界的今天和明天[M].北京:教育科学出版社,1996.

[2] 联合国教科文组织.教育——财富蕴藏其中[M].北京:教育科学出版社,2010.

[3] 联合国教科文组织.反思教育:向"全球共同利益"的理念转变?[M].北京:教育科学出版社,2017.

[4] 联合国教育、科学及文化组织.教育中的未来[M].北京:教育科学出版社,2022.

[5] 林崇德.21世纪学生发展核心素养研究[M].北京:北京师范大学出版社,2016.

[6] 边洪伟.基于核心素养的学科表达[J].思想政治课教学,2018(03):28-30.

[7] 朱志平.基于核心素养的思想政治活动型学科课程[J].思想政治课教学,2016(05):4-8.

[8] 姜凤.塑造活动课程,培养核心素养[J].思想政治课研究,2017(02):68-70.

[9] 朱明光.普通高中课程标准(2017年版)教师指导(思想政治)[M].上海:上海教育出版社,2020.

[10] 教育部基础教育课程教材专家工作委员会.普通高中思想政治课程标准(2017年版)解读[M].北京:高等教育出版社,2018.

[11] 中华人民共和国教育部.普通高中思想政治课程标准(2017年版2020年修订)[S].北京:人民教育出版社,2020.

[12] 王聚富.学科知识向学科素养转化的路径[J].中学政治教学参考,2020(23):11-12.

[13] 朱明光.关于活动型思想政治课程的思考[J].思想政治课教学,2016(4):4-7.

(本文作者:司建)

普通高中历史学科核心素养学理研究

一、历史学科核心素养教育教学背景研究

(一) 国内国际历史学科核心素养教育教学趋势

习近平总书记指出,教育是提高人民综合素质、促进人的全面发展的重要途径,是民族振兴、社会进步的重要基石,是对中华民族伟大复兴具有决定性意义的事业。[1]面对千年未有之大变局,我国迫切需要提升教育水平,更好地铸魂育人。当今是知识经济时代,教育事业牵动国家命运,对人才培养标准的研究也就成为教育改革发展的重中之重。历史作为基础人文学科,历来受到党和国家的高度重视。习近平总书记在中央党校讲话时指出:"历史是最好的教科书。"当前形势下,普通高中历史课程标准的修订引起了社会各界的广泛关注。

国务院于 1993 年指出"基础教育是提高民族素质的奠基工程","中小学要由'应试教育'转向全面提高国民素质的轨道"。1999 年,党和政府要求全面推行素质教育。基于素质教育的要求,教育部于 2001 年对中小学课程设置、教材内容、教法学法、教学目标和评价标准进行了具体和细致的规定,这是一场系统的、牵动基础教育的大型改革工程。到了 2014 年,教育改革又迈上了新台阶。教育部颁发了《关于全面深化课程改革 落实立德树人根本任务的意见》,首次提出了"核心素养"的概念。核心素养课题组负责人林崇德教授将核心素养论述为学生"个人终身发展和社会发展需要的必备品格和关键能力"。此后,教育部集中优势资源,对"核心素养"进行探讨研究。研究核心素养、利用核心素养推进教育教学目前已成为吹拂全国教育界的改革春风。

国外历史课程改革的经历为我们提供了经验。经济合作与发展组织(OECD)从 1997 年开始就进行了"素养的界定与遴选"专题研究。在历史学科的课程改革方面,英国国家历史课程标准(1999)规定的能力要求有"对时序的理解能力、对历史事件、人物及变化的知识的理解能力,历史解释能力,历史探究能力,组织与交流能力"。美国历史课程标准(1996)强调两个重要的历史教育目标:一是历史思维能力目标,二是历史的理解目标。澳大利亚历史课程标准(2009)中的历史课程核心术语包括历史思维、史学研究、历史概述、专题探究等。各国历史学科课程改革的实践表明,对历史学科核心素养的界定和强调跨越了国界,成为历史课程改革的趋势。[2]2013 年,随着我国教育改革的深入,"核心素养"也成为了攻克我国教育难关的关键词。

（二）历史学科核心素养教育教学实践

自从核心素养提出以来,越来越多的一线教师、教育学者、历史研究者参与到核心素养的研究之中,力图将核心素养贯彻到教学实践。

统编高中历史教材的主编、首都师范大学教授徐蓝明确了历史学科核心素养的内涵、价值以及对于教学、考试的指导意义,认为"课程目标的确定、课程内容的编制、课程教材的编写、课程实施的措施、课程评价和考试的标准等,都要始终贯穿学生发展历史核心素养这一核心任务"。[3]有学者从历史学与历史教育的关系出发思考核心素养的内涵,把核心素养的达成作为检验学生从历史角度分析、认识问题的能力水平的基本标准。[4]北京师范大学朱汉国教授认为历史学科的五大核心素养是一个整体,分别有各自的地位和作用,又共同构成历史学科的学科价值和育人内涵。[5]

二、理解和把握学科核心素养的教育教学要求

（一）历史学科核心素养与三维目标的内在联系

历史学科的核心素养与上一轮课程改革提出的"知识与技能""过程与方法""情感态度与价值观"三维目标是既继承又超越的关系。传承的方面体现在:三维目标被提炼整合为核心素养。超越方面体现在:相较于三维目标,核心素养更能体现以人为本的教育思想,更强调培育学生的自主研究、独立获取知识的能力。学科核心素养是学科和教育的融合,既兼顾学科本身的学术性,又重视学科的教育价值。因此,历史学科的核心素养在学术性与人文性两方面提出了更高的要求。学术性要求学生不仅能够记忆知识,还能了解并初步掌握学术研究的基本规范与方法,形成对历史学进行独立探索与研究的能力,为大学阶段接受学术训练打下坚实的基础。人文性要求学生在历史长河中感受中国传统文化与世界优秀文化所蕴含的精神力量,涵育人文精神与国际视野,洞察人类社会的发展规律,自觉树立起维护社会伦理正义的崇高品格,从而强化对国家高度的认同感、归属感、责任感和使命感。

（二）历史学科核心素养的新要求

《普通高中历史课程标准(2017年版2020年修订)》(以下简称"课标")指明历史学科的核心素养是:唯物史观、时空观念、史料实证、历史解释和家国情怀。五大核心素养各有内涵,又互相联系、互为补充,反映了历史研究的基本取径与历史学科的社会功用,共同组成了历史学科的基本特点与历史教育的本质要求。其中,时空观念、史料实证是进行历史学术研究的方法,对应核心素养所要求的"关键能力";唯物史观、历史解释是指导我们学习历史、研究历史的科学辩证的理论体系,对应核心素养所要求的"关键品格";家国情怀综合展现了历史学科的人文追求,是国民的爱国情感在历史学科中的集中表达,是历史教育的根本旨归,对应核心素养要求的"正确价值观"。

"课标"指出"只有运用唯物史观的立场、观点和方法,才能对历史有全面、客观的认识"[6]。唯物史观主要的内容是"揭示了社会结构是由生产力、生产关系和上层建筑三个层级的因素

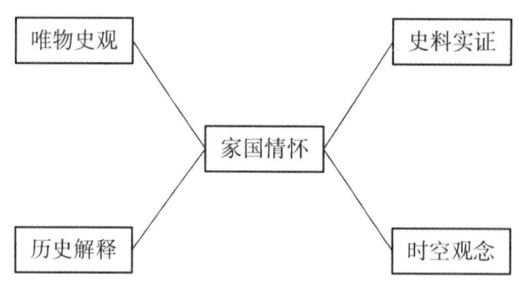

图1 高中历史核心素养图

组成的"[7],三者之间存在辩证的关系。唯物史观认为分析历史的方法是阶级斗争法,创造历史的主体是人民群众。生产力决定生产关系,生产关系对生产力有能动的反作用是唯物史观的标志与核心。如何理解其中的逻辑关联？让我们回到马克思的原典,在《德意志意识形态》中,马克思提到一则讽刺小故事:有一个好汉忽然想到,人们之所以溺死,是因为他们被重力思想迷住了。如果他们能抛掉这个观念,比方说,宣称它是迷信观念,是宗教观念,他们就会避免任何溺死的危险。这当然不可能让这个好汉避免被溺死,因为思想与观念并不是作为这个世界的本原而独立存在的。思想与观念的本原是什么？马克思说"一切人类生存的第一个前提,也就是一切历史的第一个前提"是"必须能够生活"。"因此第一个历史活动就是生产满足这些需要的资料,即生产物质活动本身……是一切历史的基本条件",马克思洞察到历史产生的前提是物质生产,而由物质生产形成的工业条件和社会状况创造了周围的感性世界,这就是生产力决定生产关系的哲学本原。那么唯物史观如何体现在日常教学中呢？"课标"中的"明至清中叶中国版图的奠定"部分,非常强调明清时期中国历史与世界历史的关联,如果要讲得透彻、有深度,必须用唯物史观进行解释。马克思在《〈政治经济学批判〉导言》中说:"世界史不是过去一直存在的;作为世界史的历史是结果。"这意味着世界历史的发展经历了一个历史过程:由各民族之间相互闭塞的历史,发展到有密切联系的世界史。这就启示我们在讲授明清这一时段的历史时,要意识到明清时期所发生的政治、经济、思想、社会方面的诸多变化是与这一时期的世界变化同步的,甚至是后者的组成部分。强调中国发生的变化和世界其他地区的变化有着不可分割的共同之处,它们已经越来越成为一个整体的"世界历史"。

对于时空观念,"课标"认为"任何历史事物都是在特定的、具体的时间和空间条件下发生的,只有在特定的时空框架中,才能对史事有准确的理解"[8]。时间条件是历史事件的社会背景,空间条件是历史事件的地理因素,时空构成了历史人物活动的场所和舞台,两者对历史发展既有推动,又有制约。钱穆先生曾说学习历史的人"不会感到现在我们是站在以往历史最高之顶点……而将我们当身种种罪恶与弱点,一切诿卸于古人",原因就在于历史学习者能明了今人与古人所处的时空条件不同,一切历史的发生与其所处的时空条件密不可分,历史人物做出影响后世的判断、决定,并不仅仅取决于历史人物的能力、道德,更取决于他们所处的时空背景。时空观念要求教师在讲授课本内容时要有纵向的时间视野与横向的地理视野。要求学生能按照时间顺序掌握历史事件的前后关系,从而通过时间脉络把握历史发展;能按照空间分布理解不同地域的文明、政权、国家的特殊性以及人类交往的必要性。例如在"古代文明的产生与发展"这一部分,课标要求"了解各文明古国发展的不同特点,并分析、认识这些特点形成的不同时空条件",在教学实践中,教师要让学生理解虽然目前人类对自然已经有了一定的控制力,可以避免自然现象给人类社会带来的诸多危害,但在时空不同的早期人类社会,文明发展受自然的制约极大。教师还要教会学生读懂地图,从地图中提取出重要的地理信息,并将地理信息转换为历史信息,从而意识到地理环境是历史发展不可忽视的因素,意识到不同的地理条件塑造了不同文明的独特之处,这就是纵向的时间视野与横向的地理视野在教学实践中的体现。

认识历史只能通过史料。史料是历史研究的起点,史料实证是历史学科学性的支柱。"课标"在史料实证部分提出"必须重视史料的搜集、整理和辨析,去伪存真"。史料的"搜集、整理"是要学生了解史料有哪些类型——除了传世文献外,还有出土文物;某一阶段历史的基础史料是什么,例如研究秦汉史,所需的史料是司马迁的《史记》以及出土的简帛材料。史料的"辨析""去伪存真",是要学生具有解读史料的能力,认识到史料的历史价值,形成"孤证不立"的研究态度,有意识地选取多种史料进行互证。"早期中华文明"这一部分就是体现史料实证的课例,课标要求"通过甲骨文、青铜铭文及文献记载,了解私有制、阶级和早期国家的特征"。这一时期,文献材料稀少,考古材料的作用就非常突出。教师可以通过介绍王国维的"二重证据法",即纸上材料与出土材料互证,得出历史结论,使学生感受到没有传世文献的帮助,考古材料的价值就无法发挥;没有考古材料的佐证,传世文献的价值与真伪就不能确认。教师也可以引入"史源学"来教授学生如何认识史料的价值。所谓的史源学,是在研究史料时,着重注意史料形成的时空背景,进而考察史料的价值。例如在两汉的政治运作中,外戚扮演了重要的作用,东汉班固所作的《汉书》与南朝刘宋范晔所作的《后汉书》都对外戚有过论述。班固认为:"自古受命帝王及继体守文之君,非独内德茂也,盖亦有外戚之助焉。"但范晔认为:"自古虽主幼时艰,王家多衅,必委成冢宰,简求忠贤,未有专任妇人,断割重器。"显然,班固对外戚是肯定、赞扬的,范晔对于外戚是否定、谴责的。其中的原因就在于在班固所在的东汉与范晔所在的南朝,人们对皇权与外戚关系的认知已经发生了巨大的变化。两条史料分别反映了两个时代的历史认知:班固的观察更符合两汉人的看法,因此研究外戚在两汉的政治作用时,《汉书》的史料价值更大;范晔的观察反映了后世对外戚专权的反思,因此研究皇权的发展史时,《后汉书》的史料价值更大。从史料学的角度我们可以看到,史料的价值并非是固定的,而是辩证的,这是唯物史观的辩证历史观与史料实证的结合。史料的价值又取决于史料产生时的时空条件,这是史料实证与时空观念的结合。

历史解释是"有意识地对过去提出理性而系统的具有因果关系的叙述"[9]。时空观念、史料实证是做出历史解释的前提与支撑,唯物史观是历史解释的方法论。英国哲学家弗朗西斯·培根曾有一个脍炙人口的比喻:蚂蚁和蜜蜂。蚂蚁重在搜集、搬运经验材料。而对历史研究来说,一个学者仅仅具有"蚂蚁"式的史料搜集功夫,难以做出一流的作品。最理想的历史研究应该像"蜜蜂":搜集"原料"的功夫了得,也懂如何加工,实现史料实证与历史解释的完美结合。在一般人看来,史料不过是杂乱无章的"故纸堆",但历史学家却有"历史解释"这一点石成金之术,将故纸堆化为精妙绝伦的思想。历史解释在史学研究中无处不在,前文提到的辨析史料、发掘史料价值就需要有历史解释的意识;对基本史实的陈述和对历史事件的叙述也包含着史学家的主观认识。"课标"格外强调"解释其表象背后的深层因果关系"[10],这是课程改革的新要求:学生不仅要能记忆史事、史实,更关键的是要能解释历史现象之间的逻辑关联——课标将其表述为因果关联。以"三国两晋南北朝的民族交融与隋唐大一统的发展"为例,这一部分单设一课讲授隋唐的三省六部制、科举制、两税法三大制度。教师依照历史解释的要求,在授课时强调隋唐的制度变革并不是截断众流、凭空产生的,应追溯隋唐制度"上因齐隋、远祖汉魏"的历史发展线索。比如三省六部制中三省的设置,最早可以溯源到汉武帝设中朝,东汉置尚书台,南北朝时期,皇帝的近侍机构在皇权与士族的对抗中职掌逐渐膨胀,最终定型为唐初的三省。

历史学科具有极强的思想感召力,蕴含着人类文明终极的价值关怀。无论古今中外,历史都是凝结民族认同与民族意识最强大的精神力量,都是爱国主义永不枯竭的精神源泉。五大核心素养中最重要、最能体现教育意义的就是家国情怀。历史课堂不仅有知识的传授,也有价值观的引领。家国情怀应该渗透在每一堂历史课中。顾炎武曾说"天下兴亡,匹夫有责",天下指的就是一个民族的历史与文化。陈寅恪曾说"国可亡,而史不可灭",历史是一个民族的精神血脉,保存了祖先的精神,传载了一个民族在危急时刻所坚持的信念,守护着一个民族得以存续的道义。我们通过历史感受民族的精神,而我们这个时代的精神,也终将通过历史传给子孙后代。在历史中,古人、今人与后人,紧紧地凝聚在一起。国民会在战场上牺牲,但有历史在,民族的根脉就不会被斩断;国土会沦丧,但有历史在,国家就不会沦亡。当国家遭受外来侵略时,历史上的民族英雄抗敌御辱的精神就会成为激发人们爱国情绪的养分,激励人们为本民族的生存而不懈斗争。人类历史也不仅仅是单一民族的历史,而是世界上的不同民族、不同文明从封闭走向交流,从分离走向整体的历史。习近平总书记提出"共同构建人类命运共同体"的伟大设想,因此家国情怀要求学生在认同社会主义核心价值观的同时,广而及之,理解和尊重世界各国的优秀文化传统,从世界各民族世世代代创造的业绩与辉煌中汲取精神养分。

【参考文献】

[1] 习近平. 做党和人民满意的好老师(2014年9月9日)[M].北京:人民出版社,2014:2.

[2] 徐蓝,朱汉国.普通高中历史课程标准解读[M].北京:高等教育出版社,2020:49.

[3] 徐蓝.关于历史学科核心素养的几个问题[J].中学历史、地理教与学,2018(1).

[4] 张华中.基于实践的历史学科核心素养体系刍议[J].历史教学,2016(1).

[5] 朱汉国.历史学科核心素养释义[J].历史教学,2018(8).

[6] 中华人民共和国教育部.普通高中历史课程标准(2017年版2020年修订)[S].北京:人民教育出版

社,2020:4.

［7］徐蓝、朱汉国.普通高中历史课程标准解读[M].北京:高等教育出版社,2020:49.

［8］中华人民共和国教育部制定.普通高中历史课程标准(2017 年版 2020 年修订)[S].北京:人民教育
出版社,2020:5.

［9］徐蓝、朱汉国.普通高中历史课程标准解读[M].北京:高等教育出版社,2020:55.

［10］中华人民共和国教育部.普通高中历史课程标准(2017 年版 2020 年修订)[S].北京:人民教育出版
社,2020:5.

（本文作者:岳潇翰）

普通高中地理学科核心素养学理研究

一、地理学科核心素养教育教学背景研究

《全日制义务教育地理课程标准(2022年版)》强调,学习地理不仅仅是为了应对日常生活,更是为了培养未来的发展能力。《普通高中地理课程标准(实验)》首次明确提出"地理素养"的新理念,同时提出引导学生探究学习,要提高公民必须具备的素养。《普通高中地理课程标准(2017年版)》细化了地理核心素养的四大内涵。《国务院办公厅关于新时代推进普通高中育人方式改革的指导意见》强调了地理学科在综合素质培养中的重要作用,以及它在学习实践中的重要性。2020年重新修订的《普通高中地理课程标准(2017年版2020年修订)》中细化完善了地理素养在地理课程中的落实。

地理核心素养的发展从"where、what",逐渐转向"why、how",引导学生认知不断变化的地理环境,学会应对复杂真实的情境,从地理学科的综合视角体现解决问题的思维品质和关键能力。

国际地理联合会地理教育委员会重新修订颁布的《地理教育国际宪章》,强调了地理学科对于公民认知发展的必要性。同时,宪章还指出由于地理学科具有独特的综合性,与很多领域都有着重要关联,比如环境、可持续发展、户外探索、通信技术,甚至心理和社会等各个自然、工程、社会等学科领域。国外地理素养的培育,常常融合在科学素养、社会素养和公民素养的培育中。2020年上海使用的高中地理新教材的理念,也源自《科学发现者》丛书中有关地理学科知识的模块。从科学与社会视角来看,发展地理素养是国际地理教育的新趋势。

二、理解和把握学科核心素养的教育教学要求

地理学科是一个具有人文属性和自然属性的综合性学科。目前世界范围内在资源和环境等问题上出现了普遍性难题,且问题越来越尖锐,在各门基础学科中,地理学是针对社会问题的最直接、最有针对性的课程。地理学科核心素养的提出,强调重新审视新形势下的人地关系,用综合的思想观察世界、解决问题,体现地理学科的育人价值。中学地理课程的学科核心素养主要包括四大方面:人地协调观、综合思维、区域认知和地理实践力。其中地理学科重要的认识世界的手段方法是"区域认知",基本价值与观念是"人地协调观",基本学科思想是"综合思维",基本活动经验是"地理实践力"。

"人地协调观"已经成为当代世界的共识，也是21世纪"地球公民"所必须树立的基本观念。在20世纪五六十年代我国经济快速发展时期，曾出现"人定胜天"的思潮，结果导致生态破坏，从而遭受了自然界的报复。改革开放以来，在发展经济与提高GDP的目标下，也一度出现了掠夺资源、任意排放、严重破坏生态环境等现象。当今，国家已经把生态文明列为五大文明建设之一。面对实现"两个一百年"的宏伟目标，并且在国际上要加强合作共赢的局面，都必须树立"人地协调观"的观念，所以"人地协调观"是学生必须具备的核心素养，关注信息时代中的重大社会问题。

"综合思维"是地理学科重要的、独特的思维方式。这种思维主要包括：区域综合、地方综合、时空综合等方面。地理教师不但要重视学科内学生综合思维的培养，还要多探索跨学科的组合，尝试进行多学科育人，即尝试STS跨学科育人。

"区域认知"是传统地理学的核心知识，也是探究地理问题的空间载体。地理问题的研究离不开具体的区域。区域一般包括大尺度、中等尺度、小尺度等三类不同尺度区域。地理教师在地理课堂中对区域地图的教学是地理学科育人的重要载体。在"双新"背景下，对中小尺度区域的主题式探究成为"区域认知"的热点与难点。

地理学研究中始终不能缺少的是考察实践和调查实践。"地理实践力"是地理学科独有的核心素养。在大自然和社会中通过实践认识地理科学，就如同对物理学科和化学学科的学习必须通过实验的手段一样。从更大的意义上来说，学生的成长也离不开亲身的实践，通过实践才能获得感悟与体验。

地理课堂教学设计是落实育人价值的重要手段与方法。课程改革现今不断深入，地理学科的教学设计思想和手段发生了深刻的变化。20世纪80年代初，从强调"双基论"（即基本知识和基本技能）到重视"智能发展"（即发展智力和培养能力），继而又提出了要关注学生的"非智力因素"（即关注学习兴趣、习惯、态度和信心等）。在世纪之交的课程改革中，进一步提出了"素质教育"的三维目标，即"知识与技能""过程与方法""情感、态度与价值观"。现在，包括地理学科在内的基础教育又以"核心素养"引领新的课程改革，进一步落实"立德树人"。回顾历程，可以促进我们地理教师对三维目标与核心素养内在关联的理解，更好地继承与发展。

地理核心素养中的"区域认知""地理空间思维（综合思维）"是具体学习地理的空间载体和方法手段，"地理实践力"是技能，"人地协调观"承载着地理学科的主体知识，"家国情怀""全球视野"凝练了"情感、态度与价值观"的内涵，并拓展了其外延。

21世纪以来，在"三维目标"的框架下又出现许多如"小组学习""自主学习""探究教学"以及"翻转课堂"等新的教学方法。如今在以核心素养为引领的地理课堂教学中，要更好地体现出"立德树人"的目标任务，在课堂教学方法上必然会出现一些新的尝试，比如"情境体验""科学探究""案例引导""角色扮演""价值澄清"等有助于陶冶情操、培养科学精神与人文底蕴、树立正确的"人地协调观"等凸显地理学科核心素养的课堂教学方法。

三、地理学科核心素养的新要求

(一)新理念:挖掘地理新课程鲜明的育人特色

地理新课改教师培训过程中的调查显示,地理新课程理念以81.9分排在各项之首。新课标凝练了四大核心素养,地理课程具有很强的实践性,在实践中使用区域认知、调用运用综合思维、感受人地关系,其中空间素养是地理核心素养的基石。

(二)新教材:教材转型学材,凸显地理学科研究前沿

华东师范大学终身教授钟启泉先生提出,在新信息技术时代,教科书从教材转型为学材。上海版地理新教材尤其体现了新课改对教材的要求,按照"国家标准、国际水平、上海特色"编写理念,突出地理素养载体、学习评价依据、师生互动中介等方面的新功能。

(三)新评价:思维结构评价能优化教与学

新课标提出加强过程性评价,提高思维结构水平。地理思维结构是以SOLO理论为基准,解决开放性区域问题时的思维结构。其普遍用于高考试题研究,少被当作帮助教师客观评价学生思维进而改进教学的工具。

(四)新活动:研学活动培养地理实践力

按照普通高中地理新课程理念,研学活动的兴起重新让地理学科在立德树人方面发挥了重要作用。教师们聚焦核心素养培育,设计基于地理学科核心素养的主题式研学。例如浙江省在新课程改革后进行了研学活动与地理核心素养水平的探索实践,地理研学活动中学科核心素养的水平分级如下:

水平1:能从校园、家乡野外研学活动中认识简单、熟悉的地理事象,认识到活动要在一定的环境中开展,并认识到人地协调发展的必要性;能在校园内进行初步的观察、观测和调查,会获取和处理简单信息;能在他人帮助下使用简单的地理工具,做模拟地理实验。

水平2:能置身学校所在区域,认知众多地理事象;能描述当地社会、经济发展的状况,并对区域发展做出决策,掌握分析问题的一般方法;能阐述研学活动对地理环境的影响,独立进行研学实践并学会反思。

水平3:能比较不同研学区域的环境特征;能对活动中遇到的复杂问题,从要素综合、时空综合维度进行分析,给出合理的解决方案;能与同学合作设计活动方案并实施;能表达自己的观点。

水平4:能对所到省内外区域出现的各种地理问题进行分析,并评价及提出当地可持续发展的策略;能对在全国各地活动时遇到的各种现实问题进行系统性、综合性分析,形成综合分析问题的思路;能评价分析研学区域中存在的人地关系相关问题。

(五)新技术:利用技术支撑地理核心素养培育

《国家教育信息化2.0行动计划》《上海市普通高中信息化建设标准》要求教师更高效地教,学生更个性地学,评价更科学地用。新课标要求利用信息技术加强学生对真实世界的理解,增强地理学习的个性化,适应新的知识获得方式。内容标准中信息技术应用的增项比例大,关于高中地理信息技术运用的建议约占40%。笔者参与新教材教参编写工作时也发现,

与全国四大版本的教材比,上海新教材每个单元均让学生运用地理信息技术进行实践操作,凸显实践性、信息化等特点。

现代地理信息技术包括不同类型的技术,其中有全球卫星导航技术(GNSS)、遥感技术(RS)、地理信息系统(GIS)等。地理信息技术在双新课改落实过程中发挥着明显的优势,学生地理核心素养培育效果显著。利用 GIS 图层概念和技术开展地理教学,具有直观形象和可操作的特点,在区域地理综合分析方面有优势,当然图层应用会因教学目标、技术数据不同而有差别。GIS 在美国中学教学中可应用的功能繁多,包括图层叠加、路径导航、缓冲分析等。运用 AEJEE 系统能对图层数据进行操作,学生从互联网获取数据解决生活中的小问题;运用 GIS 辅助地理学习后,空间思维提升效果明显;项熙博士针对侧重视觉、听觉等不同学习风格的学生,运用 WebGIS 个性化培育空间素养。笔者在上海市青年教师课题中运用空间型数字化实验提升学生空间素养(课题编号:016A1015S1149V3187),该研究发现,地理空间素养是培育核心素养("人地协调观""区域认知""综合思维""地理实践力")的重要基础,地理空间素养是可以通过教学干预改善的,基于地理信息技术(3S 技术)的数字化地理实验是提高地理空间素养的一条重要的途径。在新课改实施后,笔者继续开展市级课题("高中地理新课程中利用 GIS 叠图教学提升学生空间素养的实践研究")的推广应用研究,继续深化研究信息技术背景下地理核心素养的培育。

【参考文献】

[1] 中华人民共和国教育部. 教育部关于全面深化课程改革,落实立德树人根本任务的意见[EB/OL].(2014 - 03 - 30)[2017 - 06 - 18]. http://old. moe. gov. cn/publicfiles/business/htmlfiles/moe/s7054/201404/167226. html.

[2] 中华人民共和国教育部. 普通高中地理课程标准(2017 版)[S]. 北京:人民教育出版社,2017.

[3] Wang, X. Practical research on life-oriented situational teaching — Take "the integrity and difference of the natural geographical environment" as an example. Teach. Ref. Middle Sch. Geogr, 2021,8:49 - 50.

[4] 美国国家研究院地学、环境与资源委员会地球科学与资源局重新发现地理学委员会编. 重新发现地理学——与科学和社会的新关联[M]. 黄润华,译. 北京:学苑出版社,2002:32.

[5] 崔允漷. 论大观念及其课程意义[J]. 上海课程教学研究,2015(2):38.

[6] Design Challenge Curriculum [EB/OL]. http://www. thetech. oN/ed ucation/teachers/curriculum. php.

[7] 段玉山,姚泽阳. 地理学科核心素养的几个性质[J]. 地理教育,2017(2).

[8] 刘徽. "大概念"视角下的单元整体教学构型——兼论素养导向的课堂变革[J]. 教育研究,2022,41(6).

(本文作者:李梅)

10

普通高中美术学科核心素养学理研究

一、美术学科核心素养教育教学背景研究

核心素养的推出基于瞬息万变、知识爆炸的当代社会现状。激进学派甚至认为,当今的主流知识将不适用于二十年后的社会实际需求。"如何为一个未知社会培养人?"成为基础教育领域不停追问的议题。20世纪末迄今,许多国家和地区开始针对新世纪的挑战展开一系列教育实践活动,包括更新课程观念,变革学习方式,改变学习评价策略和方法,逐渐形成一股国际教育改革浪潮。这股浪潮旨在培养学生的核心素养,帮助他们在全球化和信息化的时代背景下,适应未来社会的要求,促进终身学习和发展。

"核心素养"这一概念来源于1997年经济合作与发展组织发起的"核心素养的界定与选择:理论和概念基础"项目。2013年,我国心理学家林崇德教授带领团队着手研究核心素养,其成果《中国基础教育和高等教育阶段学生核心素养总体框架研究》于2016年公开发布。在我国教育的语境中,学生发展核心素养指学生应具备的,能够适应终身发展和社会发展需要的必备品格和关键能力,是关于学生知识、技能、情感、态度、价值观等多方面要求的综合表现。以2017年普通高中课程标准修订为标志,中国基础教育进入了核心素养时期。在此背景下,"学科核心素养"成为我国基础教育各学科课程改革统摄性和主导性概念,是核心素养进一步向学科落实的新层级。在国外的核心素养体系中,是没有"学科核心素养"这一概念的,它被视为中国教育体系的独创概念,是中国基础教育对世界教育的贡献。

二、理解和把握学科核心素养的教育教学要求

(一)美术学科核心素养的内涵

2016年,教育部正式提出了中国学生的核心素养发展模型。该模型涵盖了社会参与、自主发展和文化修养三个维度,进一步细分为人文底蕴、科学精神、学会学习、健康生活、责任担当和实践创新六大素养,并匹配18项具体的关键表现,为学生的发展设定了目标和方向。而学科核心素养进一步细分了不同学科中的关键能力与必备品格。

首先,人文底蕴是核心素养的重要组成部分,它要求学生在传统文化的理解和欣赏方面具备一定的能力。学生通过对传统文化的学习和思考,能够培养出对人类价值、道德伦理的深入思考和把握能力。这种人文底蕴的培养不仅能够塑造学生积极向上、博大精深的人格,还能

够帮助他们更好地适应社会的发展和变化。科学精神意味着学生具备批判性思维和运用科学方法的能力,能够运用科学思维解决问题。这种素养的培养不仅能够使学生理解科学知识,还能够引导学生主动探索和实践科学。通过培养科学精神,学生将能够培养出质疑和思考的能力,培养出解决实际问题的能力,从而更好地适应和应对日益复杂的社会和科技发展。另外,学会学习是核心素养模型的另一个重要方面。学会学习是指学生具备自主学习、合作学习和持续学习的能力。学生通过培养学会学习的能力,能够主动掌握和运用各种学习策略和方法,善于自主思考和解决问题。这种素养的培养使学生能够在不同的学习环境中快速适应和发展,具备终身学习的意识和能力。健康生活是核心素养模型的又一个重要方面。它要求学生养成良好的生活习惯和健康的生活方式。学生通过培养健康生活的素养,能够保持身体健康、心理平衡,提高生活质量。健康生活的培养不仅需要学生具备科学的健康知识,还需要培养他们积极参与体育运动、合理饮食,养成良好的生活管理能力。责任担当是核心素养模型中的又一个关键要素。它鼓励学生对自己的行为和决策负责,并对社会和环境承担责任。学生通过培养责任担当的素养,能够意识到自己的行为对他人和社会产生的影响,能够积极参与公益事业和社会实践,成为有社会责任感的公民。最后,实践创新要求学生具备创新思维和实践能力,可以灵活运用所学知识应对复杂问题与实际需求,提出创新性的想法与方法。通过培养实践创新的素养,学生能够在实践中不断探索和创造,形成敢于尝试和面对挑战的勇气和能力。

美术学科五大核心素养是中国学生核心素养发展模型的一部分,具有独特的学科特色与价值,旨在通过专业知识和技能的培养,促进学科教育的提升和学生综合素质的提高。图像识读强调对艺术图像和日常图像的观看、识别和解读能力。图像作为一种视觉语言,承载着丰富的信息和情感。具备良好的图像识读能力意味着学生能够通过观察和理解图像,深入感知以及准确解读其中的意义。同时,通过对不同义化、社会背景下不同图像的分析和理解,学生将拓展对美术作品及日常场景中符号、形式和风格的理解,进一步展示了美术学科核心素养的社会性。美术表现不局限于架上绘画等专业性创作活动,还包括在生活和工作中以美术手段表达自己的能力。通过绘画、雕塑、摄影、设计等实践经验,学生可以培养出审美情感、表现技巧和创造能力,同时也能够培养出观察事物、发现美的能力,从而提升自身的艺术表达能力。除了针对绘画作品的审美活动,审美判断还能够引导学生对生活中的美进行感知和判断。通过学习和掌握美学原理、艺术史知识,学生可以培养出独立审美思维和批判性思维,提高对不同艺术形式和风格的分析和评价能力,从而拓宽视野,提升审美素养。创意实践是指学生能够灵活运用自身的想象力和创造力,提出新颖独特的创作方案或解决实际问题。通过美术实践的过程,学生可以培养出灵活思维、创新意识以及解决问题的能力。创意实践不仅培养学生的艺术创造力,同时也可以提高学生的综合能力和创新精神,对学生的未来发展具有积极影响。通过文化理解,我们能够拓宽视野,丰富知识,增强对艺术和文化的认知,从而更好地欣赏和理解美术作品所传递的深层文化内涵,以及人类文化的精彩与卓越。

美术学科五大核心素养致力于覆盖全体学生。尽管专业美术人才可能会表现出更加突出和优秀的特质,但通过有效教学,五大美术学科核心素养能够在基础教育领域和各类学生中获得相当程度的实现。可以说,五大美术学科核心素养在名称、内涵以及表现形式都充分考虑了国民性和可实施性,而且完全属于基础教育的范畴。

(二)美术学科核心素养的关系

首都师范大学教授尹少淳(2017)用"五环图"生动地阐释五大核心素养之间的关系。位于基层的两环分别代表图像识读和美术表现,体现了美术学科的"本位",具有不可替代性。立足于基础两环的上位三环分别为审美判断、创意实践和文化理解。这三个学科核心素养并非美术学科的专属。首先是审美判断。除了音乐和语文等人文社科类学科,数学、物理等自然科学中也会涉及审美方面素养的培养。其次是创意实践。几乎所有学科都要注重学生创意或创造力的培养。此外,文化理解也已经成为一些学科核心素养的一部分,例如语文学科的"文化理解与传承"或音乐学科的"音乐文化理解"。

可以说,美术学科所提出的审美判断、创意实践、文化理解是与其他学科共享的,它们通过美术学科的立科之本——"视觉形象"得以生发。相较于声音、文字或动作等生发源,视觉形象具有自身的独特性或不同的表达途径。因此,在美术课程中,学生通过对视觉形象的欣赏、理解和解读,并利用传统与现代的媒材与技法来创造视觉形象,培养两个基本素养和三个衍生素养。图像识读是美术学科思考问题的逻辑起点,通过视觉形象的欣赏、理解和解读,学生能够培养出对视觉元素、结构和意义的敏感性,进一步形成对视觉表达方式的理解和鉴赏能力。美术表现则强调学生通过感知和使用传统、现代的媒材与技法,在视觉形象创作中展示创造性和个性化的表达。最终,美术学科核心素养构成了一个六环倒三角形的模型:以美术学科视觉形象为基础,图像识读和美术表现作为基本素养,引导学生发展审美判断、创意实践和文化理解三个衍生素养。

此外,在实际的学习活动中,五大学科核心素养之间的关系并非是割裂的,而是相互渗透、相辅相成,作为一个整体内含于学习过程中,并在不同的学习行为中各有指向和重点。美术鉴赏活动中,图像识读素养是重中之重。通过学习和训练,学生能够提高对图像的观察和理解能力,从而更准确地解读图像中的信息。然而,要真正做到准确的图像识读,不仅仅需要观察和理解,还需要运用到审美判断素养。审美判断素养帮助学生评估和分析作品的审美特征和价值,从而形成自己的鉴赏观点和品位。同时,文化理解素养也是不可或缺的,因为图像鉴赏往往牵涉到文化背景、历史意义和传统价值等方面的理解。通过文化理解素养的培养,学生能够在鉴赏活动中更好地理解作品所蕴含的文化内涵,并从中感受和品味不同文化间的差异和魅力。

绘画创作活动的核心是美术表现素养,包括绘画技巧和表现能力的发展。通过学习和实践,学生可以掌握不同的绘画技法、色彩运用和构图方法,从而有效地表达自己的创作意图。然而,要想创作出具有独特风格和深度的作品,学生也需要借鉴他人的作品样式和方法,这就涉及了图像识读素养的应用。通过对他人作品的观察和分析,学生可以吸取他们的经验和灵感,进一步丰富自己的创作思路和技巧。此外,创作还需要运用到审美判断素养,学生需要对自己的作品进行评估,判断其是否达到了自己期望的艺术效果和表达意义。只有具备了审美判断素养,学生才能更好地调整和改进自己的创作,并不断提高艺术水平。创作一件绘画作品还需要更深层次的素养支撑。例如,创意实践素养使学生具备创新意识和激发创造性思维和行为的能力。通过发挥自己的想象力和创造力,学生能够在创作过程中勇于尝试新的构思和表现方式,从而呈现出个性化的作品风格。而文化理解素养则使学生在创作中能够将自己融入到一定的文化情境中,使作品更具深度和意义。

(三) 美术学科核心素养对教学的新要求

凝练出美术学科核心素养并加以界定之后,问题就转向了如何帮助学生形成这些美术学科核心素养。该议题的大前提是厘清传统的"基础知识和基本技能"(简称"双基")与"学科核心素养"的关系,以一种全新的方式组织"双基",达成"学科核心素养"培养之目的。

以学科核心素养为本位的美术教学常常采用特定主题的项目化教学方式。运用这种形式能够更好地应对复杂的问题,通过若干课时构成的单元课程来提供更大的时空包容深度,从而有助于学生在美术学科中获得更全面的学习体验和素养发展。在美术教学中,主题是决定学习范围和取向的关键因素。通过将美术知识和技能的学习与社会性的议题或大概念相关联,美术教育被赋予了更深远的价值和意义。这种关联把美术教育从简单的技术层面提升到了更广阔的思维和创造领域,培养了学生的审美情趣、审美理解能力以及批判性思维。核心素养本位的美术教学以解决问题为核心。问题的提出和解决是学生在美术学科中进行思考和实践的动力源泉。通过构建问题情境,教师能够让学生更好地理解问题的复杂性,并在解决问题的过程中获得更全面的知识和技能。为了解决问题情境中的问题,学生需要选择对解决问题有用的知识和技能,并运用自主、合作和探究等学习方式来获取它们。这种方式鼓励学生主动参与学习,培养了他们的自主学习能力和团队合作意识。通过自主学习,学生能够根据自身需求和兴趣来深入学习相关的知识和技能。而通过合作学习,学生能够与同伴互相支持和协作,彼此交流和分享经验和思考,从而形成更深入的学习理解和解决问题的能力。同时,探究的学习方式能够激发学生的好奇心和求知欲,促使他们主动探索和发现,培养独立思考和实践的能力。依据这种教学逻辑循环递进,能有效地培养学生的美术学科核心素养,进而助益于人的核心素养的形成,培养能够面对21世纪复杂情境的现代公民。

通过将核心素养和学科核心素养嵌入基础教育体系中,国家的教育体系变得更加完善和丰富,既符合高层战略目标,又具有贴近实际的特点,不仅体现了国家教育方针的转变和立德树人的根本任务,也使得教育目标更加明确,更加贴合国家发展需求,改变了曾经"天地相隔"的教育窘状。

【参考文献】

[1] 张华.核心素养与我国基础教育[J].华东师范大学学报(教育科学版),2016(01):7-9.

[2] 中国学生发展核心素养[N].人民日报,2016-09-14(10).

[3] 中华人民共和国教育部.普通高中美术课程标准解读(2017年版2020年修订)[M].北京:高等教育出版社,2020.11.

[4] 凝练学生发展核心素养　培养全面发展的人[N].中国教育报,2016-09-14(9).

[5] 中华人民共和国教育部.普通高中美术课程标准:2017年版2020年修订[S].北京:人民教育出版社,2020.

[6] 尹少淳.从核心素养到美术学科核心素养——中国基础教育美术课程的大变轨[J].美术观察,2017(04):5-7.

[7] 中华人民共和国教育部.普通高中美术课程标准:2017年版2020年修订[S].北京:人民教育出版社,2020.

(本文作者:何桂臣)

普通高中音乐学科核心素养学理研究

2014年,教育部开始对普通高中各学科课程标准进行改革,以提升普通高中的教学质量,满足当前社会发展的需求。这一举措的推行,是基于十多年来对课程标准的不断完善和更新,并且已经取得了一些显著的成果。2017年12月,《普通高中音乐课程标准(2017年版)》由教育部正式颁布,以促进学生音乐学科核心素养,培育立德树人的精神。2020年发布的《普通高中音乐课程标准(2017年版2020年修订)》则对"前言"部分进行了修改,并对教材的设计、教师的指导等方面做出了更多的调整。这些文件的颁布,为推动高中音乐课程的深化改革奠定了坚实的基础。

一、高中音乐学科核心素养内涵

学科核心素养是学科育人价值的集中体现,是学生通过学科学习而逐步形成的正确价值观、必备品格和关键能力。音乐学科核心素养是学科核心素养具体化的一种形式,是教育的育人价值的体现。《普通高中音乐课程标准(2017年版2020年修订)》中凝练为审美感知、艺术表现、文化理解三个方面的音乐学科核心素养。

(一) 审美感知

审美感知涉及人们如何通过聆听、欣赏、分析、领会音乐的魅力,从而获得独一无二的视觉享受。

(二) 艺术表现

艺术表现是一种通过各种形式的表演来展示音乐的美感和情感的能力,包括歌唱、演奏、舞蹈、音乐创作等。

(三) 文化理解

文化理解是一种深入探索音乐艺术的方式,它可以帮助我们更好地了解不同文化背景下的音乐作品。

普通高中音乐课程分为六个必修模块:音乐鉴赏、歌唱、演奏、音乐编创、音乐与舞蹈、音乐与戏剧。其他六个模块则是选择性必修课:合唱、合奏、舞蹈表演、戏剧表演、音乐基础理论、视唱练耳。通常是由学校安排开设,并由学生根据个人兴趣和需求进行选择。通过三种模式的融合,建立一个旨在培育和发展学生音乐学科核心素养的课程体系。

二、关于高中音乐学科核心素养学理的现状评述

目前,对于高中音乐学科核心素养的理论研究相对较少,而更多的研究集中在探究其他学科核心素养的内涵和解释。目前关于音乐学科核心素养的研究,主要有三类:

第一类是对音乐学科核心素养概念内涵的研究。如在受访人王安国的视角下,他回顾了过去十年里的教育变化,并且详细分析了音乐学科核心素养的形成历程(《基础教育课程》编辑部,2018);资利萍深入探讨了核心素养、音乐学科与其他领域的关系,通过深入的探讨,阐明了它们的历史背景、特征、形成的过程、发展趋势,并且提出了一些可供参考的建议,这些观点为我们理解音乐的发展提供了重要的参考,也对音乐理论与实践具有重要的指导意义(资利萍,2020);鲍明伟、谢嘉幸通过对"音乐学科核心素养"的跨学科内容进行深入的比较,总结了"音乐学科核心素养"的跨学科内涵,并且指出"音乐学科核心素养"在融合跨学科特性的同时,也要考虑到其他多种因素,不断摸索音乐课程改革的未来发展方向(鲍明伟,谢嘉幸,2020)。

第二类是对音乐学科核心素养的特征和培养路径做阐述和分析。如杜宏斌指出,音乐学科三个方面的核心素养之间存在着密切的联系,彼此相辅相成、相互影响、相互促进,并且可以交叉融合,他通过分析具体案例,阐述了如何在教学中落实学科核心素养的培育任务(杜宏斌,2018);刘江峡、尹爱青则认为,只有将"分化""融合"两种独特的培养方式融入到教学中,才能够达到最佳的学习状态,从而提升学生的音乐学科核心素养(刘江峡,尹爱青,2019)。

第三类是对音乐学科三大核心素养的理论探索。彭兰兰深入研究了"审美感知"的内涵,并提出了建构音乐学科"审美感知"教育的路径、方法和评价原则等指导性观点(彭兰兰,2022);龚红艳也深入研究了培养中学音乐学科艺术表现核心素养的可行性,进一步促进中学生的全面发展(龚红艳,2021);杭峰、王志军也提出了关于多元文化音乐教育的观点,强调了对于艺术表演的关注,并将其作为音乐课程的核心(杭峰,王志军,2020)。

综上所述,现阶段各界学者与专家对音乐学科核心素养的概念内涵已有一定的研究理论基础,但对于音乐学科核心素养探讨的维度和广度还需继续挖掘;音乐学科核心素养特征和培养路径研究方面缺乏创新性,需更加与时俱进;三大核心素养的研究视角较为单一,尚未形成体系,亟需进一步深入研究。

三、关于高中音乐学科核心素养实践探索的现状评述

在实践层面,现阶段对音乐学科核心素养的实践研究比较多,目前已有的研究成果主要有两类:

第一类是从教学评视角对音乐学科核心素养融入日常的课堂进行了分析。教的层面,郑淞元指出,想让高中音乐课堂取得良好的效果,就必须立足于音乐学科核心素养的本质内涵,他还对当前存在的一些问题进行了深入探讨,提供了一些有针对性的解决办法(郑淞元,2022);郭琳琳、乔荣杰也提倡,应该着眼于培养学生的核心素养,同时也需要对目标、内容、方法、评价进行综合考量,以便找到最佳的策略(郭玲玲,2021;乔荣杰,2020);学的层面,杨云帆

指出,要想有效地促进学习,就必须充分考虑学习者的学习能力和学习兴趣,同时也要注重培养音乐核心素养,这就要求我们要不断探索和改善学习内容,将理论与实际相结合,以培养核心素养为中心对学科进行深入地挖掘与提炼,体现学科的育人价值(杨云帆,2018)。评的层面,秦红梅、戴娱强调应该以解决当今社会的挑战为导向,深入挖掘影响中小学音乐教育的各种因素,以及如何提升学生的核心素养,他们还提倡采取更加灵活、创新、有效、可持续的评估机制,以期能够更好地推动中小学音乐教育的发展(秦红梅,2021;戴娱,2019)。

第二类是核心素养背景下教学活动存在的共性问题以及优化策略,分别从不同模块视角出发。如在音乐鉴赏模块,冯巍巍、查汪宏指出,音乐核心素养的发展可以跨越"双基"的范畴,它既包括对音乐的理解,也包括对音乐的实践以及对音乐的创作等不同音乐价值(冯巍巍,查汪宏,2018)。在歌唱模块,郑恒林认为,在高中歌唱教学中,要想达到最佳的教学效果,应当采取一些有效措施,以确保其可行性、优越性、操作性,并结合实际情况,提出一些更加符合核心素养的教学理念、方法与经验(郑恒林,2021)。在舞蹈模块,陶文东以"藏族踢踏舞组合"为例,深度挖掘"新课标"所蕴含的文化内涵,并以此作为基础,对其进行了深刻的分析和论证(陶文东,2020)。在演奏模块,黄媛汐通过梳理演奏模块的教学目标、分析学生的需求和掌握关键知识等,更好地实施有效的教育(黄媛汐,2022);在编创模块,任陆则认为要想让音乐课堂更有效,需要把握好编创的概念,并结合审美和表达的方法,来实现基于音乐学科核心素养的课堂效果(任陆,2021)。在戏剧模块,韦建恒通过对相关信息的综合分析,制定了一系列的校本教材,并通过创建学生社团和举办各种校内活动来提升学习者的戏剧实践能力,为保护和弘扬传统的音乐文化做出了贡献(韦建恒,2021)。

综上所述,目前关于音乐学科核心素养的实践研究较为丰富,特别是近几年学者开始将目光投向如何在课堂中培养学生的音乐学科核心素养,对于教这一层面的讨论很热烈,体现在课堂教学中的策略和方式等颇丰,但在学、评方面稍显欠缺;从不同模块视角出发,大部分研究着力于从音乐鉴赏模块入手探讨其优化策略,编创、戏剧模块则较少研究,还需继续挖掘。

【参考文献】

[1]《基础教育课程》编辑部.聚焦素养　以美育人——访普通高中音乐课程标准修订组负责人王安国[J].基础教育课程,2018(Z1):79-83.

[2] 资利萍.音乐核心素养与音乐学科核心素养的辨析[J].南京艺术学院学报(音乐与表演),2020(01):74-80.

[3] 鲍明伟,谢嘉幸."音乐学科核心素养"的跨学科内涵[J].人民音乐,2020(03):35-39.

[4] 杜宏斌.聚焦学科核心素养,践行课标新理念(上)——如何在教学中培育与发展音乐学科核心素养[J].中国音乐教育,2018(05):4-7.

[5] 刘江峡,尹爱青.分化与融合:音乐学科核心素养生成路径分析[J].音乐探索,2019(03):38-44.

[6] 彭兰兰.音乐学科核心素养"审美感知"的理论与教学研究[J].中国音乐教育,2022(03):35-42.

[7] 龚红艳.对中学音乐学科艺术表现核心素养的思考与实践[C]//.2021教育科学网络研讨年会论文集(上),2021:190-192.

[8] 杭峰,王志军.浅谈音乐学科核心素养中的"文化理解"与"艺术表现"[J].北方音乐,2020(01):246-

247＋254.

［9］郑淞元.基于核心素养的高中音乐教学有效策略探究[J].试题与研究,2022(04):140-141.

［10］郭玲玲.基于学科核心素养下的中小学音乐教学设计[J].中小学音乐教育,2021(12):9-13.

［11］乔荣杰.学科核心素养视角下的高中音乐教学初探[J].智力,2020(35):55-56.

［12］杨云帆.课堂教学中学生音乐核心素养的培养[J].黄河之声,2018(15):119.

［13］秦红梅.基于学科核心素养下的音乐教学评价发展[J].戏剧之家,2021(22):173-174.

［14］戴娱.基于学科核心素养的音乐教学评价研究[J].课程・教材・教法,2019,39(10):138-143.

［15］冯巍巍,查汪宏.音乐核心素养视域下的高中音乐鉴赏教学[J].课程.教材.教法,2018,38(03):95-100.

［16］郑恒林.核心素养背景下的高中歌唱教学探索[J].当代音乐,2021(04):39-42.

［17］陶文东.基于舞蹈视角的高中音乐学科核心素养实践研究——以舞蹈课《藏族踢踏舞组合》为例[J].中国音乐教育,2020(02):19-23.

［18］黄媛汐.音乐学科核心素养背景下高中演奏模块教学策略研究[D].成都:四川音乐学院,2022.

［19］任陆.标准与实施的距离——学科核心素养背景下音乐编创教学的反思与策略[J].艺术教育,2021(05):40-43.

［20］韦建恒.基于培养学生核心素养的高中音乐戏剧模块——地方戏剧教学刍议[C]//课程教学与管理研究论文集(五).[出版者不详],2021:234-238.

（本文作者:朱丽蓓）

普通高中体育与健康学科核心素养学理研究

一、体育与健康学科核心素养教育教学背景研究

(一) 国内体育与健康学科核心素养教育教学趋势

2013 年,有学者受裴新宁教授的《全球教育展望》启发,将"Key Competencies"翻译为"核心素养"。"体育与健康核心素养"概念的确定是我国第八次课改的主要表现。此次课改首先从名称方面,确定了"体育与健康"课程,其次明确了课程目标的培养方向和路径。新概念的提出也对应了新教学理念,更加强调以形成学科核心素养为导向的结构化、情境化、问题化、信息化的教学。

张细谦、张仕宜[1]提出:核心素养的确立为教师在执行方面提供了具体、全面的思路,保障了课程的落实方向。在具体实施过程中要以学生发展为中心,创设贴近学生生活的真实、复杂情境下的培育。

姜勇、马晶、赵洪波[2]表明:"具身认知理论"可以为体育与健康核心素养的培养提供新思路,特别是学习过程中的情境、逻辑性、非常重要。

燕凌、马克、李海燕[3]认为:核心素养是个体自发参加体育活动,能够保持、传递健康生活方式,并将体育精神融入生活的能力。学生体育与健康学科核心素养的培养首先应保证教师的核心素养达标,其次要改变课堂的教学方式,将注意力放在学生如何学,而不是教师怎样教,最后要改革体育学习的评价方式。

赵富学、陈蔚、仰明桥、黄桂昇[4]表明:深度体育课堂教学设计越来越受到关注,研究通过深度设计教学情境、目标、教学反思,加强了道德品质的培养。深度体育课堂要与学生的学习经验、互联网资源、教育情境联系起来。

核心素养自被提及以来,研究热度一直在线,尤其是课程标准中学科核心素养的确立,更为我国学者提供了研究思路,我国学者发表的文章表明:体育与健康核心素养的培养策略是目前研究的热点。体育与健康核心素养的培养需要各方面合力达成,教师首先要自身具备,其次要采用多种手段精巧设计课堂教学过程,最后要保证培养环节的完整即评价。

(二) 国际体育与健康学科核心素养教育教学趋势

伴随世界范围的教育改革不断推进,世界发达国家已经逐步将学科核心素养视为培育学生及课程改革的重点,学科核心素养概念成为了教育改革热点。各国基于本国实际情况出发,对于学科核心素养的理解稍有不同,但都围绕课程改革推进,其核心要义是细分体育学习领域,注重学生多样化学习,并注重体育教师核心素养的提升,强调教师要明确系统的、正确的核心素养,从而开展教育教学工作,为学生构建一个系统完善的核心素养体系。

澳大利亚设置了不同年级的学业质量标准,既关注到不同年龄学生的身心发展特征,又注意到不同学科对课程结构进程的影响。美国基于课程改革实际出发,针对不同州的实际情况建立不同的课程标准,以最大限度地尊重不同文化背景的学生。赫希(Hirsch, E. D., 2003)提出教师应用丰富的教学手段探索学生学习的需求,以课程内容为基础,使学生掌握道德、文化、体能、专业和心理等核心素养的基础上,同时与体育学科的教学模式相对应,对学生进行相关领域知识、课程拓展知识等相关内容的讲授,帮助学生自我探索[5]。美国与日本在健康生活、终身体育及运动参与度这三方面的教育理念上有着相似的要求,但不同的是,日本使用"体育/保育体育"来命名体育课程,重视体育课程的保育教学和教师的专业素养。中井(Nakai, Takashi, 2005)提出教师要在教育教学工作中教会学生运动技能及体育学科拓展知识,在过程中建立身心联系,明白终身体育对于人的意义,学会过积极快乐的生活[6]。英国提出了学科通用核心素养及体育学科核心素养,对学科核心素养的评价提出了规范,要求学生掌握基础运动能力并贯穿终身[7]。

国外体育学科核心素养的研究主要以本国国情为依据,注重学科核心素养构成的多样性,与体育学科并不紧密连接,更倾向于学校整体的育人培养任务,围绕着学生未来在公共领域社会所需要的知识、素质、技能等。各国之间对于核心素养的定义和认识不同,且缺乏交流学习,难以形成一套公认的架构,但对于我国学科核心素养的培育、跨学科内涵的探索、承接学校教育的整体性目标有深刻的参考意义。

(三)体育与健康学科核心素养教育教学实践

各学者及各校体育教师随即开展大量有关体育学科核心素养的实践思考研究,从目标、内容、方法、评价四个角度探究学科核心素养在高中学段的落实现状。

教育教学要落实目标引领内容和方法的原则,由"知识中心观"转变为"育人中心观"。在撰写教学设计时应先明确学习目标,再细化教学内容等,自上而下丰富教学设计与内容,更好地达成学习目标并发展学科核心素养[8]。

在体育教学实践中,应将运动项目教学视为包含技战术对抗、规则与礼仪、角色扮演、团队荣誉、精神追求等的完整体[9]。周艳萍重点关注时间与空间因素,形成以同时、对比、依次为主题的大单元教学。打破以往啦啦操套路顺序化教学流程,实现单一技术教学到综合教育的转变,引导学生学会学习,体现学科育人的教育理念[10]。

弭贵芳提出要更新核心素养培育的途径和方法,从教师专业素养水平、教学体系、教育理念、教学手段、终身体育、运动习惯、运动兴趣等角度多方面分析,通过课程结构的优化,用系统循环的方法,以问题链为导向,结合理论与实践,提升课堂效率和学生学习的兴趣,启发学生深入学习,能够在多样、复杂的情境中发现问题背后的原理,掌握解决问题的能力[11]。

大单元的评价活动直接地反映了学生核心素养发展水平和学习成果,并帮助教师以此洞察学生的学习水平和掌握程度。评价作为激发学生达成预期核心素养目标的"引信",是以真实情境为载体进行表现性行为评价,这也是大单元教学专业化的体现[12]。孙超等人以耐久跑为案例研究,通过学生肺活量测试、调查问卷、访谈等方法落实评价活动。教师通过构建学科核心素养的一级指标和二级指标,将其细化成多个可实现的小目标,再结合课后教学评价,以客观数据辅佐主观感受,可以更好地帮助学生发展学科核心素养,落实教育教学目标[13]。

基于学科核心素养的教育教学实践注重整体性概念,关注结构化教学,创设丰富递进的情境,形成教学目标引领教学内容与方法、过程性评价结合终结性评价总结教育教学的行为逻辑。学科研究者与体育教师在教育教学中持续思考、不断探索,推动学科核心素养在育人教学中更好地发展实现。

二、理解和把握学科核心素养的教育教学要求

(一) 体育与健康学科核心素养教育教学要求

普通高中体育与健康学科强调落实"立德树人"根本任务和"健康第一"指导思想,促进学生全面发展[14]。总目标为学生通过课程学习能够主动地参与体育活动、增强体育实践能力、形成健康生活方式、塑造体育品格等,分目标从运动能力、健康行为、体育品德三个方面共同促成总目标的达成。

1. 运动能力

运动能力是体能、技战术能力和心理能力等在身体活动中的综合表现[14]。它既包括学生能够积极参与体育展示与竞赛,也包括个人能够制定训练计划,能够运用所学裁判知识和规则,对重大体育赛事进行评价和欣赏。

2. 健康行为

健康行为是增进身心健康和积极适应外部环境的综合表现,是提高健康意识、改善健康状况并逐步形成健康文明生活方式的关键[14]。

3. 体育品德

体育品德包括体育精神、体育道德和体育品格三个方面,包括诚信公平、遵守规则、顽强拼搏、团结合作等[14]。

(二) 体育与健康学科核心素养与三维目标的内在联系

体育与健康学科基于学科本质凝练了本学科核心素养,对以往知识与技能、过程与方法、情感态度与价值观的三维目标进行了整合。三维课程目标与学科核心素养虽然是不同的概念,但是体现的价值追求是相同的,即都是强调"立德树人"[15]。因此,体育与健康学科核心素养的提出是对三维目标的继承与发展,三维目标是核心素养的指引,核心素养是三维目标的具体化[14]。

(三) 体育与健康学科核心素养的新要求

1. 实现"立德树人"

国际上提出的核心素养是对传统教育"重视知识技能传授，轻视全面培养"的突破，这点与我国"立德树人"的目的是一样的，都是解决"培养什么样的人"和"怎样培养人"的问题。核心素养旨在解决学生发展不全面，可持续发展能力不强，学习能力、创新实践、生存能力、责任意识等不能完全适应当代社会变革的要求等问题。

2. 体现健身育人的课程本质

体育与健康课程强调体现健身育人的课程本质，要求舍弃目前广泛存在的智育限于知识，美育限于技能，体育限于体能，德育限于规范的做法。为了改善我国中小学生长期体质健康状况下降的现象，体育与健康课程要求体能"课课练"，从根本上保证了体育课上的运动强度。

3. 体现体育与健康课程的综合化

体育与健康课程的综合化打破了单纯"重知识"或者"重技能"的理念，分别通过与健康教育融合、体能与运动技能相结合、结构化技能的传授，使学生能够解决复杂情境中的问题，真正学会1～2项运动。

【参考文献】

[1] 张细谦,张仕宜.核心素养导向下体育与健康课程实施路径的优化[J].体育学刊,2018,25(02):76-80.

[2] 姜勇,马晶,赵洪波.基于具身认知的体育与健康学科核心素养意蕴与培养路径[J].体育学刊,2019,26(04):88-93.

[3] 燕凌,马克,李海燕.论体育学科素养的内涵、构成要素及培养[J].体育文化导刊,2018(03):108-112.

[4] 赵富学,陈蔚,仰明桥,等."立德树人"视域下培养中国学生的体育与健康学科核心素养的深度体育课堂教学设计研究[J].首都体育学院学报,2020,32(05):431-438.

[5] Hirsch, E.D. Reading comprehension Requires Knowledge of Words and the World [J]. American Educator, 2003,4(6):10-29.

[6] Nakai, Takashi. Standards and Practice for K-12 Physical Education in Japan [J]. The Journal of Physical Education, Recreation&Dance, 2005,76(7):17-22.

[7] Hextall, Ian, Mahony. Consultation and the Management of Consent: Standards for Qualified Teacher Status [J]. British Educational Research Journal, 2000,26(3):323-342.

[8] 季浏.基于核心素养的体育实践课课时教学设计与实施——《义务教育体育与健康课程标准(2022年版)》专家解读[J].体育教学,2022,第42卷(8):4-7.

[9] 尚力沛,程传银.论整体性运动项目教学[J].上海体育学院学报,2021,45(6):50.

[10] 周艳萍.学科核心素养导向下的高中啦啦操结构化教学初探——以11年级女生花球啦啦操队形创编单元设计为例[J].科技资讯,2021,19(03):250-252.

[11] 哥贵芳.基于核心素养培育的高中体育课堂教学途径和方法[J].冰雪体育创新研究,2022(04):89-91.

[12] 雷浩.基于核心素养的课程评价:理论基础、内涵与研究方法[J].上海师范大学学报(哲学社会科学

版),2020(5):78-85.

[13] 孙超,王云龙.指向核心素养的高中体育教学设计与案例研究[J].体育视野,2021(20):47-48.

[14] 季浏.我国《普通高中体育与健康课程标准(2017年版)》解读[J].体育科学,2018,38(02):3-20.

[15] 中华人民共和国教育部.普通高中体育与健康课程标准[M].北京:人民教育出版社,2020.

(本文作者:李美慧、吴宇妍)

普通高中信息技术学科核心素养学理研究

一、国内信息技术学科核心素养教育教学趋势

当前国内信息技术学科核心素养教育教学呈现出一些明显的趋势。首先,注重培养学生的综合能力,包括信息意识、计算思维、数字化学习与创新,以及信息社会责任[1]。其次,强调与其他学科的融合,将信息技术应用于各学科实践中,促进跨学科的学习和解决问题的能力的培养。同时,关注教师专业发展,提供培训和支持,使其具备更新的知识和教学策略。这些趋势将推动信息技术学科教育实现更深入、综合和实践性的发展,培养适应未来社会需求的人才。

在2021年2月,上海市根据自身办学实际,颁布了《关于本市新时代推进普通高中育人方式改革的实施意见》[2]。在这一趋势下,新的课程和教材要求不再仅限于传统的基础知识和技能,而更加注重以学科素养为导向的体验式学习。学科核心素养是指学生在学习特定课程或学科后逐步形成的关键能力、必备品格和价值观念。而体验学习则强调整体性、情境性和实践性,旨在达成培养学科核心素养的目标。

在这样的教学导向下,个性化学习可以借助教育大数据来创建适应个体需求的学习方案。混合学习模式将线上学习与线下学习相结合,使学生不再受限于固定的时间和地点,而是能够随时随地进行学习,从而产生了大量的教育大数据。

教育大数据的生成对学生来说具有重要意义,因为他们可以根据自身的认知水平选择最适合自己的知识理解和表达方式,真正实现个性化的知识学习。这些教育大数据的产生有助于学生充分发挥自身潜能,培养批判性思维、创新能力和合作精神,为他们未来的发展打下坚实的基础。

学者王超[3]认为,只有通过学习信息技术课程,学生才能提升信息素养,培养在信息时代进行终身学习的能力。

从教学角度来看,教师需要实施以下措施:激发兴趣,培养学生对信息的需求意识;实践应用,培养学生对信息的价值意识;引导思考,培养学生的信息主体意识。

而在这个过程中,教师在课堂上的引导起着关键作用。教师应着眼于学生的具体情况有针对性地引导他们,帮助他们培养健康的信息意识,使他们在信息社会中具备辨别信息、评估信息价值以及运用信息解决问题的能力。只有通过这样的教学方法,才能帮助学生全面提升信息素养,并适应信息时代的发展需求。

不过,学者李锋、柳瑞雪、任友群[4]则认为,尽管教师在教学中具有重要作用,但信息技术课程同样需要必要的基础设施和设备。

目前,我国中小学的信息技术教学环境主要以计算机机房为主,这种环境适合学生进行计算机操作的实践练习,但对于信息技术实验活动的需求仍然难以满足。

此外,由于缺乏与计算机连接的各种外接设备以及与之相对应的传感器设备,学生很难真正体验到计算机课程的乐趣和实际意义,也无法将信息化创新设计付诸实践。因此,信息技术课程标准的实验要求与现有的信息技术教学环境不相适应。

换句话说,全面提高中小学信息技术教学的硬件水平已成为未来发展的必然趋势之一。

在梳理了众多学者[5][6]的观点后,笔者认为,未来信息技术学科的发展趋势会有以下几个特点。

一是持续更新:信息技术的发展迅猛,要求教师、教材和课标不断跟进国家的发展和技术进步,进行持续更新。

二是强调实践:过去的信息技术教学存在着理论与实际操作之间的差距。为了改变这种状况,需要从教育教学方法和考试要求入手,对学校的硬件设施也有更高的要求。对于一些暂时条件有限的地区和学校,可以借助"双师课堂"等在线同步教学方式,利用国家级数字化教育平台提供的课程资源,辅助实施信息技术课程。

三是课时增加:根据《义务教育课程方案(2022年版)》的要求,信息技术课程在九年义务教育总课时中占1%—3%,各地可以在此范围内自主调整。据笔者所了解,一些条件允许的地区计划按照较高的标准将占比设置为3%,以确保从一年级到九年级都能够开设独立的信息技术课程,并且每周至少安排一节课。这个比例有可能会进一步提高。

二、信息技术学科核心素养教育教学实践

近年来,信息技术学科核心素养已经成为教育领域的重要议题。在这个领域中,研究者们通过文献研究和评述不断探索如何将最新的研究成果应用于高中核心素养的实践中。

首先,研究者们对于信息技术学科核心素养的实践进行了广泛的探讨。他们认识到信息技术已经成为当代社会中不可或缺的一部分,对于培养学生的信息素养和创新能力有着重要作用。因此,在教育教学实践中,他们提出了以问题驱动、任务导向、项目化等方式来培养学生信息技术核心素养的观点。这些研究成果不仅为高中教师提供了宝贵的指导,也为学校的信息技术教学改革提供了理论依据。

其次,高中一线教师们也积极地探索实践信息技术学科核心素养的具体做法。他们通过整合现有的教学资源,设计启发性的课程和活动,让学生运用信息技术解决实际问题。同时,一些学校也尝试引入创新的教学方法,如协作学习、项目制等,以激发学生的学习兴趣和主动性。这些实践案例表明,有效地整合信息技术教学与核心素养培养可以促进学生的综合能力

和创新思维的培养。

学者刘华霞[7]表示,未来的教学实践需要实现"行—知—创"三阶课堂。

在"行"的环节中,关注如何将教学目标转化为学生的学习任务。教师需要帮助学生明确任务目标,并指导他们进行实际操作,培养他们解决问题的能力。

在"知"的环节中,重点是在学生完成实际任务后,引导他们分析和评估问题,并引入新的知识帮助学生进行推理和演算,从而深入理解问题与解决方法。

在"创"的环节中,重点是在具体任务转化为抽象学科知识的过程中,培养学生的创造力和表达能力。教师需要指导学生展示他们的成果,并引导他们将已有的答案转化应用于新的问题,进一步提升他们的创新思维和创造性能力。

通过实施"行—知—创"三阶课堂,教师能够更好地引导学生积极主动地学习,并培养他们的问题解决能力、创新思维和表达能力。这将有助于培养适应未来社会的发展需求,具有综合素养和创造力的人才。

学者叶冬连、胡国庆、叶鹏飞[8]则认为,在过去,教育研究的主要目标是提高教学效率,追求教育的数量和速度。然而,随着社会的进步和发展,人们越来越意识到培养学生的思维能力和创造力的重要性。因此,如今的教育研究更加注重深度学习,即通过培养学生的分析、批判性思维和问题解决能力,使他们能够深入理解和应用所学知识。

为了促进深度学习,研究者们认为需要从两个方面入手。首先,通过重塑课堂教学设计,可以创造出鼓励学生思考、合作和探索的学习环境。这包括运用启发式和探究性的教学方法,提供开放性问题和挑战性任务,激发学生主动学习和独立思考。

其次,变革学校结构与文化也是实现深度学习的重要途径。学校应该鼓励创新和多元化,培养学生的创造力和团队合作精神。同时,教师和学校管理者也需要不断更新教育理念,提供支持和资源,以满足深度学习的需求。

综合各方学者[9][10][11]的观点,笔者认为在未来信息技术学科的实践上,需要注重以下几点:

1. "科"与"技"同等重要,前者涉及科学原理,后者则关乎工程实践。使学生不仅要知道事物的现象,还要理解其中的原理。

2. 课程应该围绕核心素养展开。核心素养指的是学科的核心能力,包括信息意识、计算思维、数字化学习与创新、信息社会责任四个方面。信息技术课程的总体目标是提升学生的数字素养和技能,与课程的性质和理念相一致。

3. 评价应具备多样性。由于信息技术学科具有实践性强、知识更新迭代快的特点,我们需要建立多样化的评价体系来评估课程的实施效果。

总的来说,信息技术学科核心素养教育教学实践已经取得了一定的进展。通过文献研究和评述,研究者们提供了对于信息技术核心素养培养的理论支持;而学校教师则积极探索实践,并取得了一些令人鼓舞的成果。然而,我们仍然需要进一步研究和实践,以完善信息技术学科核心素养教育教学的体系和方法,为培养学生的信息素养和创新能力做出更大的贡献。

【参考文献】

［1］中华人民共和国教育部.普通高中信息技术课程标准(2017年版2020年修订)[M].北京:人民教育出版社,2020.

［2］丁奕,林琦."双新"背景下学科教与学的变革路向[J].上海教育科研,2022(02):82-87.

［3］王超.基于学科核心素养的信息技术课程意识培育[J].教学与管理,2020(30):95-97.

［4］李锋,柳瑞雪,任友群.确立核心素养、培养关键能力——高中信息技术学科课程标准修订的再思考[J].全球教育展望,2018,47(01):46-55.

［5］李锋,王希,王吉庆.面向学科核心素养信息技术教科书的设计与开发[J].课程·教材·教法,2020,40(08):116-122.

［6］刘华霞."双新"背景下的"行—知—创"三阶课堂新探索[J].上海教育科研,2022(02):71-75.

［7］叶冬连,胡国庆,叶鹏飞.面向核心素养发展的课堂深度学习设计与实践——基于知识深度模型的视角[J].现代教育技术,2019,29(12):35-40.

［8］李锋,程亮,王吉庆.面向学科核心素养的信息技术单元设计与实现[J].课程·教材·教法,2021,41(10):114-119.

［9］高淑印.信息科技课程教学实践的关键问题[J].人民教育,2022(Z2):47-49.

［10］胡卫俊.信息科技新课标的学理索引与案例引证——以近三年江苏省"名师课堂"教学实录为例[J].中国教育学刊,2022(06):98-102.

［11］董晓晓,周东岱,黄雪娇,顾恒年,李振.学科核心素养发展导向下教育领域知识图谱模式构建方法研究[J].电化教育研究,2022,43(05):76-83.

(本文作者:温佳琳)

14

普通高中通用技术学科核心素养学理研究

一、通用技术学科核心素养

通用技术是一门基于实践、注重创造的课程。《普通高中通用技术课程标准（2017 年版 2020 年修订）》[1]强调，为了更好地发挥学生的潜能，我们应该采取更加积极的教育措施，以学科专业内涵的发展为导向，以学生实践为重点的教育模式，努力让每个孩子都能够掌握基本的知识，并将其应用于实践中。在当今社会，掌握通用技术的重要性不容忽视，它不仅仅体现在技术意识、工程思维、创新设计、图样表达和物化能力五个方面的核心素养上，更体现在人们的情感、态度、行动上。因此，学习这门课的价值，不仅仅在于掌握基本的理论知识，更在于培养人们的情感、态度、行动，从而更好地服务于社会。

技术意识是一种深刻的认知，它可以帮助我们更好地理解人类与技术之间的关系，更好地分析技术的影响，更加敏锐地感受到技术的变化，并以负责任的态度去面对它，从而更好地把握技术的本质，更好地适应技术世界和文化。

工程思维是指对事物能以系统的观点进行权衡、比较、分析、决策。深入了解系统的各种特征，并运用系统分析的技术来探索其中的关键因素，从而设计出最佳的方案，并对其中的各种因素做出有效的权衡，以便做出明智的决定，并对其进行有效的评价。

创新设计旨在通过分析人机关系，提出创新的解决方案，并利用技术手段进行实验和研究，对相关信息进行准确观察和分析，以及综合考虑社会文化因素，来优化设计方案。

图样表达是一种将技术对象以图形的形式呈现出来的方法，它可以帮助我们理解和掌握技术对象的特点，并且可以通过图样来传达设计的意图，也可以帮助我们识别出加工图、控制框图等，还可以帮助我们使用计算机进行草图、框图、三视图、三维效果图、动画仿真等创作，准确表达设计意图。

物化能力是指将设计转化为实物或模型的能力，也包括对实物或模型进行改进与优化的能力。具体体现为，知道材料属性，会使用工具和设施，了解工艺方法，并形成一定的经验和感悟；能规划材料、选择工艺；能制作、装配、测试与分析技术模型或产品。

要实现这五方面核心素养的培养，需要教师基于校情，在课堂教学中创造学生主动参与、自主协作、探索创新的项目教学模式。

二、通用技术课程体系

通用技术是一门注重将科学规律和技术应用紧密联系的课程。目标是让知识转化为技能，获得智慧，形成素养。国家把普通高中通用技术课程设计为必修内容和选择性必修内容。

普通高中通用技术课程必修内容包括"技术与设计1""技术与设计2"两个模块，分别对应两本教材。

《技术与设计1》是第一本教材，它涵盖了技术的基本概念、设计与表达、工艺方案实现、交流和评估等多个方面，是必修模块1的重要组成部分。主要教学目标有：认识技术及其性质，理解技术来源于生产实践和科学实验，技术进步反过来又会促进生产实践和科学实验，技术发展的动力是人的需求；经历技术作品的设计、制作、优化、交流、评价等一般过程，形成较为完整的技术素养。

《技术与设计2》是第二本教材，它包含了必修模块2的主要内容，即结构、流程、系统、控制。这些技术设计专题在现实世界中非常普遍，并且具有广泛的应用实例和深刻的思想内涵。我们的教学目标是：通过运用结构、流程、系统和控制的基本原理，为解决实际问题提供有效的设计和优化方案，从而培养学生具有全面的技术素养。

普通高中通用技术课程选择性必修内容包括"技术与生活""技术与工程""技术与职业""技术与创造"4个系列11个模块，对应11本教材。11本教材涵盖了电子控制技术、机器人设计与自制、工程设计技术基础、现代家政技能、服装及其设计、智慧家庭技术应用系统设计、职业技术基本、科学技术与职业发展研究、创新能力培养与科学技术创造、科学技术人文课程融合发展科技创新课题、生产三维设计与制造等内容，为学生提供了全面的学习体验。国家规定普通高中需完成2门选择性必修课程。

三、通用技术教学研究现状

（一）关于通用技术教学研究

1. 聚焦于核心素养理念下的通用技术课程单元设计

顾建军[2]教授指出，通过把知识融入实际的问题、日常的环境和概念框架，可以使其不至于枯燥乏味；同时，通过把知识分解成一个个独特的、可操作的、可被理解的实例，可以使其更加完整、精确；此外，还可以把这些实例和理论建立在一个完整的、可被理解的基础上，从而更好地帮助学生掌握和运用通用技术学科知识。

通过实践活动，我们可以创建一个充满活力的学习情境，它既可以让学生接触到真实的日常生活，也可以让他们从中发现有价值的知识；此外，这些情境还可以提供多种任务，既可以是分解式的，也可以是跨学科的，让学生可以自主探索，发现问题，并尝试多种方法来解决，最终实现物化和优化。

2. 必修课程学科核心知识的价值

苏从尧[3]教授强调，必修课程不仅仅提供了一个普遍的知识结构，更重要的是，它可以帮助我们更好地构建一个完整的知识网络,从而激发我们的潜在智慧,增强我们的综合素质。所有学生都必须全部修习。

《技术与设计1》旨在帮助学生加深对技术的认知,建立起使用技术的自信心和责任心,同时,让他们熟悉设计的基本原则和一般过程,并且学习如何在实践中运用这些知识。此外,还要让他们具备创造力,以及处理现实难题的技能;最后,在实践的同时,还要学习如何从不同的视角来分析问题,并且发展出良好的协同合作精神,以及审美品位,以便更好地适应未来的技术社会。

《技术与设计2》从课程内容中就已精确地反映技术学科知识体系,选择技术学科中最关键、最具有统领且教育价值丰富的,同时也是现代技术原理中基础性强、适用面广的核心观念为组织焦点,以此聚焦和融合技术学科内在的、零散的学科内容。通过核心观念的统领、整合和分化,逐步形成技术学科知识地图,以此促进学生对技术学科知识体系的掌握。

(二)关于通用技术项目教学模式研究

在"超星"发现数据库用关键词"通用技术""项目教学"在"图书""期刊""学位论文""会议论文""科技成果"范围进行搜索,得到了202篇论文。自2009年起,就有人开始对"通用技术""项目教学"进行研究,2018年至2022年这五年的论文数相对较多,2018年20篇,2019年27篇,2020年23篇,2021年39篇,2022年16篇,且有逐年增多、越来越热之势,看来大家都感觉到了进行此类研究的必要。2022年的论文有《基于电子控制技术项目教学设计与实施的高中通用技术学科素养培养初探》《浅谈模型制作项目教学活动的实施》《运用项目教学法发展高中生通用技术学科核心素养——以〈油纸伞〉项目教学为例》《基于通用技术项目教学的劳动教育实践》《指向通用技术核心素养培育的智能技术教学实践与研究》《基于提升教师素养的通用技术一体化教学场地配置标准与教学项目研究》《核心素养下的高中通用技术的多元化项目教学分析》《高中通用技术的项目化教学分析与探究》《核心素养培养下通用技术项目教学的设计策略》《创新智造与项目化教学管理策略》《基于PBL背景高中通用技术说课的有效实践》《项目式教学与高中通用技术教学实践——以"按压式延时水龙的头的行由"为例》。从研究内容来看,对于通用技术学科采取具体的实践项目来落实核心素养是大家普遍认同的做法。

(三)通用技术项目教学校本化研究现状

在"超星"发现数据库用关键词"通用技术""校本"在"图书""期刊""学位论文""会议论文""科技成果"范围进行搜索,得到了51篇论文。自2007年起,就有人开始对"通用技术""校本"进行研究,2011年开始,每年有4篇左右。2021年有3篇论文:《通用技术与科创DIY实践教学的整合与研究》《基于STEM理念的高中通用技术校本课程设计与实践研究》《基于劳动教育下的通用技术校本课程设计研究》。2020年有4篇论文:《"任务驱动"教学法在高中通用技术教学中的校本实践》《STEM教育理念下通用技术校本课程探究——以〈莆田木雕〉课为例》《以通用技术为基础的高中语文校本课程》《高中通用技术学科校本教材的开发与实践——以〈乐高简易机器人制作〉为例》。从论文数量看,这方面的研究不温不火,也许与通用技术学科的校本化不太受关注的现状有关。

四、感悟与思考

通用技术课程的发展趋势是向多元化的知识体系和融合创新的能力培养方向发展。在教学内容上，应注重引入最新的科技知识，培养学生的综合素质；在教学方法上，应强调综合实践教学和利用现代技术手段的重要性。

通用技术课程在教学过程中面临着项目教学校本化资源支持缺乏、学生学习兴趣缺失以及教师的教学方法和能力不足等问题。解决这些问题需要进一步深化对通用技术课程的研究和开发，注重培养学生的实践能力和兴趣，同时提升教师的教学能力和专业水平。只有这样，才能推动通用技术学科项目教学的校本化探索取得更好的成果。

立足本校实际，结合通用技术学科的特点，总结既往的通用技术教学、社团活动、科创指导、竞赛辅导等经验，围绕学科核心素养的培养，尝试设计一些基于校情的校本化实践项目，是改进通用技术教学、增强教学效果的好途径。

【参考文献】

［1］顾建军,吴铁军.普通高中通用技术课程标准(2017年版2020年修订)解读[M].北京:高等教育出版社,2020.

［2］徐金雷,顾建军.普通高中通用技术课程的设计与实施——基于课程标准修订的思考[J].课程·教材·教法,2020(8):123-129.

［3］苏从尧,2022年7月18日,北京教育学院丰台分院,2022年北京教育学院丰台分院学术年会(培训者培训)暨教育协作共同体年会.

(本文作者:刘海生)

15

普通高中心理学科核心素养学理研究

一、心理学科核心素养教育教学背景研究

（一）国内心理学科核心素养教育教学趋势

《中小学心理健康教育指导纲要（2012 年修订）》（以下简称《纲要》）是教育部下发的指导纲要文件，《纲要》中提出，心理健康教育的总任务是培养全体学生的良好心理素质，并培养学生的自信、培育健康向上的心理品质，充分发展学生的心智潜力，促进学生身心健康和可持续发展，为学生的健康成长和幸福生活打下基石。具体任务是引导学生认识自己，培养独立自主和自我教育意识，提高调节情绪、面对困难、适应环境的技能，培育良好的个性和健全的人格；对于存在严重身心健康问题的中小学生，鼓励其积极求助，在必要时及早介入，进行专业、有效的心理指导，并适时予以必要的风险分析与干预，以促使其提升心理健康水平。[1]

最新由教育部等十七部门印发的《全面加强和改进新时代学生心理健康工作专项行动计划（2023—2025 年）》指出，随着经济社会快速发展，学生成长环境不断变化，叠加新冠疫情影响，学生心理健康问题凸显，应全面加强和改进新时代学生心理健康工作，提升学生心理健康素养，培育学生热爱生活、珍视生命、自尊自信、理性平和、乐观向上的心理品质和不懈奋斗、宠辱不惊、百折不挠的意志品质，促进思想道德素质、科学文化素质和身心健康素质协调发展，培养担当民族复兴大任的时代新人。

《纲要》中指出，高中心理健康教育的主要内容为树立理想信念，客观认识自我，逐步形成稳定的世界观、人生观、价值观；主动探索、求知，勇于创新，掌握学习策略，开发学习潜能，提高学习效率，以平常心应对挑战和挫折；正确认识个人人际交往特点，学习交往技能，培养沟通能力；正确对待同伴交往；提高面对困难，应对挫折的能力，形成良好的意志品质；在充分了解自己的兴趣爱好、能力特长、性格特征和社会需要的基础上，确立自己的职业志向，培养职业道德意识，进行升学就业的选择和准备，培养担当意识和社会责任感。[1]

根据以上文件精神，为了培育和提升学生的心理健康素养，主要任务可以归纳为：1.学会学习；2.正确认识自我；3.增强调控情绪与适应能力；4.培养健全的人格和良好的心理品质。

结合心理健康教育"学科核心素养"，高中心理健康教育"学科核心素养"可概括为下面四种能力：认识自我能力、学习能力、人际关系处理能力和情绪管理能力。[2]

国外在心理健康教育方面起步较早，不仅建立了一整套完整的中小学心理健康服务、辅

导、保障体系,而且将维护学生健康作为教育的根本任务。[3]美国中小学校通过专门设计围绕心理健康、社会问题的活动来促进对学生的心理行为问题进行预防、早期干预和治疗,比如开设"健康与幸福"课。[3]欧美发达国家的心理教学的发展侧重点是根据预定方向改善学习者的个人行为,而中国同样的发展途径也是通过丰富多彩的实际互动和实践活动,寓教于乐,让学生在游戏过程中调整心态,掌握交际技巧,调适情绪,学习交往技能,提升心理健康水平。随着心理健康工作得到越来越多的重视,我国的心理健康教育体系也在不断发展成熟。

(二)心理学科核心素养教育教学实践

理论研究方面,周林(2021)提出,心理健康教育要紧扣时代,体现其科学性。基于核心素养的高中心理健康教育,需要通过科学的方法和手段,有效应对学生的心理健康状况,提升学生心理健康素养。同时,也要结合时代特点,主动了解和更新当前青少年成长过程中的核心议题,跟上当前高中学生的思维方式和心理特点,形成适合当前高中生的教育教学方式。[4]

在实践操作方面,李达通(2022)以初中生为主要对象,以培养人际沟通能力为主要目标来设计心理健康教育课,通过活动来训练和强化正确、优良的倾听和反馈行为[5],并提出建立心理健康评估机制,提升教师专业水平,完善学校心理教育机制,组织多种活动等策略提升核心素养。

学科核心素养的培养要建立在学科内容的基础上,而心理健康教育并没有国家通行的教材和教参。[2]目前开设心理健康课程的中小学一般采用地区编写的教材,研究设计心理健康活动课,如2013年上海市中小学拓展型课程教材《心理健康自助手册(实验本)》(分为小学、初中、高中三册,上海市教育出版社);江苏省中小学教材审定委员会2016年审查通过的试用本心理健康教育教材《心理健康》(俞国良主编,南京大学出版社出版)等。以教材为框架,自行设计主题活动方案,是大多数基层心理教师的实践做法,更多基于教师对本校学生实际情况的了解,结合经验和积累的教学成果开展心理健康活动课。

二、理解和把握学科核心素养的教育教学要求

(一)心理学科核心素养教育教学要求

总体素养:培养健全人格,提高心理素质,培养积极乐观、健康向上的心理品质,充分开发个人潜能,促进身心和谐可持续发展,为一个人成人成才、健康成长和幸福生活奠定基础。

具体素养:认识自我能力、学习能力、人际关系处理能力和情绪管理能力。[2]

(二)心理学科核心素养与三维目标的内在联系

心理健康教育有其自身的三维目标体系,即认知目标、情感目标、能力目标。培养一种能力,需要技术、过程、方法,而情感作为认知形成和能力养成的中介,是产生认知的基础,又在不断强化和加深着学生的认知水平。

认知、情感和能力之间具有相互促进、共同发展的关系,在心理学科核心素养方面传承和保持了相互之间的紧密联结,关注个人体验的形成过程,通过实践增长经验,通过梳理、加工和

澄清明确态度、价值观,体会个人内在心理反应和情绪体验的变化,提升个体对生活事件的有效应对能力。

(三) 学科核心素养的新要求

从学科核心素养的角度来看,心理健康教育培养学生积极向上的心理品质,为其一生的幸福奠定基础。这与教育的本质相呼应,教育的价值在于促进一个人健康成长、在社会中立足,而健康的价值在于提升作为一个人本身的生命意义与境界。人的身体、心理与精神境界紧密相连,构成一个完整的生命体。因此,让每个学生身心健全、具备社会适应能力、充满生命活力、创造幸福生活是心理学科核心素养的具体体现。

【参考文献】

[1] 中华人民共和国教育部.中小学心理健康教育指导纲要(2012 年修订)[S].北京:北京师范大学出版社,2012:2-4.

[2] 金锐刚.高中心理健康教育核心素养培养的思考[J].新智慧,2021(27):1-3.

[3] 何妍,任玉丹.深入领会新《纲要》精神全面推进心理健康教育工作——访《中小学心理健康教育指导纲要(2012 年修订)》修订组组长俞国良教授[J].中小学心理健康教育,2013(02):11-15.

[4] 周林.基于核心素养的高中学生心理健康教育分析[J].黑龙江科学,2021,12(21):108-109.

[5] 李达通.核心素养培育视角下初中心理健康教育课设计[J].中学课程辅导,2022(15):24-26.

(本文作者:陈秋妍)

第二部分
实践研究：学科核心素养的教学维度

　　当教育目标逐渐转变为培养学生全面发展的核心素养,学科教学也迎来了新的挑战和机遇。为了更好地让学科核心素养研究理论落地,本书第二部分聚焦于学科核心素养实践研究。从不同学科特点出发,以实际的教学实践经验为基础,深入探究如何在教学实践中构建学生学科核心素养,为培育整体核心素养打下扎实的基础。本部分覆盖数学、英语、语文、物理、化学、生物学、思想政治、历史、地理、美术、音乐、体育与健康、数学建模、信息技术、通用技术、心理学、科技创新等 17 个学科领域。通过该部分的阅读,相信读者在了解了各学科核心素养学术理论研究的基础上,能更加深入地理解如何用理论研究指导实践,在教育教学实践中再次感悟学理的深度。让我们一起探索学科教育实践的新边界,共同助力学生全面成长。

1. 基于数学抽象、数学运算和直观想象的数学教学实践案例研究——以"平面向量"为例
2. 以核心素养培养为导向的辩论式教学在高中英语课堂的探究与应用
3. 以核心素养培养为导向的整本书阅读教学探究与应用
4. 全面实施"双新"背景下普通高中物理学科核心素养教学实践研究
5. 基于"双新"的化学学科核心素养教学实践研究——以学习评价为例
6. 基于单元教学的生物核心素养解构——以"细胞的代谢"为例
7. 聚焦核心议题开展思想政治学科活动型课程教学的实践
8. 高中历史学科核心素养"历史解释"的内涵与实施
9. 基于地理信息叠图提升高中生空间素养的实践研究
10. 指向图像识读与文化理解的美术鉴赏
11. 深度学习视野下高中音乐课堂教学策略的实践研究
12. "双新"背景下推进中小学健康教育的实践研究
13. "双新"背景下高中数学建模与信息技术共通核心素养实践研究
14. "双新"背景下通用技术学科项目教学的校本化研究
15. 科学素养视域下普通高中科创教育课程建设实践研究
16. 高中生心理核心素养培育的关键议题与解决方案

基于数学抽象、数学运算和直观想象的数学教学实践案例研究
——以"平面向量"为例

一、课标依据

"平面向量"一课是上海教育出版社《数学必修第二册》第八章的内容。数学学科核心素养是数学课程目标的集中体现,是具有数学基本特征的思维品质,关键能力以及情感、态度与价值观的综合体现,是在数学学习和应用的过程中逐步形成和发展的。《普通高中数学课程标准(2017年版2020年修订)》明确指出数学核心素养包括数学抽象、逻辑推理、数学建模、直观想象、数学运算和数据分析,同时,围绕数学核心素养的达成,该课标指出"基于数学核心素养的教学活动应该把握数学的本质,创设合适的教学情景,提出合适的数学问题,引发学生思考与交流,形成和发展数学学科核心素养"。单元教学设计是课堂教学的基本要素和重要组成部分,本文将研究如何从数学知识本质出发设计单元教学,从而促进学生核心素养的发展。

二、教材依据

"向量"有几何的具体,又有代数的抽象,是数学的重要组成部分。一方面,平面向量在实际生活中有广泛的应用,例如物理中的力、速度、位移等。另一方面,学习平面向量,有助丁学生体会数形结合的重要思想,加深对数学概念与数学运算的认知与理解,以便于对数学知识结构的整体建构。

三、学情分析

高中学生已经学习过物理中的力、位移、加速度等概念,对平面向量的概念有直观的认识,并且学生们在初中已经学习了有关平面向量的概念以及简单的运算,有了一定的理论基础。新教材将向量作为独立的数学分支进行设计,是一个全新的系统,有自己独特的结构和运算体系,学生既可以回顾复习旧知识,又可以从中探究到新知识,从向量的知识背景以及上海市初高中教学衔接的设计来看,平面向量这个体系的系统教学特别有助于对学生数学核心素养的培养。

四、教学目标

1. 理解平面向量的代数表示与几何意义;

2. 熟练进行平面向量的运算,理解向量基本定理并加以运用;

3. 用向量的语言、方法描述和解决现实生活、数学和物理中的问题;

4. 提升数学抽象、直观想象、数学运算和逻辑推理等素养。

五、教学内容

本章教学主要分为下面三个内容:

(一) 向量的概念与运算

1. 由物理中的具体的量来引入平面向量的概念,在数学学科中,平面向量是连接代数与几何的桥梁。

2. 结合力的知识,复习初中所学过的向量的平行四边形法则和三角形法则。

3. 向量的运算律。

4. 平面向量的共线定理。

本部分内容首先结合物理知识的实例情景,说明向量的几何意义与重要性,最后通过逻辑推理让学生体会从特殊到一般的归纳思想,主要体现了直观想象、数学运算、逻辑推理等核心素养。为了落实本部分的数学核心素养,可以选择下面的例题进行论证。

【例】已知四边形 $ABCD$ 是梯形,$AD//BC$,E、F 分别是 AB、CD 的中点,求证:$EF//BC$,且 $EF = \frac{1}{2}(AD + BC)$。

分析:要证明 $EF//BC$,且 $EF = \frac{1}{2}(AD + BC)$,只需要证明 $\overrightarrow{EF} = \frac{1}{2}(\overrightarrow{AD} + \overrightarrow{BC})$。

证明:(1) $\overrightarrow{EF} = \overrightarrow{EA} + \overrightarrow{AD} + \overrightarrow{DF}$,$\overrightarrow{EF} = \overrightarrow{EB} + \overrightarrow{BC} + \overrightarrow{CF} \Rightarrow$
$2\overrightarrow{EF} = \overrightarrow{EA} + \overrightarrow{AD} + \overrightarrow{DF} + \overrightarrow{EB} + \overrightarrow{BC} + \overrightarrow{CF}$,

因为 E、F 分别是 AB、CD 的中点,所以 $\overrightarrow{EA} = -\overrightarrow{EB}$,$\overrightarrow{DF} = -\overrightarrow{CF}$,

所以 $\overrightarrow{EA} + \overrightarrow{EB} = 0$,$\overrightarrow{DF} + \overrightarrow{CF} = 0$,所以 $2\overrightarrow{EF} = \overrightarrow{AD} + \overrightarrow{BC} \Rightarrow \overrightarrow{EF} = \frac{1}{2}(\overrightarrow{AD} + \overrightarrow{BC})$,又

$\overrightarrow{AD}//\overrightarrow{BC}$,所以存在实数 $\frac{1}{2}$,使得 $\overrightarrow{EF} = \frac{1}{2}(\overrightarrow{AD} + \overrightarrow{BC})$,所以 $EF//BC$。

(2) 因为 $\overrightarrow{AD}//\overrightarrow{BC}$,所以 $\overrightarrow{AD} + \overrightarrow{BC}//\overrightarrow{BC}$ 且方向相同。
所以 $|\overrightarrow{AD} + \overrightarrow{BC}| = |\overrightarrow{AD}| + |\overrightarrow{BC}|$。

又 $\overrightarrow{EF}//\overrightarrow{BC}$,所以 $|\overrightarrow{EF}| = \frac{1}{2}(|\overrightarrow{AD}| + |\overrightarrow{BC}|)$。

由(1)、(2)可证 $EF//BC$,且 $EF = \frac{1}{2}(AD + BC)$。

说明:上面例题的结论是学生们在初中就已熟知的,但是初中是从平面几何的定性分析进行论证,本例通过向量的概念去论证,简单直接,可以使学生深刻理解向量的概念与意义。

另外,本例选择利用向量的代数运算论证几何结论,落实了数学运算、直观想象等数学核心素养。

【例】(1) 已知向量 $\overrightarrow{OA}$、$\overrightarrow{OB}$ 不共线,求证:点 P 在直线 AB 上的充要条件是存在实数 λ,$\mu \in R$ 使得 $\overrightarrow{OP} = \lambda\overrightarrow{OA} + \mu\overrightarrow{OB}$ 且 $\lambda + \mu = 1$。(三点共线定理)

(2) 利用上述结论证明三角形的重心分中线的比为 $2:1$。

证明:(1) 解:点 P 在直线 AB 上 $\Leftrightarrow \overrightarrow{AP} /\!/ \overrightarrow{AB}$

$\Leftrightarrow$ 存在 $k \in R$ 使得 $\overrightarrow{AP} = k\overrightarrow{AB}$

$\Leftrightarrow \overrightarrow{OP} = \overrightarrow{OA} + \overrightarrow{AP} = \overrightarrow{OA} + k\overrightarrow{AB}$

$= \overrightarrow{OA} + k(\overrightarrow{OB} - \overrightarrow{OA})$

$= \overrightarrow{OA} + k\overrightarrow{OB} - k\overrightarrow{OA}$

$= (1-k)\overrightarrow{OA} + k\overrightarrow{OB}$

令 $\lambda = 1-k$,$\mu = k$ 即可。

(2) 设 $\triangle ABC$ 的中线 AD,BE 交于点 G,并设 $\overrightarrow{AB} = \vec{a}$,$\overrightarrow{AC} = \vec{b}$,则 $\overrightarrow{AD} = \frac{1}{2}(\vec{a} + \vec{b})$,

因点 C,G,E 三点共线,则存在 $\lambda \in R$ 使得 $\overrightarrow{BG} = \lambda\overrightarrow{BE} + (1-\lambda)\overrightarrow{BC} = (\frac{1}{2}\lambda - 1)\vec{a} + (1-\lambda)\vec{b}$,

又 A,G,D 三点共线,则存在 $\mu \in R$ 使得 $\overrightarrow{BG} = \mu\overrightarrow{BA} + (1-\mu)\overrightarrow{BD} = \frac{-\mu - 1}{2}\vec{a} + \frac{(1-\mu)}{2}\vec{b}$,

因此,$(\frac{1}{2}\lambda - 1)\vec{a} + (1-\lambda)\vec{b} = \frac{-\mu - 1}{2}\vec{a} + \frac{(1-\mu)}{2}\vec{b}$,

解得 $\lambda = \frac{2}{3}$,$\mu = \frac{1}{3}$,

因此,$\overrightarrow{BG} = -\frac{2}{3}\vec{a} + \frac{1}{3}\mu\vec{b}$,$\overrightarrow{AG} = \overrightarrow{AB} + \overrightarrow{BG} = \frac{1}{3}(\vec{a} + \vec{b}) = \frac{2}{3}\overrightarrow{AD}$,结论得证。

说明:本例给出了平面向量中的一个重要的定理,以代数的形式给出了几何的事实,体现了向量作为代数与几何之间的桥梁的作用。第二问涉及重心的一个重要的性质,可能很多同学知道结论而不会证明,而这可通过向量的概念与运算以及三点共线定理解决,可以再次加强数学核心素养的落实。

(二) 向量的分解定理与坐标表示

1. 根据平面向量的平行四边形法则和三角形法则,给出平面向量的分解定理,从而基底法的思想油然而生。

2. 平面向量的正交分解定理给出了向量的坐标表示的理论基础,进而,向量的运算律可以推广到坐标形式。

3. 应用:平面向量的共面定理和定比分点公式,主要涉及基底法和方程法的思想。

本部分把向量的运算融合在一起,学生通过逻辑推理体会向量坐标形式的产生,坐标表示使得向量的研究跳出了几何的框架,最后,利用类比思想以达到知识的升华,主要体现了数学建模、数学运算、直观想象、数据分析等核心素养。

【例】如图所示,在 $\triangle ABO$ 中,$\overrightarrow{OC}=\dfrac{1}{3}\overrightarrow{OA}$,$\overrightarrow{OD}=\dfrac{1}{2}\overrightarrow{OB}$,$AD$ 与 BC 相交于点 M,设 $\overrightarrow{OA}=\vec{a}$,$\overrightarrow{OB}=\vec{b}$。

（1）试用向量 $\vec{a}$,$\vec{b}$ 表示 $\overrightarrow{OM}$;

（2）在线段 AC 上取点 E,在线段 BD 上取点 F,使 EF 过点 M,设 $\overrightarrow{OE}=\lambda\overrightarrow{OA}$,$\overrightarrow{OF}=\mu\overrightarrow{OB}$,其中 λ,$\mu\in R$。证明:不论 E,F 在线段 AC,BD 上如何变动,等式 $\dfrac{1}{\lambda}+\dfrac{2}{\mu}=5$ 恒成立。

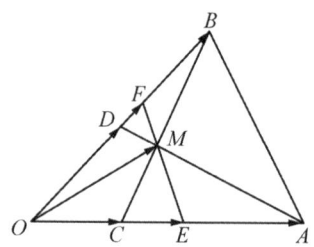

解:(1)设 $\overrightarrow{OM}=m\vec{a}+n\vec{b}(m,n\in R)$,由 A,D,M 三点共线,可知存在 $\alpha(\alpha\in R,\alpha\neq-1)$ 使得 $\overrightarrow{AM}=\alpha\overrightarrow{MD}$,

则 $\overrightarrow{OM}-\overrightarrow{OA}=\alpha(\overrightarrow{OD}-\overrightarrow{OM})$,又 $\overrightarrow{OD}=\dfrac{1}{2}\overrightarrow{OB}$,

所以 $\overrightarrow{OM}=\dfrac{1}{\alpha+1}\vec{a}+\dfrac{\alpha}{2(1+\alpha)}\vec{b}$,故 $m=\dfrac{1}{\alpha+1}$,$n=\dfrac{\alpha}{2(1+\alpha)}$,即 $m+2n=1$①,

由 B,C,M 三点共线,可知存在 $\beta(\beta\in R,\beta\neq-1)$ 使得 $\overrightarrow{CM}=\beta\overrightarrow{MB}$,

则 $\overrightarrow{OM}-\overrightarrow{OC}=\beta(\overrightarrow{OB}-\overrightarrow{OM})$,又 $\overrightarrow{OC}=\dfrac{1}{3}\overrightarrow{OA}$,所以 $\overrightarrow{OM}=\dfrac{1}{3(\beta+1)}\vec{a}+\dfrac{\beta}{1+\beta}\vec{b}$,

故 $m=\dfrac{1}{3(\beta+1)}$,$n=\dfrac{\beta}{1+\beta}$,即 $3m+n=1$②,由 ①、② 得 $m=\dfrac{1}{5}$,$n=\dfrac{2}{5}$,

故 $\overrightarrow{OM}=\dfrac{1}{5}\vec{a}+\dfrac{2}{5}\vec{b}$。

（2）由 E,M,F 三点共线可得存在实数 $\gamma(\gamma\in R,\gamma\neq-1)$,使得 $\overrightarrow{EM}=\gamma\overrightarrow{MF}$,于是 $\overrightarrow{OM}=\dfrac{\overrightarrow{OE}+\gamma\overrightarrow{OF}}{1+\gamma}$,又 $\overrightarrow{OE}=\lambda\overrightarrow{OA}$,$\overrightarrow{OF}=\mu\overrightarrow{OB}$,

所以 $\overrightarrow{OM}=\dfrac{\lambda\overrightarrow{OA}+\gamma\mu\overrightarrow{OB}}{1+\gamma}=\dfrac{\lambda}{1+\gamma}\vec{a}+\dfrac{\gamma\mu}{1+\gamma}\vec{b}$,

所以 $\dfrac{1}{5}\vec{a}+\dfrac{2}{5}\vec{b}=\dfrac{\lambda}{1+\gamma}\vec{a}+\dfrac{\gamma\mu}{1+\gamma}\vec{b}$,从而 $\dfrac{1}{5}=\dfrac{\lambda}{1+\gamma}$,$\dfrac{2}{5}=\dfrac{\gamma\mu}{1+\gamma}$,

所以消去 γ 得 $\dfrac{1}{\lambda}+\dfrac{2}{\mu}=5$。

说明:本例是向量分解定理的应用,体现了平面向量中基底法的重要思想,主要落实了直观想象和数学运算等数学核心素养。

【例】平面非零向量 $\vec{a}$,$\vec{b}$,$\vec{c}$,满足 $\vec{a}\perp\vec{b}$,$\vec{c}$ 为单位向量,已知 $(\vec{a}-\vec{b})\cdot(\vec{a}+\vec{b}-2\vec{c})=0$ 且 $|\vec{a}-$

$\vec{c}\,|=3$，求 $|\,\vec{a}-\vec{b}\,|$ 的最大值。

解：设 $\vec{a}=(0,m)$，$\vec{b}=(n,0)$，$\vec{c}=(\sin\theta,\cos\theta)$，

则 $|\,\vec{a}-\vec{c}\,|^2=\sin^2\theta+(m-\cos\theta)^2=9\Rightarrow m^2-2m\cos\theta=8$，

$(\vec{a}-\vec{b})\cdot(\vec{a}+\vec{b}-2\vec{c})=(-n,m)\cdot(-2\sin\theta+n,m-2\cos\theta)=-n^2+2n\sin\theta+8=0$，

所以 $m^2+n^2=2m\cos\theta+8+2n\sin\theta+8=16+2\sqrt{m^2+n^2}\sin(\theta+\varphi)$，

所以 $16-2\sqrt{m^2+n^2}\leqslant m^2+n^2\leqslant 16+2\sqrt{m^2+n^2}$，

解得 $\sqrt{17}-1\leqslant\sqrt{m^2+n^2}\leqslant\sqrt{17}+1$，所以 $|\,\vec{a}-\vec{b}\,|\leqslant\sqrt{17}+1$。

故 $|\,\vec{a}-\vec{b}\,|$ 的最大值为 $\sqrt{17}+1$。

说明：本例从向量的概念与运算的几何性质出发来解题对于大部分学生都比较困难，但是引入坐标以后，通过建系可以把本题变为一个纯代数问题，这也正体现出了向量的几何和代数性质，落实了数学建模和数学运算等数学核心素养。

（三）向量的数量积及其应用

1. 平面向量夹角的概念；

2. 平面向量数量积的概念及几何意义；

3. 平面向量数量积的两种形式之间的等价关系；

4. 向量在代数、几何、物理中的应用。

本部分主要介绍向量的数量积的概念及其性质，通过两种形式的转化体会数学知识的统一性。最后一部分的应用让学生体会知识源于生活，高于生活，又应用于生活，体现数学的价值所在。主要体现了逻辑推理、数学建模、数学运算、直观想象等核心素养。

【例】已知 $|\,\vec{a}\,|=2$，$|\,\vec{b}\,|=3$，夹角为 $60°$，求（1）$\vec{a}\cdot\vec{b}$；（2）$(\vec{a}+\vec{b})\cdot(\vec{a}-4\vec{b})$；（3）$|\,3\vec{a}-2\vec{b}\,|$。

解：（1）$\vec{a}\cdot\vec{b}=|\,\vec{a}\,|\,|\,\vec{b}\,|\cos 60°=3$；

（2）由 $\vec{a}^2=|\,\vec{a}\,|^2=4$，$\vec{b}^2=|\,\vec{b}\,|^2=9$ 可得 $(\vec{a}+\vec{b})\cdot(\vec{a}-4\vec{b})=\vec{a}^2-3\vec{a}\cdot\vec{b}-4\vec{b}^2=-41$；

（3）由 $|\,3\vec{a}-2\vec{b}\,|^2=(3\vec{a}-2\vec{b})^2=9\vec{a}^2-12\vec{a}\cdot\vec{b}+4\vec{b}^2=36$ 可得 $|\,3\vec{a}-2\vec{b}\,|=6$。

说明：本题比较简单，但是却反映出了向量数量积运算的基本性质和处理方法，主要落实了逻辑推理和数学运算的核心素养。

【例】如图放置的正方形 $ABCD$，$AB=1$，A，D 分别在 x 轴、y 轴的正半轴（含原点上）滑动，则 $\overrightarrow{OC}\cdot\overrightarrow{OB}$ 的最大值是_____。

解：取 BC 中点 M，AD 中点 N，则由极化恒等式得，

$\overrightarrow{OC}\cdot\overrightarrow{OB}=|\,OM\,|^2-\dfrac{1}{4}|\,BC\,|^2$。连接 OM，NM，

则有 $|\,OM\,|\leqslant|\,ON\,|+|\,NM\,|=\dfrac{1}{2}|\,AD\,|+1=\dfrac{3}{2}$。

即 $\overrightarrow{OC}\cdot\overrightarrow{OB}$ 的最大值是 2。

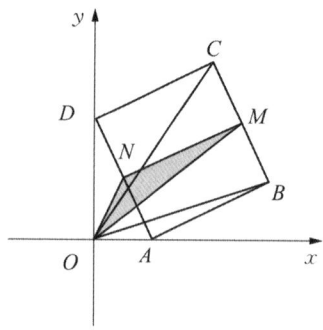

说明:本例看似是代数问题,但是向量兼具了代数和几何的性质,利用向量数量积的简单变形即可把本问题变成一个几何问题,从而可以快速解决问题,主要落实了数学运算、直观想象、数学建模等数学核心素养。

再比如下例:

【例】(差模的几何意义)已知向量 $\vec{\alpha}$,$\vec{\beta}$,$\vec{\gamma}$ 满足 $|\vec{\alpha}|=1$,$|\vec{\alpha}-\vec{\beta}|=|\vec{\beta}|$,$(\vec{\alpha}-\vec{\gamma})\cdot(\vec{\beta}-\vec{\gamma})=0$。若对每一确定的 $\vec{\beta}$,$|\vec{\gamma}|$ 的最大值和最小值分别为 m,n,则对任意 $\vec{\beta}$,求 $m-n$ 的最小值。

解析:设 $\overrightarrow{AB}=\vec{\alpha}$,$\overrightarrow{AC}=\vec{\beta}$,$\overrightarrow{BC}=\vec{\alpha}-\vec{\beta}$,$\overrightarrow{AD}=\vec{\gamma}$,

$\overrightarrow{CD}=\vec{\gamma}-\vec{\beta}$,$\overrightarrow{BD}=\vec{\gamma}-\vec{\alpha}\Rightarrow CD\perp BD$,点 D 在以 BC 为直径的圆上运动,$m-n$ 就是 BC,而

$AC=BC$,$AB=1\Rightarrow 2BC\geqslant 1\Rightarrow BC\geqslant\dfrac{1}{2}$($A$,$B$,$C$ 共线时取等号)。

六、课时划分

向量的概念与运算	1 课时
平面向量的分解定理	1 课时
向量的坐标表示及运算	2 课时
向量的数量积	2 课时
向量的应用	1 课时
向量知识拓展	1 课时

七、单元作业设计

单元作业主要包括课内作业和课外作业,在课堂上,教师可以和学生一起完成课后习题,让学生熟悉解题方法,巩固对课堂知识的理解;在课下,可以通过练习册,让学生自我检测对知识的掌握情况。

八、单元评价设计

单元评价是相互的。老师对学生的评价主要包括课堂活跃度、语言表达能力、解决问题的

能力等;学生对老师的评价主要包括教学进度的快慢、教学方式是否新颖、教学有没有重难点等。

(本文作者:杜昌敏)

以核心素养培养为导向的辩论式教学在高中英语课堂的探究与应用

伴随新一轮教育改革,为培养复合型、全面型人才,国家教育部明确提出了英语学科核心素养框架。英语课堂中的辩论式教学不但可以提升学生英语水平、培养团队合作和自主探索的学习能力,还能培养逻辑性、批判性、创新性思维,有效落实核心素养;因此,在英语课堂中有效开展辩论式教学具有重要意义。本文将梳理国内外有关辩论式教学的现状,将其与英语课堂有机结合,并总结笔者在高中英语教学中开展辩论式教学的实践成果及反思,旨在为从事相关研究的同行提供实践参考。

一、英语学科核心素养的由来及内涵

在全球化的时代背景下,我国亟待培养具备全球战略视野、能够投身于国际事务与竞争的社会主义建设者和接班人。在这一背景下,国家教育部在 2020 年基于 2017 年版的课程标准对相关学科进行了完善和补充,正式颁布了《普通高中英语课程标准(2017 年版 2020 年修订)》。

该课程文件提出了英语学科的育人总目标,即"培养具有中国情怀、国际视野和跨文化沟通能力的社会主义建设者和接班人"。通过对总目标的提炼,确立了由语言能力、文化意识、思维品质和学习能力四个要素组成的英语学科核心素养框架。语言能力要求学生能够在社会情境中以听、说、读、写等方式理解和表达意义,开展跨文化交流;文化意识要求学生认真学习中外文化知识,认同优秀文化并将其内化于心、外化于行,提高文明素养、承担社会责任;思维品质是指学生在思维上具有逻辑性、批判性和创新性,形成对事物正确的价值判断;学习能力是指学生能养成良好的学习习惯,培养高效的学习策略,从而形成自主开展英语学习的能力。

二、英语辩论对于培养英语学科核心素养的重要意义

当前中国的英语课堂虽已逐渐摆脱传统课堂的"哑巴英语",但仍存在一些弊端,如:教师"满堂灌";学生输入过多,输出不足;教师过度依赖教材等。此类问题使得英语学科核心素养难以真正落实,阻碍了学生在英语学科上的发展。而英语辩论则在一定程度上有效地解决了以上困境。作为语言传播、思想交流的重要手段,英语辩论不仅能活跃课堂气氛,鼓励学生进行语言输出,还能使学生跳脱教材的束缚,表达自己的独到见解。

此外,课堂中的英语辩论也是进一步培养并落实英语学科核心素养的重要手段。就语言

能力而言,辩论要求学生有一定的语言积累,理解对方辩手观点的同时也要能清晰表达己方观点,能锻炼学生听、说、读、写四维能力;就文化意识而言,教师精研教材后挖掘出的文化现象可作为辩题,使学生在辩论中深入思考中外文化的差异或共通点,而双方辩手观点的碰撞可以让学生进一步领悟语言表达中的文化信息和文化内涵;就思维品质而言,辩论对思维提出了较高的要求,即学生在辩论过程中需要用英语获取信息、处理信息,发现对方的逻辑漏洞并寻找切入点,从而提高学生的批判性、创新性思维及逻辑性表达;就学习能力而言,辩论可以培养学生多渠道获取学习资源,形成自主学习和团队合作的能力。

因此,在高中英语课堂中进行英语辩论确实能够提高课堂的趣味性和思辨性,提升学生课堂参与度和问题思考深度,通过有意义的活动有效落实英语学科核心素养。

三、国内外"辩论式教学"研究现状

(一) 国外研究现状

自20世纪50年代美国提出"科学素养"概念,以培养具有科学素养的公民为目标以来,研究者们开创了多种多样的教学形式,如小组合作、自主探究等。在发现这些教学方式缺乏学生与学生之间的相互质疑以及对科学概念的深入理解与探究后,辩论这一新型教学形式引起了广泛关注。

然而,如何实施辩论式教学始终困扰着许多教师。为此,奥斯本(Osborne)等研究者提出了多种有关辩论式教学设计的参考框架模型,包括陈述表形式、概念图、实验报告、理论比较等。此外,杜什尔(Duschl)和奥斯本认为课堂环境的营造对于辩论式教学也尤为重要,教师应为学生提供问题和交谈的情境,营造自由、平等、开放的课堂氛围。经过长期的教学实践,奥斯本得出结论:辩论活动能够促进学生的课堂参与度,并提高学生的思辨能力。

(二) 国内研究现状

近年来,我国学者关于"辩论式教学"的研究大多从"基于问题的学习"教学路径探究、高校外语教学改革、多模态理论框架、外语类通识课程的开发与应用等不同角度出发。如杨鑫在"基于问题的学习"理论框架中提出,教师应结合当下热点议题与辩论技巧,在具体情境中运用语言,以问题为导向,培养学生对前沿问题的思辨能力与自主探究能力。邢香玉、程芳则结合高校英语改革的标准,提出教师应将辩论融入教学,促进学生英语能力的全面发展。吴丽娟总结了运用多模态框架在高校进行英语辩论的几大注意点,如对课件、教材和课型的选取和使用等,提高英语辩论的效率和效果。刘丽莎(2021)提出了建设以辩论为主的外语类通识课程,提高学生在思辨性英语写作上的能力。

综上,绝大多数学者认可在英语课堂中采用辩论式教学可以提高学生的逻辑思维、思辨能力、英语表达能力,能切实落实英语学科核心素养。然而,我国目前有关辩论式教学的实践大多基于高校层面,虽能为高中英语课堂辩论式教学的实施提供一定的参考,但针对高中学段进行辩论式教学的研究和实践仍有待探索和补充。

四、辩论式教学在高中英语教学中的实践及反思

基于以上学者的观点,在英语课堂中采用辩论式教学能够有效提升学生的英语语言表达能力;提高思维的批判性、逻辑性和创新性;培养学生多方获取资源、自主学习和团队合作的能力,从而切实达成英语学科核心素养的落实。鉴于目前有关高中层面实施英语辩论式教学的实践和研究仍相对较少,笔者在高一上学期开展了三次课堂辩论,希望能贡献些许实践经验及反思。

(一)把握语篇中的辩点——培养批判性思维的切入点

课堂的辩论不应为了辩论而辩论,而应是对教材语篇中心的延伸。基于所学语篇的辩论不仅能帮助学生深入理解文本,将静态知识转化为动态的语言实践,也能有效促进学生批判性思维的培养。要准确把握语篇的辩点,教师自身须深入理解与钻研语篇,挖掘批判性思维的因素,抓住与教学内容紧密相关的辩点。

高中《英语必修第一册(上教版)》(以下简称《必修一》)第三单元的主题是"Choices",主课文论述了生活中各式各样食物产生的碳足迹、对环境不同的负面影响,引导学生在选择购买食物时养成环保意识。在课文学习的第二课时,笔者用一则英国的新闻"英国的素食主义者打翻超市里的牛奶以示对过度碳排放的抗议"引出辩题"Should people cut down on their consumption of beef and dairy products to reduce carbon emission?"(人们应该减少牛肉和奶制品的摄入以减少碳排放吗?)。

又如《必修一》第四单元的主课文"The 1940s house",语篇通过比较当今生活与1940年代生活方式的差异,引导学生思考美好生活的意义,培养积极的生活态度。为了使学生深入文本,体会作者的写作意图,理解文章主旨,笔者在完成语篇的内容梳理后,引出辩题"Does an easier and more comfortable life means a better life?"(更轻松舒适的生活是否意味着更好的生活?)。

这两个辩题都是对课文的延伸讨论,同样来源于生活,具有现实意义,因此辩题一出立即激起学生的共鸣与讨论的兴趣。同时,这两个话题都是对某一事件、某一观点的评价,没有绝对的对错之分,给学生提供了足够、安全的辩论空间。

(二)注重核心素养的落实——有效辩论活动的落脚点

课堂的每一项活动和任务都须有其设计要达成的目的,最终都是为了培养落实学生英语学科的核心素养,辩论活动也是如此。

在进行《必修一》第四单元主课文的学习之前,笔者事先将选择好的辩题提前一天告知学生,组织学生选择持方,准备辩题。在准备辩题的过程中,学生们大多会上网查找相关资料丰富和支持论点,回到学校后会与同学进行论点的查漏补缺,这一过程无形中培养了学生的学习能力。在课堂的辩论中,学生不仅要能表达清楚自己的观点,使听众信服己方观点,还要理解对方辩手的观点,察觉对方的逻辑漏洞,重组逻辑攻破对方观点。在这一过程中,语言能力和思维品质两大核心素养得到有效锤炼。当学生过分斟酌对方辩手的字句,忽略了辩论话题的精神实质时,教师须引导学生回到辩题本身,注重核心素养的落实。

当堂的辩论完成后,笔者要求每位学生在课后写一段自己对于辩题的理解。从学生的写作来看,绝大多数同学都从这次辩论中汲取到他人的智慧,并加以自己的看法,更加辩证地理解辩题,巩固课堂所学的同时也进一步落实了核心素养。对教师而言,通过学生作业的反馈可以进一步了解学生对课堂知识的掌握情况,以评语的方式或是鼓励或是赞赏或能进一步引导学生思考,促进教学评一体化。

（三）规范课堂辩论过程——有效组织辩论的关键点

课堂辩论的开展对学生来说确是实现课上有意义的交流、有效输出的策略,但英语辩论不论是从语言还是思维层面,对高中生都是一项难度不小的挑战。经过几次探索与磨合,笔者与学生共同摸索出了一套适合课堂的辩论流程,包括辩前准备、辩中互动和辩后总结三大板块。

1. 辩前准备

为保证课堂内容的顺利完成以及学生辩论的时间和质量,教师应在辩论活动开展前一天将辩题告知全体同学,并按照学生意愿将他们分为正反两方。教师应引导两组学生分工合作,阅读相关的书籍,查找相关的数据、资料、信息等,培养学生团队合作、自主学习的学习能力。学生们在课前会选出组内就这一辩题表现最好的三位同学,这三位同学将作为辩手代表所在持方在课堂上进行展示。

2. 辩中互动

在辩论过程中,笔者有时会发现这样一种现象:个别同学在表达自己的观点时,只是在读自己事先写好的稿子,而没有关注对方的观点,忽视了对方逻辑上的漏洞,这并不利于培养学生的思维品质。这时,笔者会适当提醒同学们关注对方辩手的论点,在分析评价对方论述的基础上提出自己的观点。但须注意的是,为保持辩论的流畅度,教师应尽量不去打断学生,保证学生思维的连贯性。就学生在辩论过程中的不规范用语、语法问题等,教师应及时记录,在辩论结束后统一告知学生。

此外,为了使每位同学都有表达自己的机会,也使新颖的角度和观点不被忽略,在每次辩论过程中,教师都会加入自由辩论的环节。在自由辩论中,辩手不局限于此前选出的三位同学,两方的所有同学都可以各抒己见,奇袭对方观点。这一环节通常是整个辩论活动中气氛最为热烈、想法最为多元的,每位自由辩手都为己方的论点做出补充,就对方的漏洞做出反驳。

需要注意的是,课堂组织的辩论活动常常因为大家的激烈讨论无法在规定时间内结束,一定程度上妨碍了课堂教学进度;因此,在辩论过程中,计时员的角色尤为重要,在把握课堂进度的同时,也能规避两方因发言时长不一致出现矛盾。

3. 辩后总结

辩论结束后,笔者会邀请学生对辩论表现进行评价。在这一环节,笔者参考了杨桂青提出的学生互评,即让正反方同学评价对方的发言,这一做法能锻炼学生的思维批判性,提高思维品质。在学生互评后,教师会进行总结评价。教师的评价重点不应放在两方的胜负结果上,而应放在学生的参与度、思维的逻辑性、批判性和发言的准确性、流畅度上。教师的总结应注意将双方学生相对零散的、存在逻辑问题的口头表达上升为更系统的理性认识,搭建逻辑框架;教师应帮助学生通过辩论完善自身观点,树立健全正确的价值观念,并引导学生将其内化为自身行为。

与此同时,为帮助学生落实语言点的正确使用,教师在辩后可以提及辩手们在辩论过程中使用不当或有误的语言点;同时也可以强调学生们在辩论过程中运用得较好但容易被忽视的句型和词汇,进一步加深学生对主题词汇的理解和记忆,落实学生语言能力的培养。

五、结语与建议

经过几次的课堂辩论探索和实践,笔者发现课堂英语辩论的确是一个具有实践价值的课堂活动方式。通过课后与学生的交流,倾听学生的反馈,笔者发现学生实际上非常喜爱辩论这一形式,愿意积极参与此类课堂活动,本文的辩论流程及实践也是基于笔者与所教学生的不断讨论总结出来的。此外,课堂辩论活动的开展可以弥补英语课堂中核心素养的落实不够到位的空白。英语核心素养包括语言能力、文化意识、思维品质和学习能力,而这些能力恰恰是辩论过程中所需要的、可以直接培养的能力。

然而,笔者对于课堂上开展的辩论式教学的实践和经验仍十分有限,无法在短期内看到学生在核心素养落实方面的具体成效。受王臻毅论文启发,笔者在下一次课堂辩论中将采用课堂录像的形式记录学生的辩论表现,在一学期之后再次录像,对学生的状态和进步进行对比。录像也将一并发给学生,供他们观看以了解自己在语音语调上的问题和整体的发言状态,也能对照优秀发言者向他们进行学习。

【参考文献】

［1］刘丽莎.高校外语通识在线开放课程的建设与应用——以"批判性思维与英语辩论"课程为例［J］.英语广场,2021(13):110-113.

［2］梅德明,王蔷.普通高中英语课程标准(2017年版2020年修订)解读［M］.北京:高等教育出版社,2020.

［3］王臻毅.英语辩论在高中英语教学中的应用［D］.上海:华东师范大学,2022.

［4］吴丽娟.多模态理论框架下应用型高校英语辩论课教学模式研究,太原城市职业技术学院学报,2021(11):82-84.

［5］邢香玉,程芳.英语辩论在高校英语教学改革中的应用研究,海外英语,2021(13):85-86.

［6］杨桂青.英美精彩课堂［M］.北京:教育科学出版社,2005,57.

［7］杨鑫.英语辩论课PBL教学模式研究——问题—思辨—探究路径,外语学刊,2021(3):74-78.

［8］中华人民共和国教育部.普通高中英语课程标准(2017年版2020年修订)［S］.北京:人民教育出版社,2020.

［9］Duschl, R. A., Osborne, J. Supporting and promoting argumentation discourse in science education［J］. Studies in science education, 2002,38:39-72.

［10］Osborne, J., Erduran, S. Enhancing the quality of argumentation in school science. *Journal of Researcher in Science Teaching*, 2004(10):994-1020.

(本文作者:袁雨轩)

以核心素养培养为导向的整本书阅读教学探究与应用

一、《红楼梦》整本书阅读对于培养语文学科核心素养的重要意义

（一）有利于积淀学生文化涵养

整本书阅读,其重点在于阅读,而阅读能力也是语文核心素养中一项重中之重的能力,所以教师应该先让学生对阅读产生兴趣,在阅读的过程中潜移默化地提升学生的理解和思辨能力。在整本书阅读过程中,可以让学生了解到很多没有在教材中出现的知识,从而提升学生的文化素养,拓宽学生的知识面和眼界,让学生徜徉在知识的海洋中,体会到文化的力量,同时也能在无形中培养学生的文化自信,增强学生阅读兴趣。

《红楼梦》作为中国古典四大名著之首,蕴含着深厚的传统文化,其中塑造的金陵十二钗的形象更是呈现了一幅异彩纷呈的女性人物画卷。《红楼梦》中有精练简洁的语言,有惟妙惟肖的人物描写,有经典形象的意象,有历久弥新的深厚传统文化,学生在阅读整本书的过程中了解到中华优秀传统文化以及古代的生活场景,从而产生了解更多知识的兴趣。

因此,语文教师需要积极地开展整本书阅读教学活动,让学生在阅读中感受到快乐,引领学生在书籍的海洋中领悟名著的魅力,进而开拓学生的知识面,培养学生的阅读兴趣。

（二）有利于培养学生阅读能力

1. 提升学生概括能力

在《红楼梦》的整本书阅读中,教师为培养学生阅读兴趣制定了"二十一天计划表",要求学生一天阅读一个章节,积极地鼓励学生利用课余时间和周末阅读。同时教师可以引导学生在阅读中进行内容概述,以把握主要情节为主,利用章回标题来提炼每一章节的主要内容。教师在学生阅读的基础上,给学生们制定阅读任务,要求学生在每阅读完一个章节后写这一章回的内容概要。教师需要每周专门抽出一节阅读课来让学生进行阅读分享,就每日所写的章回梗概进行分享交流。教师要积极引导学生进行讨论交流,由学生们讨论交流后选出三个优秀模板作为参考。通过这种交流的模式引导学生进一步掌握文章的内容,在提升了学生概括能力的同时,也激发了学生的阅读兴趣,学生在写内容概要和交流的过程中把零散的、模糊的阅读体验转化为系统的、全面的认知,从而提升了自身的理解和概括能力。

2. 提升学生写作思维能力

"书籍是人类进步的阶梯",学生在高中阶段正处于成长的关键期,阅读书籍可以让学生不断地进步。通过阅读名著，老师带领着学生鉴赏、理解、品味名著中高超的写作手法和精彩的故事情节，让学生把在阅读中学到的写作技巧灵活运用到自己的写作中，提升学生的写作能力。

《红楼梦》中有着丰富的人物描写，在阅读时，教师要引导学生学习《红楼梦》中作者精湛的写作技巧，通过寥寥数笔将一个栩栩如生的人物展现在读者面前。以其中一节的"林黛玉进贾府"为例，在"王熙凤出场"这一情节中，作者通过描写未见其人先闻其声这一情节使一个泼辣的王熙凤形象跃然纸上，在王熙凤出场后，通过对她的服饰描写，如"身上穿着缕金百蝶穿花大红洋缎窄裉袄，外罩五彩刻丝石青银鼠褂；下着翡翠撒花洋绉裙"，将一个身穿多种颜色、珠翠围绕的富贵妇人形象生动地展现给读者，再后来，通过王熙凤和林黛玉对话的描写，体现了王熙凤左右逢源的人物形象特点。这一段作者通过外貌描写、神态描写、语言描写将王熙凤这一人物形象中的泼辣、虚伪、阿谀奉承以及她在贾府的地位展现得淋漓尽致。学生在阅读中可以把这些精彩片段摘抄下来不断学习，教师也要帮助学生去鉴赏作者在写作中所运用的方法，让学生们在阅读中掌握写作技巧，提升自身的写作能力。同时，教师可以开展红楼仿写课，让学生们拿出自己摘抄的书中的精彩片段来进行仿写，例如，"香菱学诗"中，模仿香菱学作诗这一情节设计，写自己在学习写作中的经历。在"宝钗扑蝶"中，学习作者是如何运用动作描写来写作的，通过模仿"宝钗扑蝶"来描写自己和小动物互动的场景。通过摘录、品读、仿写的阅读过程，学生在阅读时感受作者对于封建制度的批判，学习作者对于人物语言、外貌、动作的描写技巧，让学生活学活用，通过实践把在阅读时学到的知识转化为自身的技能，从而提升学生的写作能力。

二、《红楼梦》整本书阅读的教学策略

（一）老师积极引领粗略阅读

在开始"整本书阅读"的教学时，教师要做的工作是有组织地、积极地创设阅读氛围，激发学生阅读兴趣，培养学生良好的阅读习惯，这样会使整本书阅读活动达到事半功倍的效果。值得注意的是，学生作为阅读的主体，他不是作为一张白纸开始阅读的，学生可能在阅读《红楼梦》这本书之前就有了解或者读过一些片段，但是只是片段，而没有从整体上系统地进行阅读，所以教师要积极地引领学生们进行略读，激发学生兴趣。在整本书阅读活动开始前，老师要做好前期的准备工作，可以把学生分为 6 个阅读小组，先让每个学习小组收集整理《红楼梦》作者曹雪芹的生平以及写作的背景，教师抽取一节课作为"曹雪芹生平分享会"，学生们就所收集掌握的曹雪芹生平及写作背景在课上积极地交流探讨，让学生们了解到曹雪芹出生于官宦之家，从小生活富裕，但在少年时期家道中落，开始了漂泊一生的生活，在经历了家庭的重大变故后，曹雪芹深感世态炎凉，对封建社会有了更为深刻的认识，就是在此背景下，曹雪芹开始创作《红楼梦》。在分享会上，每个小组积极地分享他们所收集的关于作者的故事，这让学生们了解了曹雪芹的基本情况，对他有了进一步的认识，这也激发了学生们的阅读兴趣，因此提升了学

生对于阅读《红楼梦》这本书的热情。

在激发了学生阅读《红楼梦》的兴趣后,教师要开展一节"解读红楼一梦"的课程,在课上给学生们介绍《红楼梦》的主要内容、主要人物。教师可以制作一张红楼关系人物表,把其中的人物关系用表格展现给学生,让学生梳理清楚其中的人物关系。在课堂的最后,教师要把《红楼梦》对于世界的文学价值介绍给学生,让学生认识到其背后所描述的是一幅压抑人性、等级森严的封建社会画卷。在学生们了解了《红楼梦》的作者生平和创作背景后,教师带领学生对每一节的章回标题进行解读,让学生掌握大概的故事脉络和走向。通过教师引领学生进行的略读活动,学生的阅读兴趣被激发了的同时,学生的阅读鉴赏能力也得到了提高,为接下来的深度阅读打下了基础。

(二)学生进行深度阅读

开展深度阅读就是让学生在阅读中进行探讨、研究,透过作品理解作者想表达的深刻情感。《红楼梦》的内核是对封建制度的批判反抗,作者具有张扬个性的意识,而处于新时代的我们,站在一个新的角度,应该用现在的眼光来思考这本书的内核,形成自己的新认知、新理解。俗话说,"二十一天养成一个习惯",做一件事的开始阶段总是最难的,所以教师需要在开始阶段鼓励学生,可以制定一个二十一天计划表,一天阅读两个章节,通过这种形式让学生坚持下去,一旦这种坚持变成了一种阅读的习惯,那么学生就能品尝到阅读的乐趣,能够在阅读过程中学到知识,这会让学生们产生成就感,因此也会促使学生更积极主动地阅读。

《红楼梦》这一作品蕴含着丰富的中华传统文化,被誉为"中国封建社会的百科全书",作者在人物塑造和叙事中展现了高超的写作手法,以贾府的荣辱兴衰作为背景深刻地反映了封建末世复杂的矛盾冲突,批判了封建制度下的科举制度、婚姻制度、等级制度等,展现了作者对于封建制度的不满批判。在《红楼梦》整本书阅读教学中,教师应从语文核心素养中的思维维度出发,促进学生阅读思维的发展。

在深度阅读阶段,老师将学生们分为6个小组,以小组为单位,让学生选取他们心中《红楼梦》的经典情节,将这一情节改编成剧本演绎出来,学生扮演书中的角色,把经典情节排练成小短剧,通过角色扮演,品读出角色的内核,进一步加深对书中主人公的理解。以"晴雯撕扇"这一情节为例,学生通过扮演晴雯这一角色来领悟为什么晴雯会做出撕扇子这一举动,理解晴雯她的心路历程即从由于宝玉的冷落而恼怒到因为受到宝玉的宠爱进而做出撕扇子这一任性举动的直率,让学生通过扮演晴雯来了解她任性、天真烂漫、直率的性格特点。学生在钻研剧本的过程中也能领悟到书中一些值得注意的小细节,通过扮演角色展现人物形象,更了解角色的性格特点。因此,学生通过这一活动更深层次地领悟了角色,提升了对《红楼梦》的理解能力。

在深度阅读过程中,教师指导学生在阅读时勾画书中的精彩片段,写下自己对于这一情节的理解。通过阅读批注,学生发现曹雪芹的《红楼梦》的字里行间充满了对封建制度的批判之情,他把自己的情感寄托在贾宝玉身上,借贾宝玉之口说出封建社会科举制度对于人性的压抑,从贾宝玉的视角展现了对儒家思想中等级观念的厌恶,体现了曹雪芹的反抗意识和民主主义思想,学生通过品读、批注了解了作品背后所蕴含的深刻含义。教师可以开展一节"读后交流会",让学生们就自己写的感悟、理解进行交流讨论,学生可以以小组为单位制作表格、图片或者 PPT 等充分展示自己的阅读批注和独到见解,让学生在交流中互相学习,进一步加深对《红楼梦》的领悟。

在进行深度阅读时,教师也可以设计一些能引发学生思考的阅读问题,让学生在阅读过程中带着问题去读,有目的的读书能激发学生阅读兴趣,也可以避免学生盲目地阅读,引导学生深入思考,如思考书中情节体现了作者什么样的思想情感,进而提升整本书阅读的效果。比如,学生们阅读到《红楼梦》第四十回中的"刘姥姥进大观园"时,就可以给他们设置一系列的问题,例如:在刘姥姥进到大观园时,作者运用了什么描写来展现刘姥姥这一人物形象? 刘姥姥进大观园后表演了怎样一出"笑"剧? 为什么大观园的众人会发笑? 作者在描写这场笑剧的背后有怎样的思想感情? 学生带着这些问题进行深入地阅读,思考人物的语言、行为背后的深层含义,通过这些阅读问题引导学生有新的发现和感悟,并在整本书阅读中感受到人物角色背后的行为含义,领悟作者的思想感情,让学生在深度阅读中提升鉴赏、感悟能力。

(三) 在实践中开展读写结合

在进行整本书阅读活动时,教师也要注重读写结合,在阅读的同时让学生进行写作,让学生在阅读《红楼梦》时,领悟其写作手法和思想内容等方面的技巧,通过摘抄、仿写、读后感等作文形式,实现由读到写,再由写促读的过程,学生在阅读时摘抄精彩片段、写读后感,在写读后感的同时也加深了自己对作品的理解感悟。

在学生完成了整本书阅读后,教师可以举办一场读后感征文比赛,组织学生在完成整本书阅读后,写一篇不少于 1 000 字的《红楼梦》读后感,写出自己对书中角色的理解,抒发自己的真情实感,老师在其中也要指导学生的读后感写作。在读后感征文比赛中,以 6 个小组为单位,选出每个小组优秀的《红楼梦》读后感作品,把这些作品作为范文供大家欣赏交流。在这次活动中,不仅提升了学生的写作水平,也进一步加深了学生对《红楼梦》的领悟,达到了一举两得的效果。在开展整本书阅读时,开展的读写结合活动有助于理清学生的阅读思路,提升学生的阅读理解能力,优化整本书阅读的效果,让学生不仅仅是在阅读更是在积累自己写作的素材,帮助学生获得更多的知识,提升自身的写作水平。通过在实践中开展读写结合活动,以整本书阅读作为输入,写读后感作为输出,两者相互促进,相辅相成。整本书阅读为学生的情感体验和感知力提供了丰富的素材,反过来写作过程中也引导学生更深入地思考作品背后的思想情感,促进学生阅读鉴赏能力的发展,提升了整本书阅读效果。

三、结语

整本书阅读有利于促进学生在各个方面形成自己的理解和感悟,增强自身的感知力,拓宽自己的知识面。整本书阅读让学生在阅读过程中提升了自己的语文核心素养,让学生通过在一段时间内阅读一部完整的作品来使自己有更细致的观察力、更深刻的领悟力、更活跃的思维、更丰富的情感、更深层的思想、更深厚的知识,帮助学生成长为一个情感细腻、思想深刻、有人文情怀的人。教师作为主导者,要不断引领学生沉浸到《红楼梦》的整本书阅读中去,提升学生的阅读鉴赏力,培养学生广阔的人文情怀,让学生学习《红楼梦》中的责任担当、长幼有序、反抗权威等优秀中华文化精神,培养学生的语文核心素养,发挥整本书阅读对促进学生发展的积极影响,让整本书阅读真实发生。

【参考文献】

[1] 曹雪芹,高鹗.红楼梦[M].北京:人民文学出版社,2008.

[2] 曹雪芹,脂砚斋.脂砚斋评红楼梦[M].湖南:岳麓书社,2015.

[3] 王昆仑.红楼梦人物论[M].北京:北京出版社,2004.

[4] 周汝昌.《红楼梦》与中华文化[M].北京:中华书局,2009.

[5] 叶圣陶.语文教育论集[M].北京:教育科学出版社,1980.

[6] 权晔,张昊,王磊,张方建.如何阅读《红楼梦》[M].北京:北京师范大学出版社,2019.

[7] 倪元宝.语言学与语文教育[M].上海:上海教育出版社,1995.

[8] 陈琦,刘儒德.当代教育心理学[M].北京:北京师范大学出版社,2007.

[9] 朱绍禹.中学语文教材概观[M].北京:人民教育出版社,1997.

[10] 李小龙.中国古典小说回目研究[M].北京:北京大学出版社,2012.

(本文作者:李颖燕)

全面实施"双新"背景下普通高中物理学科核心素养教学实践研究

一、核心素养教学实践的培养目标

物理学科是自然科学中最基础也是最重要的学科之一,旨在研究万事万物的基本规律,包括但不限于:运动学规律、相互作用规律以及物质的结构和构成等。高中物理旨在通过对一些基本物理知识的讲解与介绍,让中学生对物理世界的规律有初步的认识和理解:1. 培养学生的物理观念,使其基于规律和定理,从物理学的角度去看现实中的问题,而不是随心而为,单纯凭直觉进行判断;2. 使学生养成科学思维,形成一套解决问题的思维闭环,以及渗透于其中的各类思想(建模思想、类比思想等),从对现实生活中现象的观察,提出对问题的猜想,结合现有知识体系,做一些简单的推导,设计实验进行验证(必要时可设计对比实验),对得出的实验结论进行分析和修正,最后对结论进行推广;3. 提升学生的科学探究能力,主要体现在科学探究的过程中,遇到问题、分析问题、解决问题的能力,当然也包括探究活动结束后,反思交流的能力等;4. 使学生树立严肃的科学态度,认识到自己在给出结论时所担负的科学责任。在中学乃至未来的科学研究中,应当秉承实事求是的研究态度,不能弄虚作假,对自己得出的结论,担负起责任,做一个负责任的科研人。

下面我们将具体讨论如何在实际教学中,体现物理学的核心素养,树立学生的物理观念,培养学生的科学思维,提升学生的科学探究能力,以及使其形成严谨完备的科学态度和责任感。

(一)树立学生的物理观念

初中物理和高中物理最大的不同在于,初中物理绝大部分都是形象的,学生在生活中可接触到的,这部分知识和我们的现实生活紧密相连;而高中物理则不同,其复杂程度和抽象性有了进一步的提升,很多问题甚至是违反我们的常识的。就比如,对于人走路时,所受静摩擦力方向的判断,很多学生往往凭借自己的直觉觉得,摩擦力总是阻碍运动的,所以人往前走时受到的摩擦力向后,而现实是,人在走路时,脚相对于地面有一个向后运动的趋势,因此受到的静摩擦力是向前的。这时候面对违反自己"常识"的结论,很多学生就会陷入纠结,我们则需要从概念定义、受力平衡等多个角度,配合必要的动作演示进行讲解,在讲解的过程中渗透物理观念,逐步将学生的"唯心论"转变为"物理观念",即从物理理论和规律的角度出发,去分析和解决问题。

除了这种反常识的问题，在面对复杂得无从下手的问题时，比如一些磁场、电场、电势之类的概念，学生在生活中没有直接的感触，我们需要将抽象的概念形象化或者数学化。形象化即举出一些可类比的例子让学生进行联想，数学化则是纯粹从数学的角度出发，通过将物理模型转化为数学模型，以算代证，解决问题，从而树立学生的物理观念。

（二）培养学生的科学思维

多数学生目前在遇到问题时所做出的反应或者回复，都是直接从内心的想法出发，这些想法则是基于自己的认知或者单纯的感觉。因此，高中物理需要着重于培养学生形成科学思维，从物理学的角度看问题，客观地、辩证地、多角度地认识一个事物，做出判断时需要有依据。这也是为学生未来的发展做铺垫，他的每一个选择都要有理有据，即使这个依据并不是所谓的"绝对正确"，也需要是一个相对最优解。就比如：运动学中的追击相遇问题，学生们接触到的往往是一个具体的问题，一辆车追另一辆车，这时候需要培养学生运用建模的思维，将一个现实的具体问题转化为我们所学过的基本模型（匀变速直线或者匀速直线模型等），再根据物理模型的规律，将其转化为数学表达式之间的关系，最后进行求解。根据这些所得出的结论是有理有据的，是可以令人信服的。

（三）提升学生的科学探究能力

科学探究方法是一套严密的逻辑性很强的方法，但是在具体的执行过程中，如何去提出假设，如何去设计实验等问题对学生的探究能力有着极大的考验。比如：在探究弹力的产生条件时，微小弹性形变的观测如何实现？思维方向非常明确，就是将微小形变放大。同学们所能联想到的就是借助放大镜，虽然并不能直接适用，但是这也提供了一个思路，即利用光线进行放大。所以，我们可以在微小形变处放一小面镜子，把这个微小形变转化为镜子倾斜的一个小角度，再通过光线的不断反射，对这个小角度进行放大，从而看出微小形变。

当然，设计实验是一方面，如何说明实验的完备性则是另一方面。比如，在说明摩擦力产生的前提条件之一是必须有弹力时，通过物体与墙面虚接触，让其自由下落，但是这并不能直接说明其完全不受摩擦力，因此需要设计一个对比实验，两个相同的物体，一个与墙壁虚接触，另一个不接触直接自由落体，若两个物体运动规律相同，则可说明两个都是自由落体运动，没有摩擦力。因此，在实验中，培养学生思维的完备性和辩证性对后续学生的发展有极大的裨益。

对于科学探究的反思也是科学探究必不可少的一部分，中学实验中与之对应的，则是误差分析和修正。比如在探究牛顿第二定律中力 F 和加速度 a 之间的关系时，逐步增大小车所受的拉力（即砝码盘中的砝码），这时候会发现力和加速度并不是完全成正比，其加速度趋向于一个固定的值（重力加速度）。误差的来源是，此时砝码和砝码盘的总质量并不远小于小车的质量，小车所受的拉力并不等于砝码和砝码盘的重力。明确产生误差的原因后，我们则可以提出解决方案，如减小砝码和砝码盘的质量，或者增大小车的质量。通过对科学探究实验进行误差分析，并提出相应的解决方案，培养学生遇到问题、分析问题并解决问题的能力。

（四）以严肃认真的科学态度担起科研发展的重任

物理研究是对客观事物的研究，是对其构成、本质、规律和相互关系的逐步认知。在这个认知的过程中，应当抱有实事求是的态度，严肃认真地对待每一个数据，这是科学研究的底线，也是我们做人的道德底线。比如，我们在测量数据的时候，可能由于一些偶然误差得到与实验规律相差极大的数据点。这时候需要做的是重新验证或者分析原因，而不是所谓的"数据优化"，在这些误差极大的数据中，可能存在着一些我们还未认识到的规律和特性。在给出科研结论时，我们需秉持责任心，对自己的数据负责，对自己的结论负责，也是对自己未来的人生负责。这些责任意识和研究态度需要我们在平时的实验中逐步渗透。

二、基于学科新教材的教育教学策略

新教材的实施，更加注重学生基础知识和能力的培养，提升学生的核心素养；课程结构进一步优化，模块化更清晰，给学生提供更多的可选择性；进一步加强理论和实践相结合，增加物理与当今社会发展和科技的联系；同时优化习题，评价体系也更完备。双新情况下，对教师的教学和教研提出了更高的要求。

（一）培养能力

注重基础知识和能力的培养，需要我们回归课本，以课本为核心，进行重点概念的梳理和讲解，落实重点实验，全面提升学生素养，切忌题海战术，只会做题而无法理解内核是错误的。

（二）分层教学

课程分模块更加清晰，给学生提供更多选择的同时，也需要我们教师有意识地分层分类教学，闻道有先后，术业有专攻。对于理工科类学生需要更专更精，深度和广度兼备，而对于文社科类学生需要更多普适性的理解和介绍，着重于个人素质和认知思维的提升。

（三）与时俱进

理论和实践的结合更紧密，书本和社会更贴合。与时俱进、开拓创新是国家的战略，也是对高中物理教育的新要求，在备课过程中我们是否可以贴合当下热点进行讲解，激发学生兴趣，也进一步拓展学生的知识面，而不是一套 PPT 用 10 年不变？时代在变，技术在发展，学生每一代都有每一代的特性，我们教学、教研也需要不断更新迭代，顺应时代，顺应技术，顺应学生。

（四）不断优化

优化评价体系，切忌唯分数论，唯做题论，引入多维评价体系，以思想性、科学性、时代性、整体性等为导向，注重学生的全面发展。

（本文作者：赵越）

基于"双新"的化学学科核心素养教学实践研究
——以学习评价为例

本文结合"双新"实施以来高中化学学习评价的相关实践阐述了"双新"背景下高中化学学习评价的可借鉴策略或方法。从学习评价的内涵、日常学习评价、化学学业成就评价三个方面对现有研究进行了论述,展现了如何通过学习评价落实学科核心素养。

学习评价是教育教学工作的重要组成部分,是对教学质量与人才培养质量的一种检测和判断。《普通高中化学课程标准(2017年版2020年修订)》(以下简称"新课标")明确了教师应树立"素养为本"的化学知识评估观念,紧紧围绕学生化学专业核心素质的全面发展程度和化学专业质量标准来确立化学学习评估的方法,强调过程性评价与成果性评价的有机融合,通过灵活运用多元的评估方法,有效发挥评估促进学生化学专业基础素质全面发展的功效。上海已全面进入"新课程""新教材"的"双新"时代,但相应的学习评价策略、方式仍存在滞后性。因此,学习评价也应紧跟教育改革步伐,开发出符合当下需求的、对落实学生化学核心素养有利的学习评价策略和方式。本文结合"双新"实施以来高中化学学习评价的相关实践,着重阐述"双新"背景下高中化学学习评价的可借鉴策略或方法。[1]

一、学习评价的内涵

"新课标"在"实施建议"一章中提到化学学习评价由化学日常学习评价和化学学业成就评价两个方面组成,且应以"学业质量水平"为重要依据。[2]

周青等[3]提出日常学习评价是对某个具体学习行为中所包含的学科核心素养完成度的判断,教学手段与方式包括老师发问与评价、课堂的训练与作业的练习、学员课后温习与考核等。日常学习评价可以分为两个层面——主观的定性评价和客体的定性评价,以主观的定性评价为基础。而日常学习评价则来自另外两个层面——老师给出的外在评价和学习者自身提出的内部评价,但要注意二者之间的互相联系与渗透,由外界评价带动内在评价,这样学生才能有明显的学习积极性体验,从而促进学生的深入学习。学业成就评价是对学生某个学科主题、学科模块甚至整个学科学段核心素养完成程度的判断,包含学业水平合格性考试和学业水平等级性考试两种考核形式。通过学业成就评价可以完成对学生学习成果和对教师教学效果双方面的评价。从环境、认知、思考、认识四大层面确立了基于核心素养的考试命题依据。将场景由单纯、良好构成的学科化情景变为整合的、复杂的、不良构成的学科现实场景;认知从现实到理论、到方法、到结构;思考从知识到理解、到运用、到综合;认识从现实到理论、到方法论、到各学科基本观念。

二、日常学习评价

苗颖[4]探究了"新课标"下化学日常学习评价对高中学生自我效能感的影响。作者对实验班和对照班进行相同的化学教学,发现:第一,学生对日常学习评价抱有一定期望;以教师评价学生为主,评价形式简单,随机性强,无系统性及计划性;鼓励性评价不够,甚至有指责和惩罚;评价内容多集中在知识层面,对能力培养、核心素养的提高的关注不足;整体评价较多,较少关注学生的人际关系以及个性化发展。第二,入学初期,学生的自我效能感差别不大;半年后,实验班高效能感的人数明显高于对照班;一年后,实验班低效能感的人数明显低于对照班。第三,入学初期,学生的化学成绩差别不大;一年后,实验班的平均分和年级排名前1/4的人数比例明显高于对照班,低分人数比例明显低于对照班。得出结论:实施有效的日常学习评价,可以提高学生的自我效能感,从而提高其学习成绩。

日常学习评价策略体系的相关研究由黄干如[5]报道,他根据化学学科核心素养,提出了目标导向、有效反馈、推进学习和支持保障的四维策略体系。在目标导向方面,根据化学学科核心素养,建立了任务引领、有效反应、深入掌握和信息保障构成的日常学业考核策略框架。在任务引导的日常学业评估研究中,作者提出教师应引导学生对所学学科建立整体的学科印象,即在教学正式开始之前,对各章节、每课时的学习目标、学习任务进行介绍,接下来在教学推进过程中通过多次评价让学生明确具体任务;教师应明确恰当的学习目标,明确"教、学、评"一体化的策略和实施方式,明确典型作业示范三种策略,能在教学过程中持续发挥目标导向作用。有效反馈的日常学习评估研究指出,对学习者进行有针对性的反馈能够让学习者准确知道自身的学习过程以及与学习目标的距离,清楚"我所处的位置",从而对下一个学习行为形成正面的引导意义,还能够对学习者形成持久的吸引力,即形成良好的自我效能感,相信只要付出足够的努力,学习就能且必将取得进步。在推进学习的日常学习评估方法上,笔者认为在了解教学对象的认知现状的情况下,教师应通过持续的练习,进一步缩短与教学对象的距离,最后实现认知目标。这时可采取的具体推进策略主要有优化课堂提问、学评案、同伴评价和增强学习动机的评价。在支持保障的日常学习评价策略中,作者提出了"以学习性评价理念为指导"和"提高师生的评价意识与技能"两条支持保障性策略,来确保日常学习评价的目标导向策略、有效反馈策略和推进学习策略的有效实施。

王颖[6]以日常无机物模块的学习为例,从中学生对事物的认识和理解特点入手,探讨了提高化学日常知识评价的检测作用、反馈控制作用、激发作用、学习引导作用等的理论支撑、有效对策以及具体方法。首先,应在设计教学活动任务上花费更多心思,力争做到"教、学、评"的一致性;第二,重视课堂提问的有效性,在课堂教学过程中融入日常学习评价;第三,精心设计作业,提升作业的丰富性,发挥校本作业、实践型作业、单元复习、考试等多种评价的功能;第四,注重教师个人"信息技术"能力的及时更新与应用,为日常学习评价提供"交流"和"数据"平台。

三、化学学业成就评价

支瑶[7]以我国 2022 年的五套高考化学试卷及部分省份的化学学业水平等级性考试试卷为样本,研究了通过试卷进行学生学习品质考核的基本现状:首先,各套试卷与课标所列的四级学习品质水平考核的总体分布态势基本相同,一是均能涵盖全部四级的学习品质水平,二是均以考查学业品质水平等级 3 为主,各套试卷在对各学业品质水平进行考查的同时,还涵盖了对应品质水平内部分化学学科核心素养,做到了对学生学业品质水平的全方位测评;第二,各套试题虽然都实现了全部涵盖五个研究方向与化学专业核心素质,但各个核心素养所占比例并不均衡,主要表现为"变化观念与平衡思维""宏观辨识与微观探析""证据推理与模型认知"三个核心素养的占比都较"科学探究与创新意识"核心素养要高,且"科学态度与社会责任"核心素质的占比在五大核心素养中最低。

接着,作者结合具体案例就"如何实现对学业质量内涵的考查"这一问题进行了深入剖析。各套高考化学试卷均体现出的思路是:根据化学基本理论与实际生活实践,选取最适宜的化学问题场景,设置课题任务,并通过比对学生在课题任务完成过程中所体现出的自动使用化学学科常识、认识的实际情况,考查学生的化学学科核心素养发展水平。

最后,作者结合高考化学试卷及部分省份的化学学业水平等级性考试试卷对高中化学教学策略和教学实践的改革方面给出了思考与建议。第一,教师在教学中要注重对化学学科核心素养的内涵实质的培养,厘清学科认知的发展路径,设计丰富的学科活动,在活动中探究、思考、反思,并最终跳出某个具体的问题,形成可迁移的思维与能力。其次,教师应研究与实践如何就学习方式进行变革,而项目化教学就是一个值得探究的方向。选取生活中普遍存在的、化学工业中典型的、当今科技前沿热门的有关化学的素材,开展项目化的教学或学习,目的是让学生感受化学学习的真实性、实用性,锻炼学生用课堂所学解决现实问题的能力,使得化学学科核心素养的培育能够落地。

王秀红等[8]选取了吉林省高中化学学业水平考试试题,利用本土化的韦伯一致性分析模型,分析了其与课程标准的认知性内容的一致性,具体包含知识种类、知识深度、知识广度和知识分布平衡性四个方面,并结合研究结果进行归因分析和反思建议,发现:在知识种类一致性方面,"物质结构基础"和"常见无机物及其应用"主题的试题均达到一般化水平,而"化学反应与能量""认识化学科学"和"化学与可持续发展"三个主题的试题尚未达到一般化水平;在知识深度一致性方面,各年试题与课程标准均达到一致;在知识广度一致性方面,"化学反应与能量""认识化学科学"以及"化学与可持续发展"三个主题的试题尚未达到一般化水平;在知识分布平衡性、一致性方面,"常见无机物及其应用"和"物质结构基础"主题的试题仅达到"弱"的标准。总体而言,试题与课程标准五个学习领域中"常见无机物及其应用"领域的一致性程度最高;"认识化学科学"领域的一致性程度最低;试题与各知识领域内容的知识分布平衡性、一致性程度最佳;所选试题与五个学习领域标准的知识广度一致性水平最差。针对以上问题,作者提出建议:"认识化学科学"部分的内容不应被学业水平考试命题所回避,可以采取一些适当的方式(比如难度不大的信息给予题等)对这部分内容进行考查,以引起教师和学生对该主题的重视,提高该部分内容试题与课程标准的一致性水平。

【参考文献】

［1］［2］中华人民共和国教育部.普通高中化学课程标准(2017年版2020年修订)［M］.北京:人民教育出版社,2020:67,74.

［3］黄文军.感恩中化参拥抱新时代——"2017年版高中化学新课标学习及教学实践研讨会"学习心得［J］.中学化学教学参考,2018(19):67-69.

［4］苗颖.新课标下化学日常学习评价对高中学生自我效能感的影响研究［J］.求知导刊,2022(26):5-7.

［5］黄干如.基于化学核心素养的日常学习评价策略研究［J］.教师,2020(36):91-93.

［6］王颖.基于素养培养的化学日常教学评价的教学策略探究——以"无机元素化合物"主题为例［J］.考试周刊,2020(65):141-142.

［7］支瑶.学业质量如何"评"?——以2022年高考化学试题为例［J］.基础教育课程,2022(2):70-77.

［8］王秀红,王妍.高中化学学业水平考试与课程标准的一致性探究——以吉林省高中化学学业水平考试为例［J］.化学教育,2016(07),38-42.

(本文作者:陈媛媛)

基于单元教学的生物核心素养解构
——以"细胞的代谢"为例

"21世纪是生物学的世纪",生物学是蕴含在生活各处的自然科学,推动着农业、环境、医学、食品、能源等领域的发展。党的二十大报告中提到,我国需推动绿色发展,促进人与自然和谐共生,另外为实现全体人民共同富裕,必不可少地要推进乡村振兴,这些过程均需生物学的支持。高中生要参加生物等级考、合格考,但是考试并不是目的,重要的是培养孩子们的核心素养,以科学的眼光系统地看世界,树立生命观念,形成科学的思维,以科学的方法解决实际问题,遵循伦理道德,培养社会责任。

为了更好地培养高中生的核心素养,防止碎片化的知识点及填鸭式教育,大概念下的单元教学形式应运而生,其强调各知识点间的内在逻辑,利于学生形成系统的生物学知识体系。接下来笔者从教学实践出发,以沪科版必修1第4章"细胞的代谢"单元为例,浅述基于单元教学思想,在教学实践中探索培养学生核心素养的方式。

一、单元内容逻辑及创新点

"细胞的代谢"主题单元包括了细胞通过质膜与外界进行物质交换、酶催化细胞的化学反应、呼吸作用将有机物转化为无机物为生物体供能,而植物将光能转化为化学能进行储存。本单元是高中生物学中的重难点,需要化学的知识背景,跨学科交叉,属于大学教材中生物化学的内容。许多学生在学完本单元,甚至参加完等级考后都对"代谢"概念模糊。细胞代谢是生命最基本的特征,指细胞内发生的所有化学反应,包括物质代谢和能量代谢两个方面的内容[1]。在必修一第二章和第三章,我们已经学过了生命的物质基础和结构基础:细胞是生物体结构的基本单位,由C、H、O、N、P、S等元素组成的生物大分子,如蛋白质、核酸、脂质、糖类等,是完成生命活动的物质基础。另外细胞由细胞膜包裹,由于细胞膜主要由磷脂和蛋白质组成,导致其拥有一定的流动性和选择透过性。细胞质基质及多种细胞器构成的细胞质,各司其职、分工合作,是发生多种生化反应的场所。在这些知识的基础上,我们进一步学习细胞代谢。细胞膜具有的半流动性及选择透过性是细胞与外界进行物质交换的前提,而物质的成功交换是不同时空的原料进行生化反应的前提。细胞内发生的代谢反应几乎都是在酶的催化下进行的,而酶的化学本质主要是蛋白质,少部分是RNA,蛋白质具有特定的空间结构,因此酶具有专一性及多样性,要求反应条件温和。在酶的作用下,生物体通过呼吸作用将有机物分解,产生能量供生命活动的持续,结构基础为细胞质基质及线粒体。有机物从哪来呢?异养生物通过捕食获取,而自养生物(如植物)则通过"地球上最重要的化学反应"——光合作用,利用光能将无机物固定为有机物,产生的氧气供细胞内的有氧呼吸使用,有富余则逸出至自然界,结构基础为叶绿体。

在该单元的教学设计中,我们还引入了多个实验:洋葱鳞叶表皮细胞的质壁分离与复原实验、探究温度对淀粉酶活性的影响、叶绿体色素的提取分离及叶绿素含量的测定与探究影响光合作用强度的环境条件,旨在学生通过设计实验、动手操作更深刻地体会到科学探究的科学性。与旧教材相比,新教材的实验内容有所改进,关注点从定性转移至定量,教材中多次实验用到了分光光度计,学生在了解朗伯-比尔定律的前提下通过制作标准曲线或公式计算得出物质的浓度。旧教材中探究影响酶活性的因素为选做实验,新教材中改成了探究温度对淀粉酶活性的影响,检测试剂也由检测原料的碘液换成检测产物的 DNS 试剂,可定量测定颜色变化以测定淀粉酶的活性。旧教材中研磨新鲜菠菜叶进行叶绿素提取,而新教材使用烘干菠菜叶,省去添加碳酸钙及石英砂的步骤,旧教材中使用含丙酮及苯的层析液进行叶绿素分离,而新教材使用新材料聚酰胺薄膜,用 95% 的乙醇就能分离色素,更能保障学生安全。另外新教材新加了叶绿素含量的测定实验,利用分光光度计,不需标准曲线,代入公式即可算出叶绿素 a 及叶绿素 b 的含量。在探究影响光合作用因素的实验中,旧教材采用的是叶圆片法,通过叶片上浮时间快慢得知光合作用强度,而新教材引入了溶解氧传感器,搭配多媒体,使学生可通过直观的时间-溶解氧浓度曲线图得知光合作用速率。但在具体操作过程中有一定的困难,如轮叶黑藻释放的氧气不能及时地溶解在水中,导致图表数据不准,影响学生计算。

根据大概念的单元教学要求及新教材的实际改动,我们在教学过程中更注重培养学生的核心素养。

二、解构核心素养目标

核心素养是教师教学过程中的灵魂,因此教学目标的制定应依据核心素养完成。教师应关注学生学科核心素养的提高,包括:认识生命,形成生命观念;探索生命,习得科学方法;感悟生命,承担社会责任[2][3]。因此,"细胞的生命活动"单元教学目标如下:

(一)树立生命观念

通过前概念质膜的组成及生物大分子的结构功能,学生在学习物质进出细胞膜主要通过自由扩散、协助扩散、主动运输、胞吞胞吐等方式时,能得出这是由进出的物质及质膜的结构所决定的;在学习酶的特性时能得出是由酶的化学本质特性决定的,建立结构与功能观。通过物质与能量观的视角,说明呼吸作用过程中有机物转化为无机物,化学能转化为热能及活跃的化学能;光合作用过程中无机物转化为有机物,光能转化为活跃的化学能再转化为稳定的化学能,阐述两个过程对于细胞、生物、自然界的意义所在。

(二)养成科学思维

通过本单元的学习,学生可以运用图表概述生命活动相关过程。例如画出示意图表明物质进出细胞膜的方式,画出呼吸作用及光合作用的物质转化、能量转化关系,以及用图表串联光合作用及呼吸作用共同的结果,如画出"时间-二氧化碳释放量"坐标图,运用数学知识得出有机物的积累量是折线图与坐标轴相交的面积。培养学生演绎推理的能力,例如在教学过程中,学生提问动物为什么要以糖原的形式储存能量,而不是以呼吸作用的原料——葡萄糖的形式储存能量,通过唤醒学生前概念,引导学生得出储存1万个葡萄糖的糖原与1个葡萄糖的渗透压是一样的,通过糖原形式储存能量能降低渗透压,维持血糖稳定的结论。

(三) 开展科学探究

通过本单元的4个实验,培养学生的科学意识,使之熟练使用常见的科学仪器,在设计实验时遵循对照原则、控制变量原则等。通过探究光合作用影响因素实验,培养学生自主设计实验、开展实验、撰写实验报告等的能力。能运用提取分离叶绿素的方法分离不同物质,在此基础上理解双向纸层析分离法。提取叶绿素的原理是叶绿素溶解于乙醇,进而有同学提出花的颜色是否也能用此法提取分离,鼓励学生自主探究水溶性色素的提取方法。通过分光光度计及朗伯-比尔定律可计算出提取液的叶绿素含量,进一步理解吸光度与物质浓度的关系。另外在实践中,我们发现,由于石英比色皿一套只有4个,在换样品洗涤的过程中难免会有叶绿素冲洗不干净,因此我们选用了一次性的聚苯乙烯材质的比色皿,缩短测定时间,使叶绿素提取、分离、测定实验能在一节40分钟的课堂内完成。

(四) 增强社会责任

学习生物学最重要的目的,是在了解美妙的生物学知识的基础上,树立伦理观念,热爱生活,从现实出发解决相关问题,造福社会。例如在学习了物质进出细胞的方式后,学生知道生物大分子进入细胞是通过需要能量的胞吞胞吐过程,因此直接口服胰岛素等肽类物质以及涂抹蛋清液美容等方式是不科学的,从而辨别不科学的行为。例如在学习呼吸作用后,学生知道主要的能源物质是糖类,因此在他人因为低血糖晕倒时可口服葡萄糖溶液,提高对医学常识的掌握。另外大部分异养生物通过光合作用固定能量,这是生物界有机物的来源,帮助学生树立保护环境的科学意识。

基于核心素养的单元教学设计是"撬动课堂转型的一个支点"[4],把课堂还给学生,让学生从深层次知悉知识点间的内在逻辑,才能更好地帮助他们学以致用。

【参考文献】

[1] 杨荣武.生物化学原理:第3版[M].北京:高等教育出版社,2018.

[2] 中华人民共和国教育部.普通高中生物学课程标准(2017年版2020年修订)[M].北京:人民教育出版,2020.

[3] 上海市教育委员会教学研究室.中学生命科学单元教学设计指南[M].北京:人民教育出版社,2018.

[4] 钟启泉.基于核心素养的课程发展:挑战与课题[J].全球教育展望,2016(1):45.

(本文作者:黄琳)

聚焦核心议题开展思想政治学科活动型课程教学的实践

"双新"的提出促使学校在教育理念、教育内容、教学方式、师生关系等方面进行内源性变革,政策的落地需要依托新的教学实践来实现。在新课程与新教材的实施背景下,如何培养和提高学生的思想政治学科核心素养,使学生逐步形成具有思想政治学科特征的关键能力、必备品格和价值观念,成为每一位高中思想政治课教师的必修课。针对新变化与新要求,本文提出以下两条实践策略,以期对"双新"背景下高中思想政治学科核心素养实践有所裨益。

一、基于学科新课程标准的教育教学策略

从《普通高中思想政治课程标准》2017 年版与 2020 年修订版的对比中可以看出,新课标采用了新提法,补充了新材料,强化了新要求,如:确定"高中思想政治课程是落实立德树人根本任务的关键课程"的课程性质,强调劳动教育在核心素养培育中的重要作用,增添"讲好思想政治课关键在教师"的八个统一要求,强化党对课程实施的全面领导等。鉴于此,教师在实际教学中既要体现学科基本原理的统一性,又要强调中国特色实践的特殊性,既要注重知识理论的传授,又要兼顾好社会实践检验的标准,既要体现政治原则性的立场,又要加强对学生批判性思维的训练。因此,本课程的教学需要教师在基于新课标要求、精准把握教材编写逻辑的基础上,运用多种教学形式、授课方法,引导学生自主学习、合作学习和探究学习,注重学生解决情境化问题的过程和结果,以最终落实本学科的核心素养,具体可以参考以下两种教育教学思路:

(一)聚焦核心议题,开展活动型学科课程教学

课标指出,高中思想政治课是落实立德树人根本任务的关键课程,以培育社会主义核心价值观为目的,是帮助学生树立正确的政治方向,提高思想政治学科核心素养、增强社会理解和参与能力的综合性、活动型学科课程。如果说"学科核心素养"是各科修订版课标"共享"的"标识性概念",那么"综合性、活动型学科课程"就是本课程"专享"的"标识性概念"。

综合性和活动型是本学科的两个突出特征。首先,综合性是就学科内容而言的。从统编版高中思想政治四本必修教材来看,教学知识涉及政治学、经济学、法学、哲学乃至民族学、社会学的内容。但无论是课程内容,还是学科核心素养,都不是对所涉及学科的简单组装,而是基于大德育课程的综合特质,寻求相关学科原理和方法的支撑。这要求在教育教学中,教师必须活用、串联人文社科的知识,构建知识体系,除了基于大单元的备课,更要把教学内容创设为

学生的知识大厦。其次,活动型是就课程实施而言的。所谓活动型学科课程,即学科课程的内容采取活动设计的方式呈现与实施,包括社会实践活动,即"课程内容活动化";或者说学科内容的课程方式就是一系列活动及其结构化设计。活动型学科课程的塑造,体现了学科核心素养主导课程实施的内在逻辑,践行了"坚持改革方向、问题导向、目标导向"的理念。课标对本课程的界定的两条特性都指向了学科知识的综合应用,教师在教学中可以利用"议题式教学法",开展活动型学科课程教学,以切实落实学科核心素养的培育。

案例

【课题】必修一第一课第二框　科学社会主义的理论与实践

【课标要求】概述社会主义从空想到科学、从理论到现实的历史轨迹,阐明人类社会发展的趋势。

【教学目标】

通过视频材料《领风者》,能够总结科学社会主义产生的历史前提,阐明唯物史观和剩余价值学说使社会主义实现了从空想到科学的飞跃,明确《共产党宣言》的发表标志着科学社会主义的诞生。

【核心素养】

政治认同:通过学习科学社会主义的思想来源、历史前提和理论基石,强化"资本主义终究要被社会主义所取代,虽然这是一个漫长的过程,但这是历史发展的必然趋势"这一认知,坚定"四个自信",坚定中国共产党的领导,坚持走中国特色社会主义道路。

根据课标要求与教学目标,可以进行以下议题设置。

【议题设置】

总议题:马克思为什么是对的?

分议题一:空想社会主义为什么是空想?

分议题二:科学社会主义为什么是科学?

分议题三:实践是怎样证明科学社会主义的理论是科学的?

党的二十大报告指出:"马克思主义是我们立党立国、兴党兴国的根本指导思想。实践告诉我们,中国共产党为什么能,中国特色社会主义为什么好,归根到底是马克思主义行,是中国化时代化的马克思主义行。"本框内容作为科学社会主义的出场以及"马克思主义为什么行"命题的回答,必须对该命题进行全面而深刻的剖析。马克思主义到底行在何处? 为什么马克思是对的? 马克思主义和其他的主义区别在何处? 这些问题是使学生对马克思主义真懂、真信、真用的"元问题",因此要在大量史事展现的基础上,把选择权交给学生,以此来设计本框题的议题。这三个分议题是对总议题的分解和分层,分别从理论和实践两个角度,从教材内容梳理到科学精神判断,最终到政治认同三个层次回答了总议题,能够有效地落实教学目标。

在进行"议题式教学"的过程中,教师需要注意以下几点内容:第一,议题式教学的实效性。不能为了讨论而讨论,只注重活动设计的程序化,将不具备课程内容意义的活动作为教学内容处理,或者活动的设计忽视了教学目标;第二,议题式教学需要教师对课堂具有较强的掌控能力,议题的重点在于"议",学生的思维发散,答案也五花八门,这个时候要根据学生的回答理出主线,协调好"收"与"放"的关系;第三,不是任何课程内容都适用于议题式教学,要根据课程内容和学情进行选择判断。

(二)创设具体情境,强化辨析式学习路径指导

新课标指出,本课程需要用支撑思想政治学科核心素养的基本观点统整、统筹学科知识。有些学科的概念并不需要学生从学理上掌握或背诵其理论概念,而是需要学生在实践活动的过程中深化对其的理解,并且能够在比较、鉴别中提高认识,利用理论来指导实践。因此,教师在课程设计的过程中,要追求一种"贴近生活"与"发展素养"并举的课程理想。具体而言,就是要在真实情境中实现理论性与实践性的统一。高中生正处于世界观、人生观、价值观的形成阶段,当面对不同观点时,学生总会在各种争论中动摇其价值观念。因此,培育学生对错误观点的判断和驳斥的能力,显得尤为重要。

辨析式学习路径或思辨能力的培养乃是社会科学教育的重中之重,使学生亲历自主辨识、分析的过程,并作出判断,才能真正实现有效的价值引领。教师在创设具体情境时,可以依托于真实材料或直接利用社会案例,进行抽丝剥茧的分析。当然,教师所创设的情境不会是每位同学都经历过的真实情境,但是情境中的价值冲突一定是大多数学生都曾有过的社会经验或能共情到的情境,而解决这些价值冲突或矛盾能够指向自己的教学目标,这才是创设情境的最终目的。

创设的情境也可分为简单情境、复杂情境和挑战性复杂情境,并在不同情境中发挥教师的不同作用。如在简单情境中,要发挥学生的主体作用,尽量让学生自主生成结论,进行价值判断和价值选择;在复杂情境中,教师要发挥主导作用,引导学生逐层分解情景矛盾,对学生的困惑有针对性地回应;在挑战性复杂情境中,教师要综合评价各类观点,驳斥错误观点,践行价值引领的任务。在论证的过程中,教师要坚持理论论证和事实论证相结合的原则,理论论证为主,事实论证为辅,使得学生可以从理论中举出事实案例进行正证或反证,以此训练学生的思辨能力,最终选择积极的主流的价值观念。

案例

【课题】必修三第九课第三框　公正司法

【课标要求】阐述公正司法的基本要求。

【教学目标】

通过学案和例证,明确公正司法的内涵,理解推进公正司法的要求。教师提供"张玉环案"材料,创设挑战性复杂情境,引导学生思考程序公正与结果公正的关系,理解推进公正司法,推动法治国家建设的重要意义。

【核心素养】

政治认同:认同中国特色社会主义法律体系,科学认识我国法治建设的过程。

【情境材料】

1. 情境类型:挑战情境

2. 具体情境:基于"张玉环案"的情境材料

入罪

1993年10月24日,江西南昌有两名儿童被杀,张玉环被警方认定为嫌疑人。11月3日和11月4日,张玉环做出了全案仅有的两份有罪供述。一审法院最终判处张玉环死刑,缓期两年执行。

1995年3月,高院以事实不清,证据不足为由裁定撤销原判,发回重审。

2001年11月7日,一审法院重新判决,认定这个案件基本事实清楚,基本证据充分,最后做出了与一审判决相同的结果。

2001年11月28日,江西省高级人民法院作出终审裁决,驳回上诉,维持原判。

出罪

张玉环服刑之后,漫长的25年里,张家人一直四处奔走,持续申诉。

2018年6月13日,本案代理律师王飞和尚满庆在查阅张玉环案的案卷材料后提出诸多疑点,认为审判涉嫌程序违法等。

2018年6月20日,从江西省高级人民法院获悉,江西高院已对张玉环案立案复查,并已通知律师阅卷。

2020年8月4日下午4点,江西省高级人民法院再审宣判张玉环故意杀人案,法院最终以"原审判决事实不清,证据不足",宣告张玉环无罪。

重新撬动司法机器并不容易。案件早期,从2017年到2018年6月间,王飞(张玉环案律师)多次向法院要求阅卷,但是都未能实现。于是,曹映兰(记者)建议,通过微博发声,加上多方媒体推动施加舆论压力,来推动案件发展。

在"张玉环冤案关注群"中,群成员也从最初的几人,逐渐变成数十人,再变成了上百人。群里除了有张玉环的家人、宋小女(张玉环前妻)、宋小女的姐姐,以及王飞、尚满庆、程广鑫、燕薪、罗金寿等几位律师,还包括数家媒体记者等。每一个人都在为张玉环案的推动"各尽其职"。

毫无疑问,"张玉环案"是我国司法实践过程中的"教训案例",将其作为教学情境一定是具有巨大挑战性的,对学生认识"全面依法治国"是有冲击的。但与此同时,这是学生在社会生活中一定会了解到的现实情境,冤假错案的出现也一定是在推进司法公正进程中必会出现的经验教训,这是无法避而不谈的价值矛盾与冲突。利用反例来反证司法公正的要求,会给学生留下更加深刻的印象,使其更加具体地领悟"为什么说司法公正是社会公正的最后一道防线""程序正义必定导致结果正义吗""程序不公正导致的结果正义可以被接受吗""程序公正和结果公正哪个更重要"等重要问题,并对如何推进司法公正的四点要求做了有益铺垫,实现对学生科学精神、法治意识、公共参与的培育,最终指向对中国特色社会主义法治体系的政治认同。

教师要在这种挑战情境中归纳总结相关观点,解析正确观点内容及意义,驳斥错误观点的漏洞,还应该提出具体面对这类情境的建设性意见。这种辨析式学习成果实现与否,要点在于能否切实把握过程与结论的关系,既要关注结论,又不忽略过程,并且给予学生有益的社会指导,令学生在具体的社会实践中能够掌握更加强有力的理论抓手。

二、基于学科新教材的教育教学策略

新教材的编写依据课程标准,体现课程理念,将原本的四本必修教材重新整合,并基于时代要求与现阶段教育存在的现实问题,重新制定教学内容,具体变化如图1所示。

统编版高中思想政治课教材内容最显著、最重要的变化就是彰显新时代中国特色社会主义的时代主题,这也是课程重构的硬核指标。必修一《中国特色社会主义》采取历时性叙述、全领域覆盖的方式,基于科学社会主义基本原理,讲述"为何开创和发展中国特色社会主义",在高中思想政治课教育教学中起到主线与统摄作用,必修二《经济与社会》、必修三《政治与法治》、必修四《哲学与文化》采取共时性叙述、分领域展开的方式,依托于必修一的基本原理,解释如何坚持和发展中国特色社会主义。选择性必修模块作为必修课的延伸,更为注重国际视野的扩展及相关内容的充实,出于等级考试科目的考量,更为关照知识的应用性(如图2所示)。

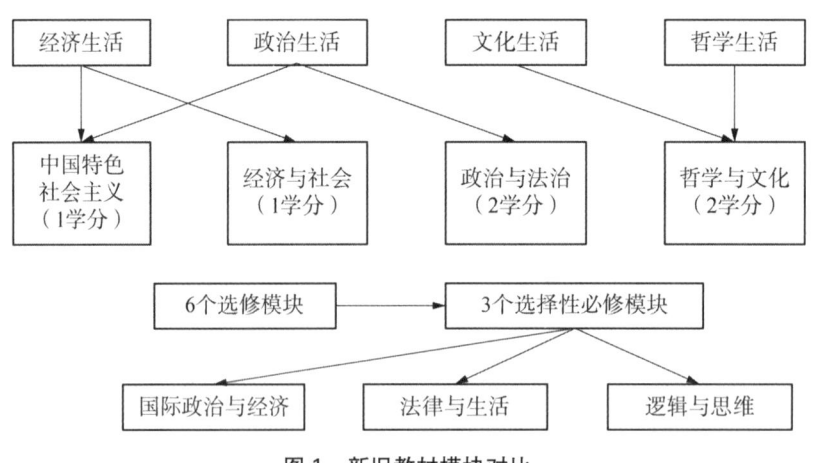

图1 新旧教材模块对比

新的教材虽然书本变薄,但是知识容量却是增加的。教材在编撰过程首先注重强调文本的思想性与科学性,具体表现在:教材中的每一句话都可以找到对应的文本依据,或来源于马克思主义经典作品的原文,或来源于党的文献资料,而后才是话语的教学性。基于以上原因,对教师的教育策略提出了如下三点要求:

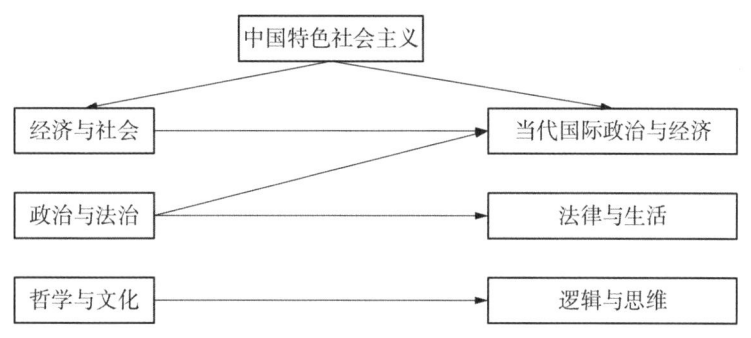

图2　新教材模块内部结构图

（一）把握教学结构的逻辑性

必修一《中国特色社会主义》以中国特色社会主义的选择为主题，以社会形态的历史演进为主线，以树立理想信念为主旨；必修二《经济与社会》以发展中国特色社会主义经济为主题，以我国基本经济制度为依托，以经济体制改革为主线，以树立新发展理念为主旨；必修三《政治与法治》以发展中国特色社会主义政治为主题，以党的领导、人民当家作主、依法治国三者的统一为主线，以坚定政治立场和方向为主旨；必修四《哲学与文化》以马克思主义哲学为主题，以唯物论、辩证法、认识论和唯物史观四大观点为主线，以树立正确世界观、人生观、价值观和文化自信为主旨。总体上来说，本课程的教材编写立足中国，着眼特色，以"四个自信"为四梁，内容涵盖了"五大建设"的总体布局和"四个全面"的战略布局，体现鲜明的时代要求与中国特色。

这四个模块聚焦学科核心素养，主题明确，线索清晰。但囿于课时的安排，在实际的教育教学过程中，教师常有课程内容无法在规定课时内完成的苦恼。因此，教师在备课过程中，要对整个课程的知识体系和逻辑架构有充分的了解，并且具备调动和支配知识的能力，"大单元"的备课模式就是在强调教师对教学内容逻辑的把握。学科知识面涵盖哲学、经济学、政治学、社会学、法学等多个方面，知识点较为琐碎、复杂，想要面面俱到难于上青天，但如果学生对核心观点、上位概念有所把握，按照逻辑线索是能够比较完整地理解、推理出相应的下位知识或逻辑终点的。比如生产力与生产关系，经济基础与上层建筑的矛盾运动在必修一、必修四都有明确的讲授，在必修二、三的某些知识点中都会有所涉及。这种基础性的原理在必修一中彻底说明、剖析，能够为之后的教育教学减轻不少负担。

（二）实现教材内容的课程化

统编教材的内容与以往教材相比，一方面，对学生学科知识的积累有了更高的要求。如果学生对基础知识的掌握不够牢靠，每次都要从头梳理解释一个观点、一条原理就会耗费很多时间。如：什么是物质资料的生产方式？历史和人民为什么选择了马克思主义？这些问题在四本必修中均有涉及，需要同学们加以积累和理解；另一方面，新教材对老师的教学能力也有了更高的要求。在大中小思想政治课一体化的背景下，有序衔接、依次递进的思路必须贯穿整个教学过程。面对学生已知的原理或观点，教师如何深挖？面对学生知其然不知其所以然的内容,如何重新归纳整理? 照本宣科早已无法满足学生的需要,更无法支撑起应有的课程容量。如"资本主义的基本矛盾是生产社会化和生产资料私人占有之间的矛盾",想要讲清楚这条原理就要厘清以下内容:什么是生产的社会化? 生产资料私人占有早在奴隶社会中已经产生,为什么没有与之前的生产力发展水平发生矛盾? 与以往的生产相比,社会化生产有哪些特征? 社会化的生产作为一种生产力对生产关系提出了什么要求? 资本主义的生产关系是否能够适应社会化生产的发展要求? 等等。这些原理内容并没有在教材中展示出来,教师必须要基于本学科的基本原理和观点,有效扩充教材原理之外的内容,在有限的时间内,展现出完整的原理内容和观点评价,实现"教材内容的课程化",还可以时事政治作为材料补充,丰富课程内容,让"干瘪"的原理条目"丰满"起来。

(三) 注重教材语言的教学化

在实际教学过程中,不少老师都会有"书上这样写,老师这样教,学生这样学,但是一问还是不清楚"的困惑。课程的内容设计虽然兼顾了基础性和发展性,但是按照学生个体的成长规律来看,有些概念、原理就是晦涩难懂的。如什么是国体? 什么是政体? 客观实在和客观存在的区别是什么? 社会意识形式与社会意识形态有何不同? 等等。这些概念已经涉及大学政治学或哲学学科的"预科"内容,对高中生来说是比较抽象的概念。教材内容可以"深入",但在面向高中生进行教学时,还要注重原理阐述的"浅出"。职初教师会不自觉地出现两种倾向,一种是过于倾向学理性,课堂教学变成了大学时期的"课程汇报",甚至直接把大学课程内容机械地放在了高中课堂中,在面对基础学科知识和基础学科架构掌握得并不熟练的高中生时,虽然展示了自身的学科素养,但会使得学生难以理解和掌握相关知识,进而失去学习兴趣;另一种是过于注重教学形式,追求经验教师乃至公开课教学形式的嵌套,而忽视了学情、课程知识的深入与逻辑体系的架构,没有做好内容与形式的平衡,使学生对知识学习只能走马观花。由此可见,教师在教学过程中,首先要将书本语言转变为教学语言,通过易于学生理解的表达,对学科基本原理内含的所有内容进行解释和梳理;其次,要从学生的感性认知出发,如上文提到的资本主义的基本矛盾,就要从经济危机的表现(大量商品卖不出去、大量生产资料被闲置、大批工人失业、银行破产等)出发,逐步阐明经济危机的基本特征、经济危机的直接原因、经济危机的根本原因(资本主义的基本矛盾),最终指出资本主义终究要被社会主义所取代的历史发展的必然趋势,以此实现教学内容的传授及教学目标的达成,让思想政治课深入学生生活,真懂、真信、真用,更好地解决学生的实际问题。

【参考文献】

［1］郭华夏,陈宏之,蔡东.核心素养导向的政史地跨学科课堂建构[J].思想政治课教学,2020(3):33 - 37.

［2］陈友芳.情境设计能力与学科核心素养的养成[J].思想政治课教学,2016(9):4 - 6.

［3］沈章明.谁提出了"核心素养"这个概念[J].湖北教育(教育教学),2017(1):5 - 7.

［4］林崇德.中国学生发展核心素养:深入回答"立什么德、树什么人"[J].人民教育,2016(19):14 - 16.

［5］崔允漷.追问"核心素养"[J].全球教育展望,2016(05):3-10.

［6］习近平.高举中国特色社会主义伟大旗帜,为全面建设社会主义现代化国家而团结奋斗[N].人民日报.2022-10-26(01).

［7］普通高中思想政治课程标准(2017年版2020年修订).

（本文作者:张蒙）

8

高中历史学科核心素养"历史解释"的内涵与实施

"历史解释"是指"以史料为依据,对历史事物进行理性分析和客观评判的态度、能力与方法"。作为历史学科核心素养中培养学生思维能力、表达能力的关键一环,"历史解释"是"在形成历史理解和认识的基础上叙述历史的能力,是检验学生的历史观和历史知识、能力、方法等方面发展水平的主要指标"。就这一意义而言,"历史解释"可视作是以"唯物史观"为理论基础,以"时空观念"为宏观背景,以"史料实证"为必要途径,而以"家国情怀"为最终目标的历史学科教学的重点议题。如何在历史教学过程中培养学生"历史解释"的思维和能力,是历史学科新课程标准和新教材向新时代历史学科教育工作者们提出的新挑战。本文试从"历史解释"的具体内涵和基本要求入手,探讨这一核心素养在日常教学过程中的实施路径问题。

一、"历史解释"学科核心素养的基本内涵

所谓"历史解释",实质上即阅读史料、辨别真伪、阐释历史的过程。在中学阶段历史教学中,培养学生"历史解释"的核心素养,意即培养学生广泛阅读文字、图片、实物等多种类型的历史材料,运用对校、本校、他校、理校等多种方式辨析材料、筛选材料以及使用概述、叙述、阐述、论述等多种方式表述历史的能力。因此,"历史解释"学科核心素养的基本内涵实质上包含史料阅读、史料辨析和史料阐释三个层次,学生阅读、辨析、阐释史料的能力共同构成"历史解释"核心素养的主要内容。

所谓史料阅读,即引导学生在教师指导下广泛阅读各类历史材料。史料对于历史学研究的重要性不言自明,知名历史学家傅斯年就曾有"史学便是史料学"的论断,在他看来,历史学研究应当做到"上穷碧落下黄泉,动手动脚找东西",尽可能挖掘多种类型的材料,以此为基础进行历史研究。中学历史教学虽不必像历史研究一样广博精深,但也需引入各种类型的史料,提升学生阅读史料的能力。"历史解释"核心素养的内涵之一就是将文字史料、实物史料和口述史料等多种形式的史料引入中学历史课堂,使学生在广泛接触史料的基础上形成自己独特的认识和见解。

所谓史料辨析,即引导学生运用多种方式辨析和筛选材料。历史学发展至今,已有相当丰富的传世文献和不断出土的考古资料可供人们参考,以中国史研究为例,碑刻石刻、秦汉简帛、敦煌文书等新材料的发现不断开拓着史学研究的广度和深度,如何使用这些类型各异、形式丰富的材料是历史学家们要应对的问题之一。而在中学历史教学过程中,教师亦应引入不同

形式、不同年代、不同来源的史料供学生筛选和辨析,引导学生从具体史料出发感知不同类型史料的区别,从而明确针对不同的历史问题应当选择何种类型的史料,逐步建立起辨析和筛选材料的能力。

所谓史料阐释,即引导学生在阅读史料、辨析史料的基础上形成自己对于历史问题的科学的、客观的、多角度的认识与评价。阐释历史是阅读与分析史料的最终目的,同时亦是"历史解释"核心素养的终极目标,因此应成为教师在中学历史教学过程中给予足够重视的内容。在史料阐释部分,教师应思考如何选择合适史料供学生释读、如何处理史料降低学生释读的难度以及如何引导学生形成多元解释等诸多问题,方能在中学历史教学过程中培养学生阐释历史的能力。

总而言之,"历史解释"核心素养对学生的要求包含阅读史料、分析史料和释读史料三个层次,需中学历史教师围绕史料做文章,而如何做文章则涉及这一核心素养的实施路径问题。

二、"历史解释"学科核心素养的实施路径

新课程标准对历史学科,核心素养五个方面的培养目标做出了明确的规定与详细的阐释。其中,有关"历史解释"的培养目标可归结为以下四个层次:首先,培养学生运用多种方式理解历史的能力;其次,培养学生明确区分历史叙述中的史实与解释的能力;第三,培养学生从不同的视角出发观察历史、表述历史的能力;最后,培养学生运用多种材料建构历史解释的能力。简而言之,培养学生"历史解释"的核心素养实质上是帮助学生具备理解历史、区分历史、表述历史、建构历史四个维度的能力。

具备理解历史的能力,意味着学生应当在教师的引导下掌握具体史事的基本逻辑和来龙去脉,这是中学历史教学最基本的要求和目标。为实现这一目标,课堂教学应以学生认知为主、教师讲授为辅,切忌以讲授贯穿始终,阻碍学生生成性认识的产生。例如,在讲解"秦统一六国"这一重要史事时,教师可引入中学语文课本中《过秦论》一篇,引导学生阅读此篇后自行总结秦统一六国的原因和逻辑,教师在学生认识的基础上再进行总结,从而提升学生把握历史逻辑的能力。

具备区分历史叙述中的史实与解释的能力,意味着学生应当在适度阅读史料和广泛吸收名家观点的基础之上,形成对于各种历史解释的判断和认知。为实现这一目标,教师在授课时应在新教材所设子目的基础之上,引入与课程内容相关的多种类型的史料和历史学研究领域对于相关问题的重要观点,引导学生感受历史材料和历史解释之间的关联和逻辑。例如,在讲授"两税法"这一制度变革时,教师可以新教材"史料阅读"栏目所引《资治通鉴》的内容为基础,同时导入历史学家黄永年在《六至九世纪中国政治史》一书中对于税制改革的相关看法,引导学生在阅读史料的基础上理解历史学家对于历史问题的看法和评价,从而深化学生对于历史事实与历史解释之间的区别和联系的理解。

具备叙述历史的能力,意味着学生能够借助所学知识,从多角度对具体史事和人物进行

思辨性评价。与其他科目不同,历史学科的知识教学在多数情况下并非是绝对的,而应当是多元的。换言之,中学历史教学的目的并非促使学生形成对同一问题的绝对看法,而应当帮助学生构建起对同一问题的多元理解。为了达成这一目标,教师需要在日常教学中积极培养学生的思辨能力。例如,在讲授"西汉的强盛"子目、介绍汉武帝之功绩时,教师在引入材料论述汉武帝之"功"的同时,也应当引入巫蛊之狱、轮台诏等史事,引导学生认识汉武帝之"过",从而使学生在充分了解具体史事的基础上,形成对汉武帝的多元认知,避免产生对历史人物的片面看法。

具备建构历史的能力,意味着学生能够自行选择和运用相关史料,客观地搭建起自己对于具体历史问题的看法和认识。这是中学历史教学的高阶要求,需要培养学生全面、客观、辩证、发展地看待史事与人物的能力。为了达成这一要求,教师需在课堂讲授之余,积极帮助学生主动地形成自己的历史解释,同时,这些历史解释还需具备客观性和科学性。而为了形成科学的、客观的历史解释,又需学生在认识历史时做到陈寅恪所言"了解之同情",即在对于史事有充分认知的基础上,能设身处地、感同身受地解释史事、理解人物。例如,在讲授《中外历史纲要》(上)第五单元"晚清时期的内忧外患与救亡图存"时,教师可通过鸦片战争、第二次鸦片战争、甲午战争、八国联军侵华战争的战败和《南京条约》《天津条约》《北京条约》《马关条约》《辛丑条约》的签订等具体史事,引导学生深入感知晚清时期内忧外患的紧迫性和严重性,从而深入体会晚清时期社会各阶层探索国家出路、挽救民族危亡的艰难与可贵,避免陷入历史虚无主义的陷阱。

以上,本文从"历史解释"这一核心素养的基本内涵和实施路径入手,探讨了新课程标准和新教材实施情况下中学历史教学的实践问题。"历史解释"包含史料阅读、史料辨析和史料阐释三个层面的内容,需要教师在授课阶段围绕史料培养学生解释历史的能力。如何培养学生解释历史的能力,则需要着眼于理解历史、区分历史、表述历史、建构历史四个维度,由浅入深、由表及里地培养学生运用多种材料、使用多种方法、利用多种视角去解读历史的能力。而在具体实践过程中,教师又应当将"历史解释"的能力培养与"唯物史观""时空观念""史料实证""家国情怀"四个核心素养的培养建立联系,使学生在整体学习中感悟历史、关怀现实。

【参考文献】

1. 中华人民共和国教育部. 普通高中历史课程标准(2017 年版 2020 年修订)[M]. 北京:人民教育出版社,2020.
2. 教育部基础教育课程教材专家工作委员会组织编写,普通高中历史课程标准修订组编写,徐蓝、朱汉国. 普通高中历史课程标准(2017 年版 2020 年修订)解读[M]. 北京:高等教育出版社,2020.
3. [宋]司马光编著,[元]胡三省音注,标点《资治通鉴》小组点校. 资治通鉴·卷第二百二十六[M]. 北京:中华书局,1956.
4. 黄永年. 六至九世纪中国政治史[M]. 上海:上海书店,2004.

(本文作者:李芬)

基于地理信息叠图提升高中生空间素养的实践研究

一、"双新"课改对地理学科育人提出新要求

《关于新时代推进普通高中育人方式改革的指导意见》由国务院发布,教育部 2020 年颁布《普通高中地理课程标准》[1]修订版,上海地理新教材进入试教阶段。市教委要求加强"双新"特色项目研究。2021 年上海市高中地理新课程新教材全面实施,一线教师落实"双新"理念,应对挑战、落实育人的任务紧迫。

(一)新理念:挖掘地理新课程鲜明的育人特色

调查显示,地理新课程理念以 81.92 分排在各项之首。新课标凝练了四大核心素养,地理课程实践性强,在实践中运用综合思维和区域认知,体验人地关系,空间素养是地理核心素养的基石。

(二)新教材:教材转型学材,凸显发达地区特点

钟启泉提出新信息技术时代,教科书从教材转型为学材。上海版新教材按照"国家标准、国际水平、上海特色"编写理念,突出地理素养载体、学习评价依据、师生互动中介等方面的新功能。

(二)新评价:思维结构评价能优化教与学

新课标提出加强过程性评价,调查思维结构水平。地理思维结构水平是以 SOLO 理论为基准,解决开放性区域问题时思维结构所处水平。它普遍用于高考试题研究,少被当作帮助教师客观评价学生思维从而改进教学的工具。

二、整合新课程新教材新技术,提升地理空间素养

本研究与新课程新教材整合,从提升学生核心素养视角,深入调查高中地理等级考试中学生思维结构发展水平现状,细化高中地理新课程思维结构的内容标准,进而对学生过程性评价的调查结果改进选考分层教学策略,提升核心素养培育水平。

基础教育阶段越来越多的学校建立了 GIS 数字化系统,从初期到拓研课程的探索,逐渐重视在基础型课程中把数字化的方式融入到教学设计与实施中。但从教学主体上以教师演示为主,学生参与门槛较高;从 GIS 六大功能上看,数据显示、图形查询应用较多,图层叠加、空间分析决策等功能在中学应用较少;从教学应用策略上直观展示较多,学生自主操作少,交

互性较差;从 GIS 应用目的上看,以解释地理现象和结论的认知目的为主,缺少多个可变地理要素的定量研究,缺少将 GIS 融入到学生学习方式和学业评价中的研究。未来研究方向包括学生空间素养与 GIS、学生学习风格与 GIS[2]等。

基于 SOLO 理论在中学教育方面的应用综述发现,该理论大多数被用作学业水平考试评分方法的一种,少部分指导教师课堂教学行为,很少被作为学生学习的一种工具,更鲜见作为学习工具开发的依据[3],忽视了基于学生思维结构发展水平对促进教师改进教学策略、完善学生思维结构、提升双新落实的价值等方面的意义。

本研究提升关于 SOLO 理论的学习工具的应用。聚焦地理信息系统(GIS)图层叠加功能在课堂教学中的开发与应用,关注学生在区域(空间)开放性试题中表现出的地理空间思维问题,提升学生思维结构水平。

地理信息系统(GIS)数据具有时代性,运用数据分析地理问题,激发学生地理学习积极性,区域情境呈现形式数字化、动态化,促进学生多样化、自主化选择学习信息,多样地解决问题,诊断学生地理空间学习方面的障碍,并通过技术辅助促进学生理解性学习,创造性解决问题,提升地理核心素养方面有积极意义[3]。

地理信息系统(GIS)是地理学科的第三代语言[4],有利于开发现代教育技术在地理教学中辅助功能,促进技术与学科深度整合,落实新课改理念和新课标理论;基于 SOLO 理论及运用 GSTS 空间思维问卷评估,为教师调整教学策略提供实质建议,丰富地理学习评估和地理教学理论。

三、叠图教学有效提升学生地理思维结构水平

(一)学生地理思维结构水平调查

本研究对成员学校的等级考学生在作答区域开放性试题中反映出来的地理思维结构水平进行细致调查分析,对学生地理思维水平进行分析和划分,梳理出其中的介于多点和关联结构之间(3A)的水平,分析其中的地理空间思维障碍。

调查数据发现,接近 90% 的学生不完全符合关联结构,大多位于多点结构和关联结构之间,即 3A 水平。学生的回答指出了地形、气候等部分单一地理要素,部分同学也表达了某两个要素之间的一项关联分析,但关联分析中的要素有错误,或表述逻辑关联不完善。

(二)选择案例,架构 GIS 图层

根据新课程标准内容要求,分析 3A 思维结构水平的学生答题情况,梳理适合 GIS 图层叠加方法,突破空间思维障碍的"典型区域开放性试题"及图层系统。案例具有典型性、可迁移性,可供突破思维结构水平的跨越。

(三)开发 GIS 图层系统

搜集地理等级考试中"区域开放性新题型"中常见的 GIS 图层,并进行数据筛选、分类和优化,制作与新题型匹配的专题图层。如以《农业》制作专题图层。

（四）基于图层叠加设计学习任务

在 SOLO 理论框架下针对学生不同地理空间思维问题,选取不同类型 GIS 图层设计课堂学习任务,并总结设计原则(不同区域内容的设计原则、不同学生空间思维问题的设计原则)。

以《农业》为例,课堂教学任务设计如下:

任务一：水稻种植区域探究

步骤1：绘制降水 600 mm 图层;

步骤2：绘制气温 20℃图层。

任务二：小麦种植区域探究

步骤1：绘制中国 200 mm—780 mm 降水地区图层;

步骤2：绘制中国 3 400℃—4 500℃ 积温图层;

步骤3：叠加降水＋积温图层,观察重叠部分;

步骤4：对比图层叠加结果与地图册小麦分布图。

（五）课堂实践及教学策略

在 GIS 专题制图和任务设计完成后,根据学习任务,运用不同策略开展教学实践。策略如下:

a. 田野调查先行铺垫。GIS 为学生进行田野调查观测提供前期准备,以便学生掌握运用地理工具进行测量的基本技能,能引起学生对真实区域中关注重点的足够重视,探究生活中的地理问题。

b. 课程导入。课前 GIS 导入吸引学生的注意,提高学生的兴趣,让学生带着疑问去寻找地理现象形成原因和规律。

c. 问题探索。GIS 穿插在教学过程中,学生通过探索的方式获取地理信息,在操作过程中根据已有知识和学习风格自主叠图探究,加深要素关联理解。

例如：芬兰人口分布不均衡,90％的人员分布在南部。请问同学们：影响芬兰人口分布的自然原因有哪些? 探究影响人口分布的要素。

自然地理要素			人文地理要素	
气候	地形	水源	经济水平	开发历史

【地理信息系统叠图探究】

① 芬兰政区图叠芬兰人口分布图层得出:芬兰人口南多北少。

② 叠加芬兰地形与河流图和芬兰气候(降水与气温)图图层得出:南部纬度低,气候温和,适宜居住,人口多,北部纬度高,气候寒冷,加上受极地气团影响,冬季严寒,人口少;南部地形以平原为主,地势平坦,便于耕种,北部以丘陵为主,地形崎岖;南部河流湖泊众多,水源充足有利于农业发展,农作物丰富,人口多。

【结论呈示】在气候、地形、水源等自然要素的影响下,形成芬兰人口分布南北差异大的现象。

【制图要求】芬兰人口分布图(面状)或者城镇分布图(点状)＋地形与河流图(面状和线状)＋气候(降水量与气温)图(面状与线状)。

【思维结构水平评价】

芬兰位于欧洲北部,濒临芬兰湾,人口约 550 万(2015 年)。首都赫尔辛基是芬兰最重要的经济、文化、科技中心,也是欧洲发展最快的城市之一。赫尔辛基及其周边城镇的人口约为 140 万。芬兰城镇分布及 90％人口分布。

d. 习得评价。课程学习后用 GIS 叠图对学生习得的地理知识和综合应用能力进行评价。对学生习得知识的评价可以是具体的、集中于某一方面。运用城市经济、环境、交通等 GIS 图层规划城市空间布局,判断学生对地理知识的综合应用的能力。

e. 兴趣拓展。学生表现出对某方面浓厚兴趣,因课时限制没有足够深入时,可通过 GIS 进行拓展。

f. 微课资源。把学生操作 GIS 制成微视频,作为学习资源或课程资源。

(六) 实践效果评估

改进美国地理空间思维问卷(GSTS),评估 GIS 叠图前后学生地理空间思维。GSTS 中涉及多类空间素养问题(空间定位、空间观察、空间辨识、空间关联、空间意识等),课题对其内容进行细化研究,筛选并修改"空间多点结构""空间关联结构"有关的试题,并对学生进行答案分析,如:通过案例分析得知,首先,对单一地理空间要素的分析需要学生具备良好的信息加工和整合能力,根据题目给出的文字或地图材料进行信息的整合和归纳为高中生地理学习必备的素养和技能。地理图表为高考地理不可或缺重要元素之一,因此较强的读图看表能力有助于高中生认识某一单点思维,只有从材料中充分挖掘区域发展条件才能结合所学内容将这些看似毫无关联的条件进行整合,用恰当的地理语言进行表述,形成完备的地理空间思维,理论与实践相结合,真正做到利用知识解决生活中的地理问题。

其次,学生对地理思维结构水平的分析不能仅停留在自然和人文要素的分析上,更应该在此基础上找寻区域间发展条件的异同及其产生的原因,比较法分析不同区域的发展条件及不足是中学生必备的地理学习方法之一。在进行地理空间问题的比较过程中,至少选取两个地理空间进行比较,通过对两个及以上的地理空间要素差异的比较,解释不同地理现象特征的不同,透过现象观察学生思维结构水平的发展。

四、研究结论与反思

(一) 研究结论

本研究基于地理信息系统提升空间素养,拓展了学生对区域认知的多元角度的同时,一定程度上能提高学业质量,有效培养学生区域认知能力和构建完整的思维结构。技术与学习的具体实践,为新课标地理核心素养的落地提供了基础和保障,对新教材的使用具有一定的实践价值和意义。运用技术培养地理空间思维是贯彻落实"学习为生活所用的地理"的具体表现,基于 SOLO 分类理论的思维结构的表现性评价,有助于促进老师教学和设计观念的转变[5],有助于学生区域认知能力由量到质的提升。

基于研究结果,研究者开发了市师训课程《技术解锁地理空间思维教学新方式》,课程内容将本研究成果进行实践转化。运用 ST、GE、ME、Windy、GS、VO 等新课程内容紧密结合的数字化资源,通过现象思考、软件操作、经典课例、反思实践等课程要点,讨论技术与学科整合的高中地理课堂案例,研讨整合技术与课程内容,课堂实录针对多节市级以上公开课,开展基于 GIS 叠图等高中地理课堂教学分析。

另一方面,从整体上看,学生的思维水平相对较高,处于 3A 水平即多点和关联结构之间的比例较大,也有一部分学生处于多点结构和抽象拓展结构水平。本研究在双新背景下聚焦空间关联思维,开发应用地理信息系统的图层叠加功能。调查高中区域地理学习中地理空间思维问题,根据新课标要求分析学生地理空间思维结构水平,改进原课题 GSTS 问卷,评估 GIS 叠图系统的应用效果,尝试用 GIS 促进学生地理空间思维个性化发展。

(二) 讨论与反思

一方面,不同主题内容中自然地理的要素关联更适合地理信息系统的操作,叠图图层工具需要配合文字材料情境问题引导等策略同时使用。叠图工具在区域发展问题中的应用效果更为显著,在时间尺度上缺少历史图层数据对比,需要进一步开发历史数据图层,进行不同时期图层对比分析。

另一方面,不同学生的学习风格不同。叠图工具的应用,需要增加前期学生学习风格调查,针对不同学习风格的学生开发不同使用方法。采取异质小组活动、项目化学习等方式,提升 GIS 数据工具的使用效果,促进对空间问题的认识层次,是地理空间思维能力提升的基础和前提。

【参考文献】

[1] 中华人民共和国教育部.普通高中地理课程标准(2017 版)[S].北京:人民教育出版社,2017:37 - 40.

[2] Niem Tu Huynh & Bob Sharpe. An Assessment Instrument to Measure Geospatial Thinking Expertise [J]. Journal of Geography, 2013(112):1,3 - 17.

[3] 林培英.探讨中学地理教学的图层方法[J].课程·教材·教法,2014(8):65.

[4] 美国国家研究院地学、环境与资源委员会地球科学与资源局重新发现地理学委员会编,黄润华译.重新发现地理学——与科学和社会的新关联[M].北京:学苑出版社,2002:32.

[5] 彼格斯,科利斯.学习质量评价 SOLO 分类理论——可观察的学习成果结构[M].北京:人民教育出版社,2010.

(本文作者:李梅)

10

指向图像识读与文化理解的美术鉴赏

随着 2017 年版普通高中课程标准的推进，一些学科的高中教科书中呈现了"大概念"（Big Ideas，或译为"大观念""伟大的思想"）的理念与知识构建方式。由于该理念承载着不菲的教育价值，在视觉艺术教育中精选值得学生学习和探究的，以发展他们核心素养的大概念成为一个亟须推进的重要议题。

本文旨在指出，"历史物质性"（Historical Materiality）既是艺术史论界的学术热点，也是视觉艺术教育中值得深入研究与运用的大概念。以"历史物质性"为大概念的教学设计，可以更好地整合艺术学科中许多令人困惑的直观经历和看似孤立的烦琐事实，培养学生的图像熟读能力和深度学习能力。

一、"历史物质性"与艺术史论

20 世纪 80 年代，艺术史论界察觉到学科理论化、概念化的一个负面现象：学者常常套用其他学科的理论——符号学、精神分析学等对艺术品进行解释，对艺术品本身的关注渐趋薄弱。这种认识使他们开始重新强调艺术品原物，掀起一股"实物的回归"热潮。这股思潮向研究者们提出一个艰难的挑战：如何把"实物"和"理论"从互相对立的状态转变为相互支持的关系，避免将研究再次简化为风格分析和图像辨识。

21 世纪初，哈佛大学教授巫鸿针对这种挑战提出"历史物质性"概念，它指艺术品诞生之初的物质形态与使用场景。巫鸿认为，一件艺术品的现存状态并不等同于其原本的历史形态。学者需要通过深入的历史研究来重构作品的历史物质性，并将二者一起作为研究与阐释的主体对象。这个提案打破了美术史上流行的二元解释结构，包括作品与理论、原物与复制品等一系列的对立关系，引发了学界对无数经典艺术作品的再验与补充，成为当代理论界的重要研究视角。

例如，巫鸿在精神分析学大师弗洛伊德的基础上拓展了对著名雕塑《摩西像》的释读。《摩西像》的创作基于《旧约·出埃及记》中的经典故事：当摩西看到被拯救的人民背叛了上帝的戒律时，他在震怒之下将刻有"十戒"的石板摔碎。雕塑所刻画的人物表情严酷，上身紧绷，一脚前伸一脚退后，似乎马上要站起来扔出石板。弗洛伊德通过对人像的细节观察，发掘出主人公更为微妙的心理活动。摩西的右手紧紧夹住石板，手指平静地插入涡旋般的胡须中。这个细节所反映的只能是摩西对内心愤怒的约束，而非狂怒情绪的发泄。该论点一度成为学界对《摩西像》的共识性认知,随论文刊载的照片(图1)也成为大众对这尊雕塑的固有印象。

然而,巫鸿发现这张照片未能真实地还原作品。它仅截取全身雕塑的上半身,并且用一块平面色块替换了原本复杂的背景。照片同时取消和强调了雕像的某些信息,它确实便于弗洛伊德的精神分析,但它所呈现的《摩西像》与现场观众所感受的作品样貌是截然不同的。当观众在现场移步观赏时,映入眼帘的是雕塑的不同角度,以及由不同光线和环境共同组成的视觉印象。《摩西像》确实有弗洛伊德所述的微动作,但这只是雕塑的无数特征之一。

在这则案例中,巫鸿将《摩西像》置于其原生语境中去考察,重新思考我们认为自己知道的事情。他通过重建因时空鸿沟而被人们忽视的参照系来观察艺术,提出问题,引导更多人看到新的联系。虽然巫鸿并未具体阐释这尊雕塑的其他可能性,但这是一起意义重大的研究思维革新,它突破了学界的旧有观念,产生了新的对艺术品的想法与认知。

图1 随弗洛伊德所著《米开朗基罗的摩西》刊载的照片

图2 圣伯多禄锁链堂(San Pietro in vincoli)米开朗基罗(Michelangelo·意)1513—1516年《摩西像》为《圣伯多禄锁链堂》的组成部分现存于罗马梵蒂冈圣彼得大教堂

二、"历史物质性"与图像识读

2010年,英国科学家温·哈伦等学者撰写的《科学教育的原则和大概念》正式出版。此书提及了"大概念"一词。书中指出:伟大的思想是我们认识世界的镜头,这是科学教育的一个重要目标。可见"大概念"与概念、观察视角、教育理念紧密相关。前文已述,"历史物质性塑造视觉艺术"以其质疑特质和创造更多知识的潜能赢得当代科研工作者的青睐,成为观察艺术世界的重要镜头。那么,它是否属于"大概念"? 当它被运用于视觉艺术教育时,是否像被运用于学术研究一样展现出充足的价值?

美国教育家埃里克森和兰宁等人指出,两个或两个以上概念经过概括形成了相互之间的关系,这就是大概念,也称之为"基本理解"或"持续理解"。埃里克森和兰宁等人认为:概念分为宏观与微观两类,代表了不同程度的普遍性和复杂性。宏观概念为知识的结构提供了最宽泛的属性,反映了学科的核心思想;微观概念反映了对特定学科更深层次的认知。在本文校验的话语里,"视觉艺术"提供了理解的广度,"历史物质性"提供了理解的深度,两个概念由"塑造"贯穿其相互之间的逻辑关系,形成完整的构造。从语言结构上来看,"历史物质性塑造视觉艺术"是艺术学科的一个大概念。

美国教育家威金斯、麦克泰格认为:大概念并非是一个"包含了很多内容的、庞大的、从某种意义来说相对模糊的词语",它"帮助学生将各个知识点联系起来……它们有助于知识和技能的整合,并使之在大脑中得以巩固","用于强化思维,连接不同的知识片段,使学生具备应用和迁移的能力"。该观点的两个关键词——整合与迁移概括了以"大概念"来建构教育的独特价值。如若依据"历史物质性塑造视觉艺术"这一大概念进行艺术课设计,是否能实现两位学者所描述的知识整合与学习迁移的效果?

上海音乐出版社出版的《高级中学课本——艺术》里载有顾闳中所绘《韩熙载夜宴图》局部照片(图3),该作品是高中美术鉴赏课程的经典学习素材。在教学设计中,教师往往将其与西方古典油画进行比较,搭建开放构图与固定构图、多视点与单视点、散点透视与焦点透视、无限空间与局部空间的形象对比。这种对比教学可有效突出中国古典绘画的样貌特征,为学生带来鲜明的视觉印象。然而,一旦谈及这些绘画特征的成因,教师往往借用中国传统文化中的文人意识、隐逸文化与西方实证主义精神进行横向比较。此时,教学设计便流露出两个明显的缺憾。其一是教学逻辑的不严谨性,虽然《韩熙载夜宴图》与文人画同为中国古典绘画,也同样具备散点透视、开放构图的画面特征,但前者并不是文人画。其二是论证缺乏说服性,文人山水观只是与散点透视的表现方式高度契合,但二者并没有因果关系。

以笔者设计的"鉴赏课程一:了解中国古典绘画"为例,若从艺术品的"历史物质性"角度设计教学,学生便可从本质上理解中国古典绘画特征之成因。《韩熙载夜宴图》的物质形态是手卷,其欣赏活动需要观众双手的参与。中国传统文化中的手卷(图4)是一种非常特殊的艺术媒材,其最基本的两项特征是其强烈的时间性和私人性。与西方架上绘画不同,手卷的观看是在时间和空间中同时展开的。展开的节奏和方式是由执卷人掌控的,其他人只能在其旁边或者身后观看。当教师开始考虑和重构手卷的具体语境,同时引导学生从物质形态角度来分析作品时,他们自然会从根本上了解手卷的艺术特点及其成因,如散点透视、开放型的构图(与焦点)和固定观看距离导致的固定尺寸,学科知识点的整合便水到渠成。

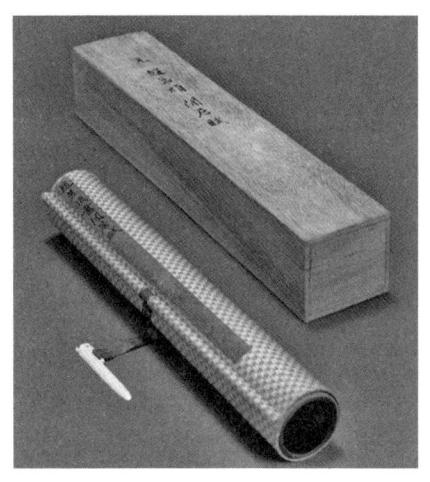

图 3　韩熙载夜宴图卷（局部）顾闳中作（五代）宋摹本（1163—1224 年）绢本设色 28.7 × 335.5 cm 北京故宫博物院藏

图 4　手卷（手卷为中国传统书画装裱形式之一，有严格而规范的装裱工艺手法，观赏时自右向左横向展示）

　　以"历史物质性"建构的教学设计亦能有效地培养学生的迁移与创新能力。笔者设计的"鉴赏课程二：山水画的观看之道"便在第一课的基础之上，引导学生探索并实现从手卷到屏风的学习迁移，从还原过去到创造未来的创新实验。本节课程的学习目标是掌握中国传统山水画的观看价值与观看策略。有别于用幻灯片展示学习素材的现代手段，课程必须提前准备好北宋画家王希孟所绘《千里江山图》卷和北宋画家郭熙所绘《早春图》轴（图5）的等比例印刷实物。因为只有借助手卷的物质形态，学生才能收获宋人的特殊观看体验——展开画卷左端的同时卷起画卷右端，同一时间仅有某个局部呈现于视野之中。这种类似于电影胶片的游动效果，配合《临泉高致》一书所载"可行，可望，可游，可居"和《名画录》所述"老疾俱至，名山恐难遍游，当澄怀观道，卧以游之"，能形象、深刻地帮助学生理解古典山水凭咫尺之幅创千里江山的艺术价值，和古人伏于方寸之案，神游万里山河的观画意趣。

　　课程的第二环节围绕手卷与立轴的物质形态对比展开。在尺幅巨大的《早春图》复刻品面前，手卷的观看方式是失效的。这导致学生不由自主地产生兴趣，试探各种观看方法。在教师结合《画继》所载"一殿专背熙作"和《梦溪笔谈》所述"近视无功，远观村落杳然深远，悉是晚景，远峰之顶宛有反照之色"进行论述后，学生会诧异于《早春图》在诞生之初是屏风的组成部分这一事实。当他们勇敢地松开手，把立轴固定在某处以模拟屏风状态观看时，他们会惊喜地发现，在远距离的观望中，《早春图》反而生动起来。至此，学生在尝试还原画作原生状态的过程中深刻理解了两种观赏方式，并学会在面对不同作品时匹配相应的观看策略。

　　《早春图》由屏转轴的过程揭示了历史的再创造。值得注意的是这种再创造具有普遍性，比如手卷画也在时间长河中不断积累各类印章、跋款，导致画面逐渐丰富甚至拥挤。这暗示着"历史物质性"教学设计不仅局限于对作品原生状态的重建，也可立足于对它的形态、意义和上

图5　早春图轴　郭熙作(北宋)　1072 年　绢本水墨淡设色　158.3cm×108.1cm

下文在历史发展中不断变换地追寻,甚至包括根据一定逻辑来预测与创造它的"未来物质性"。在课程的最后环节,教师便可借"历史物质性"的演变过程激发学生思维,引导他们探讨和实验古典作品在当代或未来的种种观看可能。

以此类推,当学生遇到新的艺术作品时,他们也会有意识地查询、讨论一幅扇面原来的陈设方式,一座青铜鼎的原始配置,或者一栋建筑的内部和外部的整体设计。当这些被忽视的物质因素与显而易见的艺术表征共同出现在学生视野之中时,他们会重新思考他们的直觉与常识,提出问题,看到新的联系,从而产生新的想法,甚至通过动手实践将新的想法转化为艺术作品,最后发起讨论来验证或批判这个想法,由此获得深层次的专业知识和创新技能。反之,在缺乏"历史物质性"建构的教学设计中,例如一幅手卷仅仅以幻灯片或者插图的形式来展现的时候,所有的物质特性都消失了,学生看到的反而是"转译"成类似西方架上绘画的具有明确边界的一幅幅图像。手卷的表象特征也随之碎片化地悬置在外,让学生眼花缭乱,难以深入。

如上所述,"历史物质性"有助于更好地观察和更聪明地工作。它可以更好地将视觉艺术学科的知识和内容按照一定逻辑重新组织、整合,帮助学生理解许多令人困惑的直观经历和看似孤立的烦琐事实。在帮助学生解决学科知识整合问题的同时,这个大概念也帮助学生实现从一个情境到另一个情境的迁移,发现更多的关系,进行更深入的探讨,开启创新创造的可能。

【参考文献】

［1］钱初熹.以扩展与挑战培养学生核心素养的"大观念"视觉艺术课程研究[J].美育学刊,2019,10

（04）:1 - 9.

［2］巫鸿.实物的回归:美术的"历史物质性"［J］.读书,2007(05):10 - 18.

［3］(英)温·哈伦.科学教育的原则和大概念［M］.北京:北京科学普及出版社,2011.

［4］胡知凡."大概念"——一种新的教育理念［J］.中国中小学美术,2020(03):19 - 22.

［5］(美)格兰特·威金斯,杰伊·麦克泰格.追求理解的教学设计(第二版)［M］.闫寒冰等,译.上海:华东师范大学出版社,2017.

（本文作者:何桂臣）

深度学习视野下高中音乐课堂教学策略的实践研究

深度学习是我国全面深化课程改革、落实核心素养的重要路径。"深度学习"是一种全身心投入、经历思维探索过程、获得深度体验的生命化深刻学习。它更注重学习者的自主学习和主动参与,更强调学习者的创新能力和独立性,从而更好地推动学习进步。

以培养学生核心素养为根本追求的深度学习是一种重要的学习理论[1],旨在帮助学生提升其学习素养能力,并且这种素养能力的提升必须依靠学习者的积极参与和持续努力。因此,当前培养学生核心素养的教学一定是指向深度学习的。本文从深度学习视角出发,探究核心素养下高中音乐课堂的教学策略。

一、深挖育人价值,加深文化理解

开展基于深度学习理念的音乐教学,在审美感知、艺术表现的基础上还应加深文化理解,充分发挥音乐学科以美育人、以文化人的育人功能,不断深挖学科育人价值,以此达成落实立德树人的目标。

深入学习不仅仅是一种字面意义上的认知,而是一种更深层次的思考,它涉及历史人文、文化、社会等多个方面,需要从多个视角去探索这种更加复杂,也更具综合性的学习[2]。

我校是一所市示范性高中。学生综合素质较高,思维非常活跃开阔,文化素养和综合素质比较高,每个人对于世界、大环境有着不同的观察视角和思考深度,具有较强的思辨能力和创造力。因此,在为学生提供生动有趣、丰富多彩的学习内容的基础上,教师要引领学生通过音乐本体、相关艺术载体去感悟、表达民族大爱、家国情怀这种文化理解,继而引发对文化自信、文化传承、文化融合等更深层次的思考,从而有效达成核心素养。

以高中音乐鉴赏模块为例,在"上音版"高中《音乐鉴赏》第三单元第二节多声部音乐的教学中,教师选用经典合唱歌曲《保卫黄河》(选自《黄河大合唱》)来进行鉴赏和实践。教师以学生为主体,在课前分享的环节先做了一个问答小游戏以复习上节课学过的复调知识,调动学生积极性,并请学生讲述歌曲所处的时代背景,发挥学生主观能动性。教师在学生自主学习的基础上进行补充和总结,通过歌曲演唱让学生进一步深刻体会《黄河大合唱》所表达的思想情感及蕴含的精神力量,加深对民族文化的自豪感与信念感,并结合时政、联系实际,从新时代高中生的视角来思考如何坚定理想信念,践行初心使命,将个人发展融入时代发展中。

二、创设问题情境，注重音乐实践体验

崔允漷曾经指出，最佳的课堂应该将教学内容转化为有意义的问答形式。因此，我们应该从核心素养视域出发，结合大单元的结构，以一系列特定情境下的课堂子问题为驱动，创设问题情境，由浅入深、环环相扣地解决课堂问题。问题的选择需要依据学情，激活学生学习动力，引导学生深度思考，启发学生思维认知，有进阶、有梯度地呈现一系列真实有效的"问题链"。

核心素养背景下的深度学习强调积极参与式学习，注重过程性的实践体验。通过引入深度学习，我们可以帮助学生更好地理解和应对复杂的环境，并利用他们所掌握的技术和经验来创造出更多的、更具挑战性的、更具创造性的结果[3]。上海市特级教师施红莲老师说过"好的课堂一定是有活力的"，课堂教学中注重"元认知"的教学方法，引导学生自主学习、创造性实践，联系生活实际，基于小组合作尝试用项目化学习模式增强对知识的深度理解和应用，培养能够"学会学习"、具有主体性的全面发展的人。

基于上述思考，教师选取"上音版"高中《音乐鉴赏》第一单元第一课时节奏——永恒的生命律动(1)作为课例。教师提前准备好学习任务单，整节课以呈梯度式问题链为线索，引导学生思考。Q：这首乐曲带给你怎样的感受？→Q：仔细听引子段落，它的节奏密度、演奏方式、敲击速度有哪些变化？(填表Q1)→Q：1.观察鼓芯段落和华彩段落两段视频，运用了鼓的哪些演奏技法？2.模仿令你印象深刻的节奏型，试着写出来(填表Q2)。→创作小游戏：分成4组，每组创作两小节(4拍)的旋律，要求后一组需要模仿前一组的旋律，并紧接着演奏出自己的旋律(填表Q3)。

在整个过程中，教师引导学生分段欣赏《秦王点兵》，并进行体验、模拟、合奏等梯度式的实践活动，层层递进，让学生对作品有进一步的了解，并加深节奏感知能力；到拓展环节，借助游戏的方式激发学生积极性，充分发挥学生自主性，让学生将各种节奏型运用到小组节奏创编中。整个课堂呈现积极活力的氛围，教师给予正向的评价反馈，让学生充分享受课堂，愉悦身心，建构真正"有活力的课堂"。

单元活动旨在通过小组合作项目化学习模式来提高学生的能力。为此，教师设计了以下9个活动，如图1所示，包括演奏、演唱、创编等，并且涉及小组讨论和作品听辨活动。在鉴赏活动中，无论是小组讨论，还是活动展示，教师要留有足够的时间，调动学生积极性和主动性，引导学生多动、多唱、多表现，并通过这些活动来感受经典作品的审美魅力。通过自主学习，展示出他们对"深度学习"的出色掌握。

三、推动知识整合，培育高阶审美思维

深度学习以学生核心素养发展为中心，关注的是学生在理解的基础上进行批判性学习，聚焦学生将新知主动构建到已有认知结构中[4]。这就要求教师以高阶审美思维去构建大概念这样一种学科核心知识、技能和情感态度等方面融合与联结的整体观念。如果想要达成大概念上位学习，那结构化、系统化大单元设计就是助推知识整合、培育高阶审美思维的重要抓手。

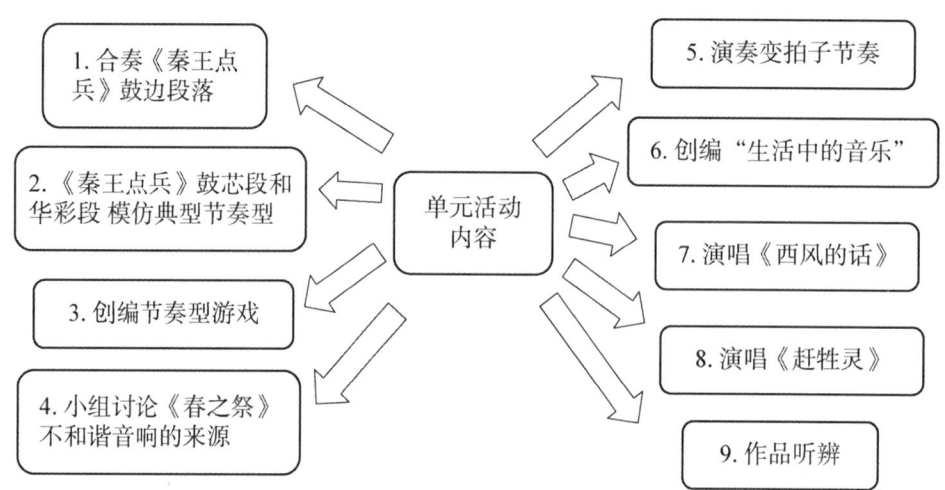

图1 "永恒的生命律动"单元活动内容

相比"碎片化"的单一课时传统教学,融合多节课时的大单元教学扩展成一系列不同主题的音乐模块,更具逻辑性和高效性,非常适合我校思维活跃、综合素养较高的学生群体。

在大单元教学中,教师应对深度学习的实现发挥主导作用。教师需要依据学情、课标、教材等情况对教学内容进行二度创作,重组整合,凝练主题,抓住深度学习的核心特征、重要特征,从不同维度构建音乐学科的知识体系,设计以学生为主体的丰富而进阶的音乐实践活动,逐步培养学生的高阶思维能力和学科核心素养。

艺术与其他领域有着密切的联系,而这些领域的交叉与整体的发展越来越紧密,因此在大单元教学中也可以融合相关学科知识,形成基于核心素养的跨学科教学,采用跨学科视角能够使学生对大概念的内涵和外延的理解更加深入。

基于以上认知,教师以戏剧模块中的经典话剧《雷雨》为例,展现对跨学科教学的一次尝试。戏剧是一个多样化的综合艺术,它将不同的艺术表现手段结合在一起,包含文学、造型艺术、音乐、舞蹈、数字媒体等方面。《雷雨》作为当代话剧的典范,无论是文字还是表演都十分值得研究学习,因此,在设计大单元时,教师在音乐课的基础上融合语文、历史、美术学科进行跨学科教学(如图2所示)。前期学生在语文和历史课中,了解相关时代背景、研读剧本、揣摩角色以及进行语言方面的训练,做好扎实的文本工作;接着在音乐课中,积累话剧理论,发挥主观能动性,自主建组选角,在工作小组的安排下进行一系列排练,教师从旁指导。高中语、史、音、美四门学科在核心素养方面有着密切的联系,它们都强调审美鉴赏、文化理解等共同的素养要求,有助于培养学生应对复杂情境和解决问题的能力,从而取得更好的培养效果。

四、小结

指向学生核心素养发展的深度学习,是学界探索的热门话题。如何将深度学习引入核心

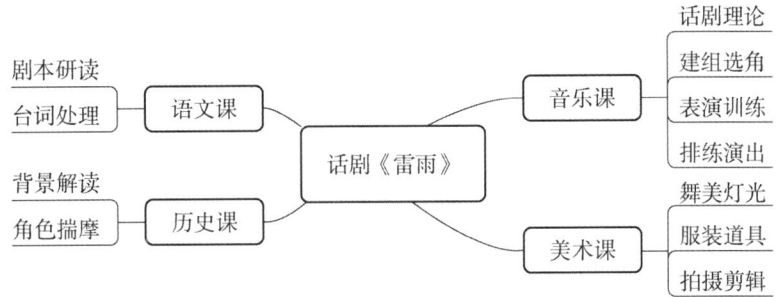

图2　话剧《雷雨》跨学科教学示意图

素养下的音乐课堂同样也是值得探讨的命题。首先,深度学习之"深",立足立德树人,教师需深挖育人价值,加深文化理解;其次,以问题为导向,创设问题情境,激发学生内驱力,发挥学生能动性,注重过程性音乐实践体验;最后,从学情入手,推动知识整合,运用大概念下大单元设计培育高阶审美思维,从而促进学生音乐素养的有效生成。

【参考文献】

[1] 林崇德.21 世纪学生发展核心素养研究[M].北京:北京师范大学出版社,2016:32.

[2] 郑葳,刘月霞.深度学习:基于核心素养的教学改进[J].教育研究,2018,39(11):56 - 60.

[3] 陆锋.创问题情境,促深度学习——以"人音版"普通高中音乐教科书《音乐鉴赏》为例[J].中国音乐教育,2022,335(05):15 - 21.

[4] 刘稳.音乐学科深度学习的特征与教学策略探析[J].中国音乐教育,2022(06):52 - 58.

（本文作者：朱丽蓓）

"双新"背景下推进中小学健康教育的实践研究

我国体育与健康课程秉承"健康第一"的指导思想,以学生养成体育与健康核心素养为课程目标,单独设置了必修必学的健康教育模块并规定学时,展现了国家对青少年健康发展的重视。本文通过文献梳理总结得出,我国中小学健康教育实践应从建立并完善健康教育机制、构建健康教育课程体系、充分利用健康教育资源三方面着手。

一、当前健康教育存在的问题与面临的挑战

孙超、谢进平[1]通过对深圳 14 所公办高中健康教育课程开展情况调查发现:从开设情况看,其中四所学校并未开展健康教育教学,没有达到 18 课时的有 10 所学校;在授课内容方面,体育教师倾向于教授与体育实践相关的健康知识。文中指出,健康教育内容来源主要是专业书目及网络资源,学生对健康教育颇有兴趣,但由于教学方式或内容安排枯燥,一段时间后学生积极性有所下降。

曹磊、葛新[2]指出,我国非常重视健康教育,但具体落实缺乏保障机制,导致实施效果不佳。原因首先是缺乏相关权威教材,健康教育多数流于形式,课时难以保障;其次我国体育教师在学生时代接受的健康知识有限,导致职后自身健康素养不高;最后是缺乏监督机制,健康教育慢慢呈现边缘化。

翟丽丽[3]通过对北京、湖北、河北、河南四省市高中健康教育模块实施现状调查发现:(1)上满课时的学校仅有 7%,多数倾向于 18 课时均匀地安排在高中三年完成;(2)教师讲解内容最多的是"增强体能",占 80.9%,而学生认为应重点讲解的是身体教育和心理素质,分别是 74.5%、73.3%;(3)学校体育负责人倾向于选择体育教育方面的专家和教师作为校外教学资源,占 69.2%;(4)63.2% 的教师选择测验的方式对学生学习效果进行评价;(5)健康教育教学的问题主要是培训不足,专业教材缺乏。

刘斌、陈一林[4]通过调查发现:我国专业健康教育教材较为缺乏,存在内容滞后、不全面等问题,并提出应从健康素养方向进行编写,扩展健康教育内容,及时更新。

任杰、平杰[5]等通过对上海地区中、小学生调查得出:上海地区的社区健康教育与家庭、学校健康教育相比较为落后;学校健康教育开展最好;低年级学生比高年级学生更容易接受健康教育。

郝宏佳[6]指出:各学校仍需加强对健康教育的重视程度,尤其体现在课时和师资两方面;

家庭教育,尤其是学生健康观、发展观的教育也不容忽视。

金晶、胡雨冰等[7]通过研究发现:对比国外健康教育现状,我国健康教育仍处在萌芽阶段,存在健康教育目的与导向不全面、被边缘化、课程与教材单一、健康教育师资严重缺乏的现象。

通过文献梳理总结目前我国中小学健康教育存在的问题:(1)由于我国中小学健康教育课程并没有形成独立地位,具体安排上灵活性太高,课时无法保障,逐渐被边缘化;(2)健康教育内容落后、单一、碎片化;(3)缺乏健康教育师资及相关培训;(4)健康教育资源缺乏,难以开展丰富多样的教育教学。

二、发达国家中小学健康教育的启示

(一) 日本

日本健康教育也称保健教育,自20世纪40年代将体育与健康教育相结合[8]。日本健康教育的目标是培养主动适应社会、有生气的生活的人;培养"主动思考、主动判断、具有解决问题的能力";培养学生兴趣,重视思考力、判断力、表现力及创造性思维能力的培养[9]。课时的特点是从低年级到高年级逐步增加,内容安排会根据学生情况而定。

日本大学专门设有"养护教谕"专业,经过此类专业培养出来的人可成为健康教育课程的教师或者校医、卫生保健工作者。日本这一做法为健康教育课程师资增加了来源,为缺乏健康教育师资的国家提供了解决思路[9]。

(二) 芬兰

在芬兰,健康教育是一门独立的学科。芬兰健康教育的内容和形式以儿童发展特点为依据设计。1—6年级,健康教育侧重激发儿童全面认识世界的思维能力,将生物学、化学、地理学等与健康方面的知识融合,进行现象观察,从而激发认知。初、高中阶段健康课程单独成课,更加注重社会性、政策性、现实性等主题,增加学生参与现实生活所需的各项能力[10]。

芬兰开展健康教育评价的原则是根据实现健康素养不同维度的目标而展开,分为表现性评价、过程性评价、观察性评价和总体表现性评价。例如在进行信息维度的健康素养评价时,通过观察学生获取、分析、评估、组合和应用信息的能力,采用表现性评价[10];评价的目的是促进健康,即使未达要求,也会让学生重新考核,让学生在失败中找到原因,从而进步。

芬兰健康教育立足现实开展,追求在真实的环境中让学生体验式学习,学校不仅会与社区、博物馆、科学机构等合作,还会邀请家庭参与学校活动,这种多方互动式的教学模式不仅增加了教学资源,也促进了家校联系,加强了学生与社会的联系[10]。

(三) 英国

英国体育与健康课程包含体育课程(法定课程)、个人、社会和健康教育课程(非法定课程)和性教育课程(3、4学段为法定课程)[11]。英国在健康教育的跨学科融合教学方面值得学习,他们会在每一门课程的教学目标上设置健康教育主题的"链接"或者"提示",当你点击,上面会显示达到该目标的具体做法。这种通过"链接"进行不同学科整合的健康教育,突破了空间和时间的限制,也增加了可利用的教学资源[11]。

（四）美国

美国将健康列为七大教育原则之一,健康教育与其他课程同样重要。小学低年级(k-3)的健康教育一周两次;小学高年级(4—6)一周三次。课的开展需要由5—6个学习活动点来支撑,教学内容方面由强调个人卫生到关注社区健康。美国将健康教育分为直接的健康教育和其他学科相关联的健康教育、灵活的随机教学。其中与其他学科相关联的健康教育更具价值和激发作用。例如阅读与语言:以各种水平的健康读物作为课外阅读材料;在口头、笔头表达作业中选择健康主题[12]。随机教学包括学校生活中的随机教育和生活中的随机教学。学校中的偶发事件、坐姿、休息均为健康教育的随机内容。

三、推进我国中小学健康教育实践的建议

（一）建立并完善学校健康教育机制

建立学校健康教育机制,充分保障健康教育有效实施。明确健康教育的最终目的是使其在面临促进健康、预防疾病、治疗、康复等各个层次的健康问题时,有能力做出正确的行为抉择,采取有利于健康的行为和生活方式。建议开设健康教育课程;规定每学期需完成的课时数量;招聘有健康教育背景的专业人才;定期开展学科研讨和培训;制订相关的学校健康教育法律规定,详细、具体地规定健康教育的要求和范畴;在体育专业设立健康教育教师的培训课程,解决当前我国师资缺乏的问题;教育部门加大职后体育教师的健康教育培训,完善培训系统,对我国中小学健康教育课程实施监测与评价,保障健康教育课程的顺利实施。

（二）构建健康教育课程体系、框架

以全生命周期为范围,注重学生发展需求,为长期健康行为的养成奠定基础;更新教学内容,选择贴近学生生活、符合学生需求的教学内容,汲取多方面知识,将健康与环境、科技与社会、流行病的预防与应对等内容结合起来开展健康教育;创新教学形式,采用体验式、情景式,增加学生与现实的互动;拓宽评价依据,采取多样评价方式,将学生日常生活中的健康行为、健康意识表现纳入其中;选择最具权威的教学资源,为学生提供科学的健康知识。教学设计紧紧抓住心智发展的"敏感期",由浅入深,循序渐进,随着学段的提升,目标能力的种类逐渐增加,学科跨度增加,注重提升在不同学习主题上的交互应用能力。

（三）充分利用健康教育资源

从国家层面加大健康教育课程的研讨与指导,组织专家编写健康教育教材;邀请学科专家、课程设计专家、校长与教师、社区工作人员、政府职员共同商讨健康课程;邀请学科专家进行讲座、授课,充分利用社会最新健康资讯,提供给学生最前沿的健康知识;学校与医院、社区形成合力,为学生提供科学健康教育。

【参考文献】

[1] 孙超,谢进平.深圳公办高中体育健康教育开展现状调查研究[J].当代体育科技,2021,11(18)：254-256.

[2] 曹磊,葛新."体医"融合视域下我国健康教育融入学校体育的路径[J].体育学刊,2022,29(04)：126-130.

[3] 翟丽丽.我国高中体育课健康教育模块教学现状与对策研究[D].北京:首都体育学院,2011.

[4] 刘斌,陈一林."健康中国"需要什么样的健康教育教材[J].湖南师范大学教育科学学报,2020,19(05)：73-78.

[5] 任杰,平杰,舒盛芳,等.青少年体育健康教育模式的构建与干预策略——基于上海地区中、小学生的调查[J].体育科学,2012,32(09)：31-36.

[6] 郝宏佳.当代中国中小学体育与健康教育现状及完善路径探究[D].长春:吉林大学,2017.

[7] 金晶,胡雨冰,黄羽鹭,等.国外学校健康教育实践与启示:第十二届全国体育科学大会[C].中国山东日照,2022.

[8] 喻坚.中日学校体育与健康教育的比较研究[J].教学与管理,1996(01)：61-62.

[9] 阎智力,市丸直人,石井胜.试析日本中小学的健康教育[J].山东体育学院学报,2008(06)：67-70.

[10] 刘芳丽,袁圣敏.芬兰中小学健康教育课程:背景、特征与启示[J].外国教育研究,2022,49(05)：74-87.

[11] 卢伯春.英国健康教育对我国现行体育(与健康)课程的启示[J].体育教学,2008(11)：41.

[12] 席春玲.当前美国中小学的健康教育课程及其特征[J].比较教育研究,2003(11)：20-24.

（本文作者：李美慧）

"双新"背景下高中数学建模与信息技术共通核心素养实践研究

"双新"指的是新课程、新教材,"新"的核心是一种以学生为中心的教育观。它强调立德树人,强调素养指向,强调让学习真正地发生。

数学建模是高中数学学科新教材的新增项目,它集理解问题、提出问题、分析问题、解决问题于一身,是最有综合性的数学素养。

高中信息技术新教材也对信息技术的核心素养进行了新的解释,包括了信息意识、计算思维、数字化学习与创新与信息社会责任,要求学生在较为复杂的具体情境中,能够确定信息的关键要素,发现内在关联,确定解决问题的路径,服务信息社会。

本文在研究中发现两个学科的核心素养有相似之处,学生在学习时,如果形成其中一门学科的核心素养,触类旁通,对数学和信息两门学科的学习都会大有益处。

一、"双新"背景下新教材的创新性

本章主要分析了数学建模和信息技术新教材在践行课程标准上的创新性,从课程基本要求的内容探究二者的学科核心素养。

(一)高中数学建模的创新性

数学建模是近些年来首次出现在上海高中的数学教材中,数学建模区别于传统的数学教学章节,与现实的连接更为密切,侧重于从现实问题出发,寻找突破口,利用数学模型,分析后得出结论。数学建模是高中数学新教材中最具有创新性的章节,它打破了数学原有的应用模式,更加生活化;它区别于传统的追求唯一解的数学模式,采用研究报告的形式得出结论。

《普通高中数学课程标准(2017年版)》对高中数学教学提出了明确要求,教师需要在日常教学中应用数学建模来夯实基础,锻炼学生的基本技能,培养学生的逻辑思维能力及空间想象能力,用问题探究来积累学生的实践经验[1]。

高中数学的学科素养在一步步向着实用性与探究性发展,这也是数学新教材引入数学建模章节的根本原因[2]。数学建模作为高中数学学科新教材的新增项目,它集理解问题、提出问题、分析问题、解决问题于一身,是最有综合性的数学素养[3]。

(二)高中信息技术新教材的创新性

高中信息技术新教材的使用对上海市的信息技术教学来说是一个很大的改革。它对信息技术的核心素养进行了新的解释,包括了信息意识、计算思维、数字化学习与创新与信息社会责任,要求学生在较为复杂的具体情境中,能够确定信息的关键要素,发现内在关联,确定解决问题的路径,服务信息社会。

高中信息技术新教材更新了新的程序设计语言,用 Python 语言替换了 VB 语言;它对信息技术的实用性探究也到达了新的高度,加入了人工智能和物联网的基础知识,让学生对信息技术的新发展有更深刻的理解[4]。

高中信息技术的学科素养在一步步向着实用性与工具性发展,努力加强学生的信息意识,希望学生在解决实际问题时能学会用更多的信息技术知识来解决问题。信息技术学科在之前偏工具化技术化的教学中,引入了一个个项目探究,不断加强信息技术与现实生活的紧密联系,让学生在生活中加强信息意识,提高信息思维,通过数字化学习与创新,解决实际问题,加强学生对信息社会的责任感。

二、高中数学建模与信息技术的教学研究

本文在第一节分析了课程标准对高中数学建模和信息技术课程的基本要求,本节将根据高中数学建模与信息技术的教学活动基本实施情况进行分析。

(一)高中数学建模课堂反馈

高中数学新教材中加入的数学建模章节,对数学学科是个不小的挑战,这意味着数学学科教学将从对书本章节知识的运用,升级到对现实问题的分析解决,数学建模从提出问题到解决问题,都由学生自主完成,充分给予了学生自主解决问题的空间,引导学生打开思路,尽情发挥。

以高中数学必修四数学建模活动"雨中行"为例,数学建模活动的问题是让学生分析如何行走能让人身上淋雨最少。

首先,学生需要提出问题,明确题目的问题是什么。经讨论,学生大概率可以推断出,此活动的数学问题为人的速度是多少时,人身上的淋雨量是最少的。以此,学生开始分析问题:影响人在雨中淋雨量的因素有哪些? 哪些因素是变量,哪些因素是常量? 应该使用什么样的数学模型来解决问题? 应该如何回答问题,分析结果?

教材引导学生将场景分为有风和无风两种情况,将雨中行走的行人当作一个长方体来计算,而雨的密度大小则用降雨强度系数 p 来表示,它表示单位体积的空间中雨滴所占的比例。

这些参数的选择是基于解决问题的最终目的提出的,它能有效地解决如何行走能让人身上淋雨最少的实际问题,但不是唯一的解决方案。学生需要自己思考如何分类讨论与设立参数,才能解决如何行走能让人身上淋雨最少的实际问题。

在"雨中行"的教学过程中,教学难点就在于问题的数学化与参数的选取。对于习惯了套用章节公式的高中生来说,这无疑是一个很大的挑战。

本文以为这是数学建模核心素养的意义所在,学生可以通过分析解决实际生活中的问题,从而锻炼解决实际问题的数学思维。这也是培养学生科研能力与素养的重要途径。如果

能与其他学科相结合,无疑会加深学生科研能力与素养的延续。

(二) 高中信息技术课堂反馈

在高中信息技术学科新教材的教学中,最直观的感受就是原先的教学章节,变成了活动教学,在解决问题中体会信息技术的学科素养。

以高中信息技术必修一《数据与计算》的活动一"数据、信息和知识"为例,学生需要在信息技术活动中体会什么是数据,什么是信息,什么是知识。

以问题"谁是30年内中国足球第一人?"为例,要解决这个问题,学生首先需要查找有关数据,数据选取的不同将导致回答问题的结果大不相同,这需要同学们具有计算思维;从数据中提取出解决问题需要的信息,需要同学们具有数字化学习与创新素养;能否从这一个小问题中提取出对社会有用的知识,也体现了同学们的信息社会责任素养。

此活动的信息学科的核心素养为:

1. 要能根据项目活动中问题解决的需要,找到与之相关的数据,分析数据中所承载的信息。(信息意识)

2. 能利用信息技术方式获取学习资源,分析数据,提炼信息,体会解决实际问题的信息技术方式。(计算思维)

3. 能认识运用数字化学习的工具,掌握数字化学习的基本技能。(数字化学习与创新)

4. 在分析项目活动与解决问题的过程中,能遵守信息社会法规,思考信息技术对社会的作用。(信息社会责任)

学生在学习本活动的过程中,分组完成了教师提供的五个小活动,每个同学都在互联网上用自己的方式,提炼需要的信息。

在分组活动的初期,学生受"拿来主义"思想影响严重,喜欢就老师的问题直接搜索,获取互联网上前人的成果作为自己收集到的信息。在老师的引导下,学生渐渐学会了自己动脑,有目的地搜索出有可能有信息的数据集,再从数据中提炼信息。

本文认为此节课的教学重点在于让学生形成完整的分析问题、解决问题的思路,科学使用信息技术,将信息技术作为大脑的辅助,重点依然在学会分析问题、解决问题。

在整个信息技术新教材的教学中,活动性的思维与解决问题的方式无处不在。本文认为这一学科素养的延伸对学生的学习生活以及未来的科研能力将大有助益,如果能与其他学科结合,无疑会加深学生这一学科素养的延续。

三、高中数学建模与信息技术共通学科素养分析

在之前对高中数学建模与信息技术新教材的课标分析中,本文认为高中数学建模与信息技术在引导学生发现问题、分析问题、解决问题的现实思路上高度一致,高中数学建模希望学生能够运用数学基本知识解决现实问题,而高中信息技术希望学生能够运用信息技术解决现实问题。虽然二者使用的知识工具不同,但在本质上都是对学生解决实际问题能力的锻炼,以

及对科研素养的启发[5]。

在上一节中,本文列出了信息技术与数学建模教学的两个具体案例,对活动案例仔细分析后不难发现,信息技术学科解决问题的一般思路为:

数学建模解决问题的一般思路为:

信息技术的学科素养偏工具化与应用化,而数学建模的学科素养偏理论化与数学化,二者在分析问题与解决问题的步骤上相似度极高,本文认为信息技术的学科素养与数学建模的学科素养非常适合合并研究。本课题不仅对两个学科的核心素养研究有重大意义,而且对培养学生科研能力与创新精神有重要意义。

四、总结

随着新课程新教材的实施,对每一个学科的高中教学都有了更高的要求。为响应"双新"的要求,以学生为中心,强调素养指向的研究就更加重要。

数学建模是高中数学学科新教材的新增项目,它打破了传统数学教材的章节概念,集理解问题、提出问题、分析问题、解决问题于一身,让数学学科的核心素养更具综合性。高中信息技术新教材也对信息技术的核心素养有了更高的要求,包括信息意识、计算思维、数字化学习与创新与信息社会责任,要求学生在较为复杂的具体情境中,能够确定信息的关键要素,发现内在关联,确定解决问题的路径,服务信息社会。因此,对数学建模与信息技术学科新教材的研究具有重要的意义[6]。

笔者在研究中发现两个学科的核心素养有相似之处,本文认为高中数学建模与信息技术在引导学生发现问题、分析问题、解决问题的现实思路上高度一致。

信息技术的学科素养偏工具化与应用化,而数学建模的学科素养偏理论化与数学化,二者在分析问题与解决问题的步骤上相似度极高。高中数学建模希望学生能够运用数学基本知识解决现实问题,而高中信息技术希望学生能够运用信息技术解决现实问题。虽然二者使用的知识工具不同,但在本质上都是对学生解决实际问题能力的锻炼,以及对科研素养的启发。

高中数学建模与信息技术核心素养的共同研究,能让学生在课堂上学习知识的同时,拥有解决外部世界实际问题的意识。学生在学习时,如果掌握其中一门学科的核心素养,触类旁通,对数学和信息两门学科的学习都会大有益处。高中数学建模与信息技术核心素养的共同教学不仅对两个学科的核心素养研究有重大意义,而且对培养学生科研能力与创新精神有重要意义。

【参考文献】

[1] 中华人民共和国教育部.普通高中数学课程标准(2017 年版 2020 年修订)[M].北京:人民教育出版社,2020.

[2] 冯容.核心素养背景下小学生数学建模素养的培育分析[J].科学咨询(科技·管理),2020(10):153.

[3] 姜东波.核心素养下高中数学建模教学分析[J].才智,2020(15):131.

[4] 中华人民共和国教育部.普通高中信息技术课程标准(2017 年版 2020 年修订)[M].北京:人民教育出版社,2020.

[5] 夏吉洁.计算思维在核心素养培育中的应用——以高中信息技术学科为例[J].中国现代教育装备,2021(18):35-37.

[6] 陈宝红.基于学科核心素养培养的高中信息技术项目式教学研究[J].福建教育学院学报,2021,22(02):72-74.

[7] 林泽珊,吴燕珊,陈燕珊.核心素养视角下的高中信息技术课堂教学行为分析[J].教育导刊,2020(08):63-69.

(本文作者:温佳琳)

"双新"背景下通用技术学科项目教学的校本化研究

一、问题的提出

项目教学模式是围绕课程目标,以某一项目为主线,将教学内容融入其中进行教学,以促进学生建构自己的知识体系的一种教学方式。项目教学模式有别于传统教学,它是以教师为主导,以学生全程参与为主要特征,将理论与实践结合起来组织教学活动。它能扭转以往通用技术课堂出现的理论与实践不协调发展的局面,能推动通用技术课程的健康良性发展。

通用技术学科项目教学是一种培养学生创新能力和综合素质的学科项目,旨在培养学生的创新思维、动手能力和团队协作能力。目前,有许多学校都已经广泛开展了通用技术学科项目教学,并在教学内容和模式上进行了不断的创新尝试。有的是以单节课课堂为容量的小项目系列,有的是以单元教学为容量的中型项目,有的是贯穿全部学科内容的大型项目。然而,与此同时,通用技术学科项目教学也面临着诸多挑战和问题。

首先,教学质量不稳定、资源配置不均衡。就笔者所了解到的普通高中通用技术的教学情况来看,各校的通用技术实验室配置、师资配备、课时及教学内容安排等不统一,各校在推行通用技术学科项目教学时,比较随意盲从,在项目选择上漂浮不定。

其次,目前许多学校并未对通用技术课程项目进行深入研究和开发。导致的结果是,一方面项目教学资源匮乏,另一方面项目资源选择不当,不仅影响了教学质量的提高,也限制了学生的学习兴趣和创造力的发展。

针对通用技术学科教学中存在的问题,项目教学校本化被作为一种解决方案提出。项目教学校本化强调根据学校的实际情况和特点,量身定制、灵活调整项目教学内容和模式,以满足学生的个性化需求。这种教学方式能够更好地培养学生的创新能力和实践能力,提高教学质量。

二、探索

(一)通用技术课程项目教学校本化的可行性

在当前的"双新"背景下,通用技术学科项目教学的校本化成为了一个重要的议题。那么,通用技术学科项目教学的校本化是否可行呢?

首先,我们可以看到,通用技术课程具有一定的灵活性和广泛性。通用技术学科项目的学习内容涵盖了许多不同的技能和知识领域,包括科学、工程、技术、数学等。这种广泛性为通用技术学科项目教学的校本化提供了一定的实施空间。通过校本化,教师可以根据学校的育人目标和特点,结合学生的实际情况,针对性地选择相关内容设计和开展通用技术课程项目,使之更加适应学校和学生的需求。

其次,通用技术学科项目教学的校本化也得到了政策的支持和推动。教育部和相关教育行政部门对于通用技术学科项目教学的校本化提出了明确的要求和指导意见。各级教育部门也纷纷制定了相关政策措施,鼓励和支持学校开展通用技术学科项目教学的校本化探索和实践。这些政策措施为通用技术学科项目教学的校本化提供了有力的保障和支撑。

此外,现代教育技术手段的不断发展也为通用技术学科项目教学的校本化提供了技术支持和可能性。现在的学校和教育机构已经普遍配备了多媒体设备、网络教学平台和先进的工程实验室,这为通用技术学科项目教学的校本化提供了技术保障和便利条件。通过利用这些技术手段,可以将通用技术课程的项目教学资源进行数字化、个性化定制,使之更好地适应学生的学习需求和特点。

(二)通用技术课程项目教学校本化的原则

在实施通用技术学科项目教学校本化的过程中,我们需要遵循一些基本原则,以确保教学的有效性和可持续性。

1. 客观性原则。教学活动应基于客观研究和实践经验,以确保教学设计和实施符合科学的规律和原则。教师应借助科学研究的成果,结合学生特点和学校实际,科学地制定项目教学校本化方案,并根据实际情况进行适当调整。

2. 针对性原则。项目教学校本化应根据学生的特点和需求进行针对性的设计,以满足不同学生的学习需求。教师应了解学生的背景、兴趣、学习风格等方面的信息,针对性地选择和设计教学内容、教学方法和教学资源,以提高教学效果和学生的学习积极性。

3. 创新性原则。项目教学校本化要鼓励教师在教学设计和实施过程中发挥创新精神,摒弃传统的一刀切教学方式,通过引入创新的教学策略、教学资源和评价方式,激发学生的创造力和创新思维。教师可以结合实际情况,设计一些具有挑战性、探究性和实践性的学习任务,以激发学生的学习兴趣和自主学习能力。

4. 合作性原则。项目教学校本化应鼓励教师之间、学生之间和学校与社会之间的合作和交流。教师可以进行教学团队合作,共同研究教学内容和方法,相互借鉴经验和共享教学资源,提高教学质量。学生可以进行小组合作学习,互相讨论、合作完成任务,培养合作意识和团队精神。

5. 持续性原则。项目教学校本化不是一劳永逸、一成不变的事情,而是一个持续的过程。教师应适时评估和调整教学方案,根据学生的学习和反馈情况进行适当的改进。学校应建立起监测和评估机制,定期对校本化教学的实施效果进行评估和总结,以不断提高教学质量和效果。

三、实践

（一）项目主题的确定

在"双新"背景下，项目主题的确定是项目教学校本化实践的关键环节之一。

首先，项目主题的确定应充分考虑学生的学习需求和兴趣。项目教学校本化的目的是提供有针对性的学习体验，培养学生的实践能力和创新思维。因此，我们需要先通过充分调研了解学生的兴趣爱好和特长，从而确定与学生日常生活紧密相关的项目主题。例如，可以选择与科技创新、环境保护、健康生活等方面相关的主题，以激发学生的学习兴趣和学习动力。

其次，项目主题的确定应与课程目标和教学大纲相契合。校本化项目是课程的延伸和拓展，旨在通过实际项目实践来达到课程目标。因此，在确定项目主题时，需要仔细研究课标、课程教学大纲，明确项目与课标之间的关联性。同时，也可以借鉴相关领域的已有研究和实践经验，为项目主题的确定提供理论支持和实践参考。

另外，项目主题的确定还应考虑到学生的实践能力和资源条件。校本化项目强调学生的实践操作和团队合作能力的培养，因此，项目主题的确定应基于学生已有的实践能力和资源条件。例如，如果学生在某个领域已具有较高的实践经验和技能，则可以选择相关主题来进行更为深入的研究和实践。

同时，学校和社区的资源条件也是项目主题选择的重要考量因素，需要结合实际情况确定可行的项目主题。

最后，项目主题的确定还要考虑到教师的专业知识和教学经验。校本化教学项目的实施离不开教师的支持和指导。教师作为项目的组织者和引导者，需要具备相关领域的专业知识和教学经验。因此，在确定项目主题时，需要充分考虑教师的专业背景和兴趣爱好，确保教师能够胜任相关项目的教学工作。

（二）项目内容的选择

在"双新"背景下，通用技术学科项目教学的校本化探索中，项目内容的选择显得尤为重要。项目内容的合理选择既有助于学生充分发展自身技能，又能与学校的实际情况相契合，提升教学的针对性和实效性。

首先，项目内容的选择应基于学科的核心要素和学生的学习需求。通用技术学科涵盖了广泛的技能和知识领域，例如信息技术、制造工艺、创造和设计等。因此，在项目内容的选择中，应该围绕学科的核心领域进行明确的界定，确保教学目标的明确性和学生所需的学科素养的提升。

其次，项目内容的选择应与学校的实际情况相结合。每个学校的资源、环境和特色不尽相同，因此，在确定项目内容时，需要考虑学校的实际情况，并与学校已有的教育资源相结合。例如，学校具有良好的机械加工实验室条件，可以选择与制造工艺相关的项目内容，充分发挥实验室的优势资源。通过与学校实际情况的结合，可以提高项目活动的实施效果，使学生在实践中获得更为全面的发展。

此外,项目内容的选择还应考虑到学生的个体差异和兴趣特长。通用技术学科项目教学注重学生的主动参与和实践探索,因此,需要根据学生的不同特点和需求,合理确定项目内容。例如,对于偏向信息技术的学生,可以选择与计算机编程、网络安全等相关的项目内容;对于喜爱创造和设计的学生,可以选择与产品设计、手工制作等相关的项目内容。通过满足学生个体差异和兴趣特长,可以激发学生的学习热情,提升学习效果。

(三) 项目校本化的途径与步骤

在推进通用技术学科项目教学校本化的过程中,我校制定了如下途径与步骤:

1. 结合课标要求,研读通用技术教材,领会单元教学、项目教学的基本特征和核心策略;

2. 查找文献资料,列出历年来通用技术学科的项目教学案例;

3. 结合新教材内容、学校条件、学生情况,挑选并开发适合的通用技术项目教学内容,进行教学设计;

4. 精心实施教学;

5. 对教学效果进行评价与反馈;

6. 形成教学反思;

7. 整理编写通用技术学科校本项目学案、教案;

8. 基于校本项目完善通用技术实验室,创新实验室建设;

9. 编写校本教材《华二普陀高中生通用技术实践与创新活动项目汇编》。

表1 华二普陀校区校本化的通用技术实践与创新活动项目汇编

序号	项目名称	主要落实的核心素养
1	钻木取火——追溯技术的历史	技术意识、创新设计
2	搭建庇护所——理解技术产生于人类的实践活动	技术意识、创新设计、物化能力
3	神奇的沉浮子、马德堡半球、小球穿墙——理解技术产生于对科学概念、规律的运用	技术意识、工程思维
4	桔槔汲水——理解技术的性质	技术意识、工程思维、创新设计、图样表达、物化能力
5	活塞抽水、竹签陀螺、自平衡担架、倍力拱桥——理解技术与设计的关系	技术意识、工程思维、创新设计、图样表达、物化能力
6	在校园中发现技术问题——体验发现与明确问题	技术意识、工程思维、创新设计、图样表达
7	讲台收纳盒——体验设计的一般过程和原则	技术意识、工程思维、创新设计、图样表达、物化能力
8	鲁班锁制作——体验设计(手工绘图、计算机辅助设计)、加工(木工、3D打印、组装)全过程,编写设计说明、产品说明	技术意识、工程思维、图样表达、物化能力

序号	项目名称	主要落实的核心素养
9	东方明珠塔模型制作——体验设计(计算机辅助设计)、加工(木工、金工、3D打印、组装、上色美化)全过程,编写设计说明、产品说明	技术意识、工程思维、图样表达、物化能力
10	爬楼梯小车轮子的优化设计——领略现代计算机辅助设计(制图、仿真、有限元分析等)技术,体验完善设计方案演化历程	技术意识、工程思维、创新设计、图样表达、物化能力
11	声控旋律灯——体验电工电子技术(读电路图、识原件、能焊接)	工程思维、图样表达、物化能力
12	无碳小车、筷子抛石机比远——体验结构的设计与优化	工程思维、创新设计、图样表达、物化能力
13	纸桥承重、创意承重结构——体验结构的设计与优化	工程思维、创新设计、图样表达、物化能力
14	七巧板制作——体验流程的设计与优化(推荐使用激光切割)	工程思维、创新设计、图样表达、物化能力
15	自制酸萝卜——体验流程的设计与优化(在家尝试)	工程思维、物化能力
16	水果电池、水火箭、空气动力纸火箭制作——体验系统的设计与优化	技术意识、工程思维、创新设计、物化能力
17	数学建模:产品包装材料最省、两厂之间建码头最优地址的求解——体验系统的设计与优化	技术意识、工程思维、图样表达
18	逆风小车、太阳能小车——体验控制的设计与优化	技术意识、工程思维、创新设计、物化能力
19	赏析爬足小车、木牛流马、蠕虫机器人、连杆机械手、饮水鸟、仿生机械狗、仿生机械鱼、青蛙机器人、简易非电子自动浇花装置、简易发电机(水力发电机)——综合体验结构、流程、系统、控制的设计与优化	技术意识、工程思维、创新设计、图样表达、物化能力
20	简易观赏鱼鱼缸系统设计与实现——综合体验结构、流程、系统、控制的设计与优化	技术意识、工程思维、创新设计、图样表达、物化能力
21	学校屋顶水塔水位控制系统——体验电子控制技术	技术意识、工程思维、创新设计、图样表达、物化能力
22	基于Arduino的电子控制技术项目:巡线、避障、遥控小车,智能家居——综合体验结构、流程、系统、控制的设计与优化	技术意识、工程思维、创新设计、图样表达、物化能力
23	基于树莓派的人工智能项目:用树莓派+Python+OpenCV制作计算机视觉机器人——综合体验结构、流程、系统、控制的设计与优化	技术意识、工程思维、创新设计、图样表达、物化能力

四、总结与展望

校本化在推进"双新"背景下通用技术学科项目教学的发展中具有重要意义。我们应进一步加强项目教学校本化研究,完善相关政策和制度,为学生提供更优质、个性化的教育服务,促进学生学科核心素养的提升。在未来的研究中,我们还需要对项目教学校本化的具体实施过程和效果进行深入研究,为教育改革和人才培养的推进提供有益参考。

通用技术学科项目教学校本化,在"双新"背景下具有广阔的发展前景。我们可以加强教师专业发展,加强与社会的合作与交流,注重培养学生的学科核心素养和创新能力,从而推动通用技术学科项目教学的校本化进程。这将为培养创新型人才,推动我国科技进步提供重要的支持。

【参考文献】

［1］吴秀娟.核心素养视域下项目教学模式在通用技术课程中的应用研究［D］.福州:福建师范大学,2018.

（本文作者:刘海生）

15

科学素养视域下普通高中科创教育课程建设实践研究

一、科创教育课程建设背景

发展学生核心素养是"双新"教育教学改革的核心目标。核心素养是学生为适应终身发展所需的必备品格和关键能力,其中科学素养是核心素养的重要组成部分之一,是一个人在科学领域的知识、思维、态度和技能等综合素质。在我国科技遭遇"卡脖子"的关键时期,培育提升中学生科学素养对未来科技人才储备具有关键意义。

为此,国家发布了一系列政策要求提升学生科学素养。2016 年,教育部颁布《中国学生发展核心素养》,明确六大核心素养之一即"科学精神"。2019 年,国务院办公厅颁发《关于新时代推进普通高中育人方式改革的指导意见》,强调"双新"改革要着重培养学生创新思维和实践能力,提升科学素养。2023 年 2 月,中共中央政治局集体学习会议上,指出要深入实施全民科学素质提升行动,在教育"双减"中做好科学教育加法,激发青少年的好奇心、想象力、探求欲。同年 5 月,教育部等十八部门发布《关于加强新时代中小学科学教育工作的意见》,强调要提高学生科学素质,培育具备科学家潜质、愿意献身科学研究事业的青少年群体,为加快建设教育、科技、人才强国,全面建设社会主义现代化国家夯实基础。

科学教育包括传统意义上的自然科学学科教学,如数学、物理、化学、生物等,也包括科技创新教育(简称科创教育)。尽管传统意义上的自然科学学科教学仍然非常重要,但随着科技的迅速发展和社会需求的变化,跨学科的科技创新教育也逐渐引起人们的关注。在跨学科的科技创新教育中,学生可以通过参与课题项目研究,培养创新思维、科学探究和实践能力。这种教育模式更能够有效激发学生对科学、技术、工程和数学(STEM)领域的兴趣,在研究中学习研究,能全面培养他们的科学研究能力和创新意识,提升他们解决实际生活问题的能力,使他们能够更好地应对未来社会的挑战。然而,现阶段我国中小学科创教育实践中还存在一些落差和挑战,主要问题是还没有建立健全的科创教育课程体系,包括学科标准、实践系统、师资管理等方面。因此,如何通过课程改革优化科创教育的课程模式、教学策略、师资队伍建设等,深化学生科学素养的培育工作,是普通高中"双新"背景下的重要议题。

二、科创教育课程建设现状

我校建设科创教育课程基本理念为提升学生科学素养。PISA(2015)[1]将"科学素养"定义为"运用科学知识、识别科学问题、基于证据得出结论"的能力,把科学素养的内涵概括为科学过程、科学概念和科学应用情景三个方面。该领域的研究在现今的大环境下也得到了越来越多的国内外学者和教育者的关注。

(一) 国外在科创教育课程建设方面的现状

近年来,科技发达国家在科学素养理论研究、科学素养培育政策研究、科技创新竞赛项目开发等方面取得了一系列研究进展。2013 年,美国提出了新一代科学标准(Next Generation Science Standards),旨在为 K‐12 年级的学生提供一个全面系统的科学教育框架。2014 年,芬兰开展"Phenomenon-based learning"项目,将不同学科的知识融合在一起,通过探究现象和问题的方式提高学生的科学素养。2016 年,欧盟发布《欧洲 STEM 教育战略》,旨在促进欧洲年轻一代的 STEM 素养发展。欧美国家举办的中小学科技创新竞赛也非常有力地促进了学生科学素养的提升。例如,美国的国际科学与工程大奖赛(International Science and Engineering Fair),英国的"全国科学 + 工程竞赛"(National Science + Engineering Competition),这些是目前全球最大规模的科技创新竞赛。这些活动为学生提供了一个展示自己科学研究成果的平台,通过竞争和交流,促进学生合作探究,提升学生科学素养。

从广义来看,国外中小学生科学素养提升项目等效于国内科创教育。我国科创教育起步晚,课程建设不完善,国外优秀经验可以给我们提供借鉴与参考。当然,国外在开展科学素养提升项目过程中,也存在一些问题,如科学素养培育难以与具体课程内容融合,教师缺乏相关知识和技能,课程理论缺乏与实践的联系,科创竞赛评价标准存在争议等。这些问题需要我们认真研究并在本土化科创教育课程建设中加以解决。

(二) 国内在科创教育课程建设方面的现状

在国内,科创教育课程的建设正逐步深入发展,国家和地方政府出台了一系列政策和文件,鼓励和支持科创教育的发展。《中长期教育改革和发展规划纲要(2010—2020 年)》强调要加强创新教育。《关于加强中小学科技创新教育的指导意见》则明确要求推进科技创新教育在中小学全面开展。许多中小学校已经开始重视引入并重构科创教育课程。例如,华师大二附中本部建立了拔尖创新人才早期培养支持系统并进行了实践,通过这个系统,学生在高中阶段就可以深度体验科学研究,从而培养创新意识和能力[2]。七宝中学开设了多层次的科创课程,通过在不同年段设置分层分级的科创课程,有效引导学生进行科创探究[3]。

纵观当前国内科创课程,内容通常包括探究性学习、实践操作、项目研究等环节,旨在培养学生的创新思维和动手能力。为了增加科创教育的实践性,学校组织科创实践活动,如科技竞赛、科技展示、科学探究营等。这些活动可以让学生亲身参与科学研究和创新实践,提升他们的科创能力。教师是科创教育的关键力量,国内各级教育部门都注重对教师进行科创教育培训。这些培训包括教学方法、课程设计、实践操作等内容,旨在提高教师的科学素养和指导能力。此外,一些机构和组织提供了科创教育资源支持,例如开发在线教学平台、制作科创教育教材、举办师生培训等,为学校和教师提供了丰富的科创教育资源。

尽管国内的科创教育课程建设已经取得了一定的进展，但仍然存在挑战和改进的空间。首先，目前科创课程缺乏针对性，无法满足学生的个性化需求和不同年龄段的特点。其次，课程缺乏体系化的实践操作环节，学生难以将理论知识应用到实际生活中。再次，科技教师素质参差不齐，一些教师对科创教育的理解和掌握程度有限。此外，学校缺乏统一的科创教育课程标准和评估体系。总的来说，目前科创教育最大的问题是尚未建立健全的科创教育课程体系。

课程是学校教育教学管理的灵魂，科创教育课程建设对提升学生科学素养，培育拔尖创新人才至关重要，学校必须设置适合且配套的个性化课程。经过多年的探索和实践，华东师大二附中本部已经建立起一套成熟的科技创新教育课程体系。我校区自从创校以来就不断吸取本部先进的教学理念和实施手段，尝试将其复制到我校区。目前，我们的科创教育课程已经初步取得了一些成效。然而，随着社会的不断发展和科技的进步，我们也意识到科创教育课程的开发需要与时俱进，同时，不同学校在校情、学情等方面具有自身特点。因此，针对当前的"双新"科学素养发展目标，我们积极尝试探索适合本校区的科创教育课程安排、教学方法和师资建设等。我们希望通过这些努力，能够更好地培养本校学生的创新精神和实践能力，提高他们的科学素养，为学生未来的发展打下坚实的基础。

三、本校科创教育课程建设实践

（一）课程理念与实施路径

培育科学素养不仅是科学知识和技能的掌握，更是一种科学思维和科学精神的培养，包括批判性思考、问题解决能力、创新性思维以及对科学道德和伦理的理解等。基于此，我校科创教育课程建设核心理念是在真实研究环境中学习研究，基于"三自"课题研究原则即自己想课题、自己做课题、自己写课题提升科学素养。课程实施以"三科课程"为路径，该路径根据学生做小课题的步骤设计（图1）。"三科"分别为走近科学，走进科创，走近科研。走近科学课程，主要目标为帮助学生了解什么是科学，为什么要做科学研究，以及怎么做科学研究。通过系列微讲座、实验室培训等活动，提升学生文献调研和提出问题的能力，助益学生找到自己感兴趣的小课题方向。走进科创课程，主要目标为帮助学生实施并完成课题研究，撰写论文，体验真实的科学研究过程。通过导师制辅导，跨学科"教"与"学"等方法，提升学生实验操作、问卷调查、数据分析、论文撰写等能力。走近科研课程，主要目标为通过鼓励学生参加科技创新比赛，完成课题答辩报告等，锻炼学生表达学术观点，做研究报告的能力。

通过这样的课程设计，短期提升学生相应技能，中期培养学生理性思维、批判质疑、勇于探讨的思维品质，长期培育并提升学生运用科学知识、识别科学问题、基于证据得出结论的科学素养。科创教育课程并不是只为培养科学家而设置，而是通过体验真实的研究过程，让学生了解通过观察世界，提出有趣的问题，借助各种手段分析并解决问题的素养，这正是学生适应终身发展所需的必备品格和关键能力。

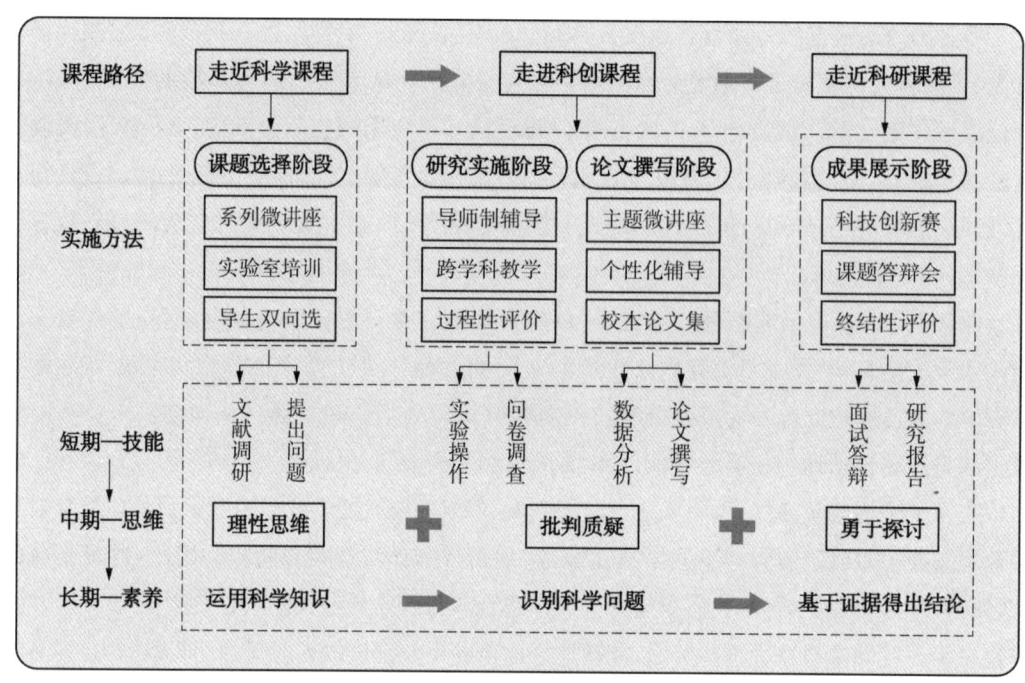

图1　科创教育课程框架

（二）课程评价与师资建设

科学素养视域下，我校积极尝试建设一套适合我校区的科创教育课程体系，包括课程目标、课程计划、课程组织、课程实施、课程评价等课程开发环节，形成一个多元化、特色化和个性化的，多学科统整协同的科创课程框架。下面重点阐述在评价体系和师资建设两个方面的思考与尝试。

1. 科创教育课程评价体系

该评价体系包括三方面，分别是学生科学素养水平评估、课程内容评估、教师教学评估。

（1）学生科学素养水平评估。这方面主要通过科创教育课程实施前后，学生在科学思维、科学知识技能、科学态度和科学价值观等方面的变化，评估该课程的教学效果。下面举一个往年测评学生科学素养的题目：你被要求观测一次流星雨，并撰写观测报告以完成作业。然而，你只有一台性能有限的望远镜，且今晚的天气状况不佳，无法观测到大部分细微的流星，这使得观测效果受到限制。请从以下选项中选择最合适的回答：

（A）使用绘图和列表的形式准确描述你所观测到的现象；

（B）介绍看到的现象，在报告中添加网上找到的流星雨图片，解释你在图片中观察到的内容；

（C）观测一段时间后，从网上找到一篇类似的报告，并进行修改后提交；

（D）认为望远镜效果不佳，放弃观测并改写一下题目，改成类似的场景。

该题主要是针对学生科学素养中的科学态度方面的测评，答案选项中，C和D都不可取，因为 C 属于造假，D 则缺乏探索精神。科学研究中的观测结果容易受到很多意料之外因素的影响，并且这些因素常常是随机的。B 参考他人的观测结果，相当于组成了一个虚拟的观测团队，得到的结果就更具有科学性。A 虽然是对观测结果的客观描述，但还不是最好的。所以，最好的方法是 B。当然，在我们的测评体系中还有针对学生科学知识技能、科学思维、科学价值观等方面的测评，学生经过科创教育课程体系训练后，将在这三个方面的科学素养上获得提升。

（2）课程内容与结构评估。这方面主要考查课程是否能够覆盖科创教育的要求，包括科学基础知识传授、实践活动、创新项目等内容的设计和安排是否合理，课程的整体逻辑如何，以及是否具有连贯性，课程是否注重实践性和应用性，课程是否提供了多样的研究资源和研究方式等。可以通过课程文件分析、教材评估、课程评价问卷，同时也可以考虑邀请专家或同行评审等方式来评估课程内容与结构。

（3）教师教学方法与策略评估。这方面主要关注教师的教学方法与策略是否与教学目标匹配，能否选择和运用适合的教学方法和策略来实现这些目标，是否能够有效地激发学生的兴趣和参与度，培养学生的科学思维和创新能力。可以通过课堂观察、教学记录、学生反馈等方式来评估教师的教学方法与策略。

通过对课程不同层面的评估，可以全面了解科创教育课程在培养学生科学素养方面的实施效果，也可以帮助教师发现教学过程和教学方法中存在的问题和不足，并为改进和完善课程提供经验和借鉴。当然，随着课程建设持续推进，评估体系也将不断更新，例如多元化评估方法，建立评估指标体系，建立循环反馈机制等。通过持续改进和完善评估体系，可以更好地评估科创教育课程的实施效果，并为科创教育的发展提供有力的支持和指导。

2. 建设科创教育课程师资队伍

师资队伍的建设是科创教育课程实施的关键要素，这部分内容包括定义科创教育师资队伍的构成和职责，明确不同岗位的职责和工作要求，制定岗位任职资格和晋升机制。设计科创教育师资队伍培训计划，包括入职培训、持续教育和职业发展计划等，以不断提升师资队伍的素质和能力。建立科创教育师资队伍考核机制，制定科创教育师资的考核激励标准和流程，对师资队伍进行定期考核和评估，以保证师资队伍的质量。建立科创教育师资队伍沟通和交流机制，促进师资之间的互动和交流，提高教学水平和教学效果。以上几个方面的综合研究，有助于提升科创教育师资队伍的稳定性、可持续性和高效性，提高教学质量和效果。

（三）课程模式概述

我校科创教育课程教学模式要点主要包括以下几个方面：

1. 以学生为中心的教学方法。以科学素养为核心的课程设计强调以学生为中心的教学方法，这种方法认为学生是知识的主体，教师的角色是引导和促进学生的学习。在这种教学环境中，学生可以自主探索，提出问题，寻找答案，并在解决问题的过程中发展科学思维和科学技能。

2. 实践和探究的教学活动。实践和探究的教学活动是培养科学素养的重要方式。这些活动可以帮助学生理解科学知识,掌握科学方法,并发展科学态度和价值观。例如,实验活动可以让学生亲身体验科学研究的过程,理解科学知识的来源和验证方式;探究活动可以让学生运用科学知识和方法解决实际问题,提高科学思维和问题解决能力。

3. 以问题为导向的课程设计。以问题为导向的课程设计是培养科学思维的有效方式。这种课程设计方法将真实的、复杂的问题作为学习的起点,鼓励学生运用科学知识和方法解决问题。在解决问题的过程中,学生可以发展批判性思考、创新性思维以及协作能力等科学素养中的关键能力。

4. 整合跨学科的内容。科学素养不仅包括特定科学领域的知识和技能,还包括对科学的整体理解和应用。因此,课程设计应该整合跨学科的内容,帮助学生理解科学知识的内在联系,以及科学与社会、环境、技术等的关系。这种整合可以帮助学生发展系统思维,理解科学的本质和价值。

5. 评价和反馈。评价和反馈是课程设计的重要部分,它们可以帮助教师了解学生的学习进度,调整教学策略,并鼓励学生反思自己的学习。评价应该包括对学生科学知识、科学技能以及科学态度和价值观的全面评价,以确保学习成效。

基于课程目标和课程模式要点,同时考虑到实际校情和学情,我校将科创教育课程设置为高一学年必修课,总课时约为60课时,包括高一第一学期初和学期末的科创集训时间以及两个学期中每周一固定一小时课时。采用导师制培养模式,课题方向包括物理、工程、化学、生物、信息、社会科学等,组织学生开展具有科学性、前沿性、趣味性的小课题研究,通过实施三科课程路径发展培育学生科学素养。

根据学习进度,高一学年的科创课程可分为四个阶段,分别为"选"课题阶段、"做"课题阶段、"写"课题阶段、"谈"课题阶段,图2为2022学年科创课程实施计划表。其中,"选"和"做"课题两个阶段在第一学期完成,"写"课题阶段主要在第一学期期末和寒假完成,"谈"课题则在高一第二学期完成。通过一学年科创课程的学习,学生在兴趣挖掘、文献调研、实验操作、问卷调查、论文撰写、数据整理、面试问答和课题表达这些方面的能力得到较大提升,完整地体验了真实的科学研究过程——提出问题、分析问题、解决问题,甚至还能提出新的研究问题。这些能力的获得有助于学生形成一套较为成熟的科学方法论,落实科学素养理念。

四、学生课题成果案例展示

本校采用上述课程建设方法已有三年,每一届高一学生在该课程体系引导下均在高一结束时完成一个真实的小课题研究,这些研究有的来自学生生活中的真实问题,也有的来自学生阅读前沿文献后诞生的科研想法,下面以学生课题为案例展示学生小课题研究风貌。

(一)"痘痘"引发的课题

1. 课题简介

本课题源于由学生对青少年脸部痤疮即青春痘问题的关注而引发的探索。学生发现民

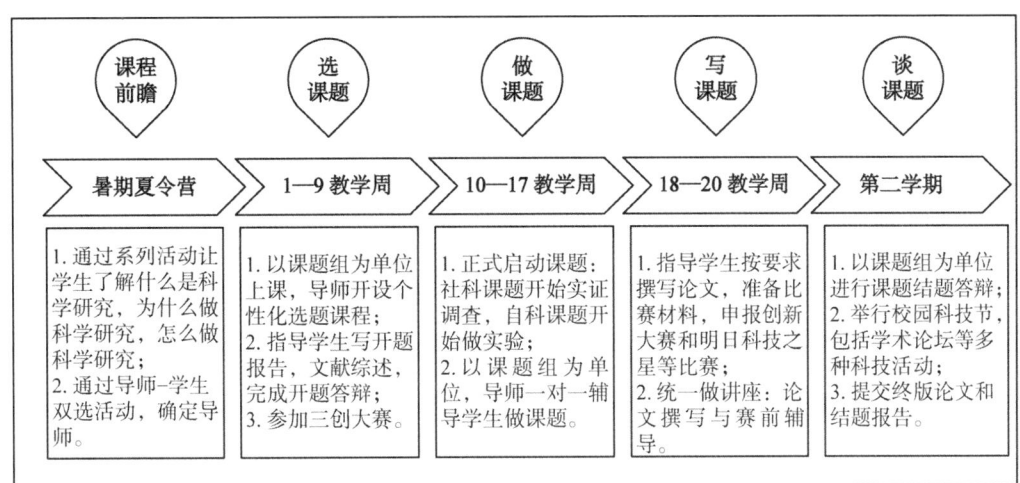

图 2　科创教育课程实施

间有关于抹生姜汁能治疗痘痘的传言,但是查阅文献后发现没有资料显示严谨的科学论证结果,于是该学生想到通过实验来探究生姜的抑痘效果。学生通过查阅资料发现,痤疮的发生主要源于痤疮丙酸杆菌中的脂肪酶将皮脂中的三酰甘油分解为甘油和游离脂肪酸,而脂肪酸可能诱导了炎症的发生。市面上虽有很多清痘产品,但是效果参差不齐,且很多来源于化学合成,可能有潜在副作用。学生通过提取生姜中的有效物质,借助滤纸片抑菌实验技术和痤疮丙酸杆菌脂肪酶活性检测技术,证明生姜提取物具有有效抑制痤疮丙酸杆菌生长的作用,并且这种抑制效果可能是由于生姜提取物抑制了痤疮丙酸杆菌中的脂肪酶活性而实现的。此外,通过探索生姜提取物、三黄汤及芦荟胶这三者的混合物比例,找到一种能有效祛痘的复配物,即生姜、三黄、芦荟比例为 2∶7∶1,将其应用于人体,具有明显的祛痘效果。学生通过严谨的科学实验证明生姜提取物具有抑制痤疮丙酸杆菌生长的作用,并据此成功研制出一种新型的、方便在家自制且安全廉价的祛痘产品,以供人们参考使用,是一项具有实用价值的科学研究项目(本课题作者为华二普陀 2021 级学生刘晓冉,本课题获得第 20 届明日科技之星大赛提名奖,第 37 届上海市青少年科技创新大赛三等奖)。

2. 学生体悟

由于我对青少年脸部痤疮这个问题比较感兴趣,因此做了这个来源于生活观察的课题。在做课题的过程中需要将自己观察到的现象提炼为一个个具体的科学问题,这个过程是不容易的,需要阅读大量的文献,才能知道这个领域目前有哪些已被解决和待解决的问题,同时还需要和导师不断地讨论,才能在现有条件下最大程度地实现自己的课题想法。我们学校建有生物化学创新实验室,于是我就在学校实验室的无菌操作台上运用滤纸片法测定细菌在不同生理条件下的生长速度,这极大地锻炼了我的动手操作能力。在整个课题研究过程中,我不断地查阅文献,动手操作,和导师同学讨论,再动手实践,慢慢地整个课题变得清晰完整,我也随之学会了一套完整的科学研究方法论,这是我最大的收获。

(二)从学习茶艺而来的茶叶研究课题

1. 课题简介

该学生从小就学习茶艺,在茶艺课上发现加了金花菌的茶汤非常好喝,于是诞生了为什么金花菌能提升茶汤品质,以及如何能将金花菌应用到其他茶叶上从而也能提升其他茶汤的品质这个研究课题。学生通过研究发现,我国夏秋茶产量占全年茶叶总量的60%以上,但由于夏秋茶品质较低,夏秋茶资源浪费严重。金花菌是一种源自茯砖茶的优势真菌,对降低茯砖茶的涩味,提升茶汤品质具有显著效果,因此如何利用金花菌发酵茶叶以提升其品质也是近年来茶叶研究领域的热点。于是,经过讨论,课题聚焦于将金花菌接种到红茶夏秋茶中,探究接种量、发酵时长和培养温度对茶叶品质的影响。通过浸泡茯砖茶获得金花菌种子,设置不同培养条件摸索优化金花菌最佳生长条件,再将金花菌孢子悬浮液接种到茶叶上进行不同时长的发酵,利用分光光度法检测发酵后茶汤中的营养物质含量,并观测茶汤的颜色和香气。研究结果显示,在10克红茶样品中接种1.5毫升金花菌孢子悬浮液,于26℃黑暗条件下发酵7天,茶汤中的茶多酚、茶氨酸和茶多糖的含量相比于对照组得到大幅提高,茶汤的颜色呈橙红明亮最为悦目,香气也最为浓郁,最大程度地提升了红茶品质。这项研究可能对解决夏秋茶资源浪费,提升茶叶生产效益都具有一定的参考价值(本课题作者为华二普陀2022级学生樊海欧,本课题获得第20届明日科技之星大赛提名奖,第37届上海市青少年科技创新大赛三等奖;该课题论文于2023年发表于全国科技类核心期刊《农业科学》,樊海欧为第一作者)。

2. 学生体悟

在做这个课题的过程中,我体会到了科技在传统产业中的重要性。茶叶作为我国的传统产业之一,如何不断提高产品的品质和降低资源浪费是我们应该思考的问题。我选择了金花菌来进行茶叶的发酵,通过精细的实验设计和参数优化,得出了最佳的发酵方案,成功地提升了红茶品质,这为茶叶生产和加工行业的可持续发展提供了很好的思路和方向。此外,在研究过程中,我也深刻认识到科学方法和科研过程中严谨的态度的重要性,只有实验的每个环节都精细入微,才能得出可靠的结果。做科创课题不仅对于学习科研方法和理念有较大帮助,同时也激发了我对于将科技应用于传统产业中的兴趣和热情,期待我今后能够投身到更多有意义的科创项目中去。

科创教育课程建设是双新背景下普通高中教育改革的重要方向之一。本文通过科创教育课程建设背景、国内外研究现状、本校课程实践和学生课题成果案例展示等方面介绍我校科创教育课程建设概貌。在教学实践中,我们可以看到学生只有在真实的研究环境中才能学会研究,就像学游泳的孩子只有真正去到水里才能学会游泳。通过科创教育课程,我们的学生能主动观察事物,提出问题并解决问题,在此过程中既锻炼了科学思维,也提高了动手能力,还增强了合作意识,培养了跨学科的综合能力。当前核心素养目标导向下的教育教学改革核心任务之一是提升学生解决真实问题的能力,科创教育课程较其他学科课程来说更能锻炼学生这一能力。科创课程不仅赋予学生接触前沿科学技术知识的机会,还能让学生亲身体验科学实验、工程设计等过程,培养了学生对科学的好奇心和探索精神,符合当前国家对中小学科学教育的要求。科创教育课程的建设是培养创新型人才、推动社会进步的关键一环,通过持续努力,我们相信科创教育课程将为学生提供更广阔的发展空间,为科技创新和社会发展贡献更多优秀的人才。

【参考文献】

［1］刘克文,李川.PISA2015 科学素养测试内容及特点［J］.比较教育研究,2015(07 - 0098 - 09).

［2］娄维义.中学创新人才早期培养支持系统的构建与实践［J］.上海教育,2020(10).

［3］侯良安.加强学科知识融合　引领学生科创探究［J］.上海教育,2020(33).

(本文作者:何方圆)

高中生心理核心素养培育的关键议题与解决方案

一、高中心理教育的必要性

由教育部等十七部门最新印发的《全面加强和改进新时代学生心理健康工作专项行动计划（2023—2025年）》指出，促进学生身心健康、全面发展，是党中央关心、人民群众关切、社会关注的重大课题。随着经济社会快速发展，学生成长环境不断变化，叠加新冠疫情影响，学生心理健康问题更加凸显。

加强高中的心理健康教育有其必要性。专业上，青春期被称为"心理断乳期"，是身心发展尚不平衡的阶段，一方面孩子渴望独立，希望自己的存在、自己的能力获得认可，另一方面尚不能很好地平衡理智与情感，他们的感情变得内隐，即使内心世界活跃，但情感的外部表现却并不明显。从心理发展的角度来说，青少年具有成熟和幼稚、独立和依赖、自觉和盲动等诸多矛盾又并存的特点，容易发生心理和行为偏差。高中生是一个身心发展急剧变化、逐渐走向成熟的群体，随着大脑及身体各器官的发育成熟，生活阅历不断增加，思维模式逐步形成。高中期间，学生学业任务繁重，支持性的关系需求增加，对于身心还未达到平衡状态的学生来说是一个极大的挑战，因此，对于高中生的心理健康教育重要且必要。高中阶段的心理健康教育有利于形成良好的个性特征和关键能力，协助高中生了解自己、认识自己、发展自己，形成稳定的内在评价；培养坚韧、正直、勇敢等积极品质；学会疏导和调控情绪；形成目标、理想信念等。心理健康教育以生命教育心理健康活动课为主要载体，但心理健康教育的延展渗透在每一次教育教学活动中。

二、当前高中学生心理健康主要议题与解决方案

高中生心理核心素养培育的关键议题可以概括为以下三个主要方面。

（一）学业问题

我经常遇到高中生会有这样的好奇，"读书这么苦，我为什么要读书？"学生用"三无"来自嘲，说自己没有动力，没有觉悟，也感受不到学习的意义。我想这样的情况是教育的"大敌"，知识、技能总能长进，但如果增长了知识和技能，却失去了内在的某种价值，大抵是本末倒置的。自古以来，学习就是辛苦的事。为什么新一代会越来越爆发出这样的疑问？我想对"为什么要学习"的困惑，背后是学生对学业任务的无力感，"学习是我的任务，是父母、老师对我的期待，

但唯独不是我自己想要去做的事情，我不知道自己为什么而学"，是不少孩子的心声，其中不乏成绩优异的孩子。成绩优异不代表学习体验感良好，如果学习的过程带来的更多的是紧张、竞争、比较、打压、不满足或自我否定，那么学业成就也并不能带来学业动力。学生也有可能在学习这件事情上遇到了困难，比如学不会或者学不好，得不到期待中的结果与反馈，而自己通过努力又解决不了这些问题，以致问题持续存在。更深入地说，只关注学习短期的结果与效益，会直接影响他们对学习和学习过程的看法。看不见艰苦的学习带来的内在获益，用外在的目标、意义取代学习对个体的内在意义和价值，是造成这一现象的主要原因。而每个人逐步形成个人的内在意义和价值是需要独特的、个体化的思考和体验的。将学习的过程视为个人体验的一部分，其中会有满足的体验，也会有失落的时候，会体会到成功的欢愉，也会体验到挫折的历练，把学习过程中所遇到的问题、所产生的情感都视为正常的人生经历，将所有的喜怒哀乐都变成个人的宝贵财富。学习动力是在一个比较自然宽松、看得到希望的过程或者环境中孕育的，是个体从自身内在生发的，这是学业问题的内核所在。

高中阶段学生面临的最外显的挑战是学习负担重、压力大，造成学业疲惫感增加，自信心受到冲击，在这个过程中需要家庭教育与学校教育共同合作努力。

首先，从学业本身出发探索出路，形成适合于高中的学习方法和习惯。进入高中，学习任务拔高，知识点增多，作业、笔记、考试任务加大，形成与当前任务相匹配的问题解决能力是最基本的要素。比如，从以往沿用的逐字逐句做笔记转变为非线性笔记，采用标记、颜色、线条，充分发挥联想，建立脉络清晰的思维网络，在听课的过程中形成自己的逻辑线路，而非机械化地专注于全盘记录。学习状态的良性循环需要经历完成基本学习任务、得到学习反馈、增强信心、形成进一步学习的动力，这才是长久保持学习状态的必经之路。

其次，从个人自身思维模式方面做出引导和调整。身处一个充满不确定的时代，变化是唯一可以确定的。学生必然需要面对学习和竞争，在竞争环境中获得掌控感，个人的能力感会不断受到挑战，此时对思维方式的引导就很重要——有些同学不断在验证自己的能力，成功就证明自己是能力强的，不成功就是我不行，他们认为能力是固定的，是靠外部对比来验证的；还有一部分同学觉得每一次成败都是一次打怪升级，不断积累经验，能力是不断增长的。当学生受挫时，教师和家长需要给予学生自我消化的时间，但也要关注学生如何进行解释和归因，对于"我不行、我很烂、我是垃圾"这样的定性标签，需要及时引导，如"这次遇到了什么情况（强调这次）""哪方面还有成长空间""下次有什么经验了""接下来准备怎么做"。

（二）人际交往

人际交往是个人社会化的重要组成部分，在人际交往的过程中人们形成了各种人际关系。建立、维护人际关系，处理人际关系中的问题，是高中生需要培养和磨炼的技能，也是高中心理健康教育"学科核心素养"之一。[1][2]亲子关系、同伴关系、师生关系是高中生生活中的主要关系，进入高中阶段，同伴关系在各类关系中的重要性上升。

交友是人类精神生活的需要，高中生随着自我意识的不断发展，渴望他人的认同与理解，并建立亲近的、可以对话的支持关系,交友需求上升。[3]高中生的人际关系存在青春期阶段的特征所带来的困境。

1. 波动性与脆弱性

随着时代的发展,学生对于"高质量关系"的追求越来越凸显。高中生往往选择性格、爱好、经历类似的同学做朋友,更愿意与具有一定威信,或有特长,或有能力的同学建立关系。高中生大多情感真挚、单纯,直来直去,然而伴随个人成长经历差异、自我认知程度不足等因素,容易引发关系中的矛盾冲突。由于高中生尚处于身心发展不平衡的阶段,内心对友谊的高标准、对对方的高期待与现实的复杂性很难兼容,呈现出"眼里容不下沙子"的特点,导致关系脆弱、容易崩坏,而关系面临挑战对高中生来说存在应对困难、感情上易受伤害的特点。

2. 闭锁性与孤独感

高中生的自我意识、独立意识、自尊心都随着身心发展不断增强,思维日渐缜密,内心世界也在不断丰富。高中生逐步具备了了解世界、搜索信息、形成观点、做出价值判断等高级认知能力。在一个信息化的时代里,他们可以通过广泛的渠道获取知识和信息,并在真实的生活中不断检验、形成和印刻自己对世界的理解。这是成长成人过程中的重要课题。步入高中阶段的孩子,内心世界变得更加丰富和复杂,又不轻易把自己丰富的内心世界向他人袒露,呈现出闭锁性的特征。从心理发展角度来看,闭锁性是具有普遍性的心理现象,但这一特点,会妨碍人际交往和关系的建立。主动抑或是被动地长期处于内在世界"无人问津"的状态,容易催生孤独感。

除了共性特点外,个人在人际关系中敏感、多疑,或是自卑,对关系缺乏安全感或信心,遇事回避、退缩等也会对关系的建立和维护产生影响。针对高中生在人际关系中的特点,提出以下培育思路:

首先,人际关系是一个互动的过程,需要"知己知彼"。"知己"是对自己的性格、能力、底线的知晓和确认,不高估自己,也不低估自己,只有稳定的、客观的内在评价能够使自己立足于纷繁的外界声音,接受有建设性的部分,拒绝不客观、不合理的部分。"正确认识自我"也是高中心理健康教育的核心素养。"知彼"是增进对对方的了解。路遥知马力,日久见人心,通过不断相处,积累对他人的性格、行为、底线的了解,形成相处模式,不轻易下结论、做评价、贴标签,站到局外看自己和他人,客观分析出现的状况。高中生已经基本形成理性思维的能力,但依旧容易受到情绪的影响,因此对个人特质、性格特点、价值感的把握时常不稳定。比如,当平时大大咧咧的学生听到同学说"你在看情商书,也没见有啥提高",学生可能会觉察到对方对自己"情商低"的评价进而感到气愤,这份情绪可能外显地爆发出来,也可能暗自压抑,或者产生自我怀疑。对方也许会认为该生一向大大咧咧、不拘小节,不会在意,现实可能确实如此,也可能完全相反。始终保持一份好奇,增进对自己和他人的了解,才能形成让双方都感到舒适自在的互动关系。

同时建立和维护人际关系是一种可以通过逐步训练和培养形成的能力。在交往的过程中,学生可以不断学习人际交往的技巧,学习"不卑不亢",站在关系的平衡点上,建立平等、尊重、友爱的关系。用心倾听,仔细观察,换位思考,体察他人在交往过程中的想法和需要。人际交往的技能技巧是需要不断训练的,对于他人的想法和感受,小心先入为主的主观印象,通过相互的核对和澄清,正确理解对方表达的内容和心意,减少误会的发生。最后,牢记"没有谁的好意和帮助是理所当然的",感谢他人的帮助,真诚地夸赞,是关系的"润滑剂"。

(三)情绪问题

情绪是人对客观事物的态度体验以及相应的行为反应,是面对外界事物的一个正常的主观体验。情绪管理能力是高中心理健康教育"学科核心素养"之一。[4][5]

喜怒哀惧、紧张、焦虑等纷繁复杂的情绪会伴随每一个人一生,它们各自有各自的功能,情绪本身没有对错、没有好坏,但情绪对人可能造成正向的影响,也可能造成负向的影响。大脑中掌管情绪的边缘系统在青春期阶段的活跃度超越了人生其他阶段,而负责理性决策的前额叶尚处于不断发育的阶段,这是他们经历频繁的情绪波动,也倾向于根据情感做出反应的原因。高中生情绪变化迅速,敏感、冲动,尚缺乏理智控制,有时候一个小摩擦,一句不经意的话,他人的一个眼神,无关紧要的闲言碎语,都可能引起激烈的情绪波动。长期处在高强度的焦虑、抑郁、愤怒、失望等情绪之中,会对身心健康产生不利影响。

首先,合理看待情绪存在本身,看见情绪传达的信号。情绪就像一个信使,当它到来时,往往传递着对个人重要的需求信号。我们需要做的是,"打开门"邀请它进来坐坐,和它谈谈心,了解它想告诉你什么,对自己的情绪保持好奇心和耐心。通过回忆自己的一些经历,你会了解自己的情绪反应,听见自己内心的想法,知晓自己内心的期望和需求。

其次,学会表达情绪而非情绪化表达。情绪需要出口,情绪表达主要分为两个层面:生理表达和心理表达,例如当一个人非常生气或者恐惧时,不自觉地心跳会加速、呼吸会变得急促、肌肉紧张颤抖、于心冒汗、手指冰凉等都属于生理表达。而心理表达层面指感受、认识、体验以及外显的表情、言语和行为。两种表达相互伴随,相互代偿。心理表达不良时,机体会自觉地通过生理表达来消化情绪能量。因此如果抵抗、压抑自己的情绪,那么情绪会更加糟糕,并且影响健康。表达情绪需要从旁描述个人内在的感受,谈论并表现你的真实情绪,切忌被情绪牵引着做出冲动行为或是口不择言。

最后,关注解决问题而非解决情绪。看见情绪,接受不同的情绪,进一步寻找对解决问题有利的行动方案,通过改善性的行动来获得积极反馈或个人成长,从而调节情绪状态。比如,当人陷入情绪,往往会沉浸在情境里,不断回想和思考,我们需要做的不是批评陷入情绪的自己,而是减少"过度反刍",学会转换视角,及时调整负性认知模式,直面需要面对的问题。当考试没考好,抑或是与朋友的交往出现矛盾,关注到情绪背后的意义,比如"我很重视学习""我在乎和小伙伴的友谊",由此探索自己愿意为自己的需求继续做些什么,并且切实开启行动。适度的反思让人成长,过度的"自我苛责"让人陷入内耗,及时对未完成的事件进行梳理,将批评的视角转向成长的视角,能够提升希望感,再以积极的心态解决那些消极之事,便会事半功倍。

情绪的出口可以有很多种，表达、宣泄、转化都是重要的途径。托马斯·杰斐逊说过"锻炼和勤奋使我们的事务有序，身体健康，身心愉悦，这才使得我们对周围的人有积极的影响"。在这个充满压力和过度思考的世界中，我们时常需要暂时停下我们的头脑，回到我们的身体，体会我们的感觉，来到贴近自然的户外空间，去进行使身心快乐的运动等来保持身心联结，获得内在的平衡。

高中期间学生面临比较多的问题，除了以上三个主要方面，还涉及青春期教育、生涯发展、生命意义等等，听起来似乎很庞杂，但这些问题并不是独立形成的，而是类似心理需求作用在不同身体机能的表现。那么这些问题最终会指向哪里呢？

根据心理学家马斯洛的需要层次理论，在物质相对丰裕的今天，生理和安全需求很容易得到满足，但大多数人会停滞在寻找归属感的阶段。归属感的建立，首先需要爱，家庭氛围、班级氛围、学校氛围都是来源，有所缺失的部分可以借助其他渠道弥补。对高中生来说，思考并确认"我是谁""能力如何""我有怎样的特质""我是否被团体被社会需要和接纳""未来我会走向哪里"等都是个人不断确认自己和社会的关系的过程，是逐步建立稳定的"归属感"的必由之路。学业、人际、情绪作为外显的表现，对确认"我作为一个个体，具备独特的价值"有着更为深层、长远的意义。因此，心理健康教育更关注问题背后的需求，不以问题为问题，而以问题为标识，引导师生、家长看见我们的学生，关注、认同和接纳他们在成长过程中的磕磕绊绊。[6]同时，点拨学生关注自己的内心，及时滋养内在，为自己充能。成长一定不是一件急于求成的事情，让学生在高压力、快节奏的学习生活中慢下来，体会生活，看见进步，一点点让自己成为自己也会喜欢的人。

【参考文献】

［１］郭敬文.高中生人际关系问题的探讨［J］.心理月刊,2019,14(11):43.

［２］［５］金锐刚.高中心理健康教育核心素养培养的思考［J］.新智慧,2021(27):1－3.

［３］马胜和.文化视角下高中生人际关系的现状及对策研究［J］.智力,2023(02):40－43.

［４］童薇,贾继超,陈子媛,等.青少年发展任务的完成特点及其对抑郁焦虑轨迹的影响［C］//中国心理学会.第二十四届全国心理学学术会议摘要集.2022:1344－1345.

［６］程永琛,朱仲敏.近40年来上海市中小学心理健康教育的回顾与展望［J］.上海教育科研,2018(03):64－70.

（本文作者：陈秋妍）

第三部分
案例研究：学科核心素养的教学策略

在探讨了不同学科领域的教育教学实践后，本书第三部分学科核心素养的教学案例研究，进一步探讨学科核心素养的培养策略和方法，呈现真实鲜活的学科核心素养实践路径。本部分涵盖数学、英语、语文、物理、化学、生物学、思想政治、历史、地理、美术、音乐、体育与健康、信息技术、通用技术和心理学等 15 个学科领域。每篇文章都以具体的教学案例为基础，深度阐述如何运用不同的教学策略培养学生的学科核心素养。相信通过案例研究部分的学习，读者能更深入地了解学科核心素养的教学策略和方法，并在实践中灵活运用，激发教育者对于学科核心素养教育教学创新的思考和实践。

"方程根的分布问题"的教学设计

一、背景分析

(一)教材分析

本节课所讲的内容是高中数学必修第一册第二章中"2.2.2 一元二次不等式"之后的一个专题内容,是中学数学的重要内容之一,起着承上启下的作用,本节内容渗透了参数意识和数形结合思想,是对初中所学一元二次函数、一元二次方程与一元二次不等式等内容的深化和拓展。

本课题主要体现了数学抽象、数学运算和直观想象等数学核心素养。

(二)学情分析

同学们在初中已经学习了一元二次方程和一元二次函数,在本节课前又学习了一元二次不等式的解法,因此,学生们对问题还是比较熟悉的。但是基于能力的不同,同学们对于三者之间的联系还不能熟练掌握和运用,所以通过本课题的学习,同学们可以更加熟练地掌握方程、函数与不等式之间的关系,从而解决一些有关方程根的分布问题。

(三)教法分析

教师启发引导,师生共同探讨。

二、学习目标

1. 运用韦达定理来处理一元二次方程根与系数的关系;

2. 利用一元二次函数的图像和性质解决有关一元二次方程根的分布问题;

3. 体验并理解一元二次方程、一元二次不等式与一元二次函数之间的相互转化及数形结合的数学思想。

三、教学重点、难点

重点:利用数形结合的方法解决有关一元二次方程根的分布问题。

难点:一元二次方程、一元二次不等式与一元二次函数之间的联系与相互转化。

四、教学过程

本节课的实际教学流程为"回顾韦达定理⇒通过具体实例引出两种主要解题方法:韦达

定理和数形结合"。

(一) 旧知回顾

设关于 x 的一元二次方程 $ax^2 + bx + c = 0$ 的两实根分别为 x_1，x_2，则：

（1）方程有两正根 $\Leftrightarrow \begin{cases} \Delta \geqslant 0 \\ x_1 + x_2 > 0 \\ x_1 x_2 > 0 \end{cases}$；

（2）方程有两负根 $\Leftrightarrow \begin{cases} \Delta \geqslant 0 \\ x_1 + x_2 < 0 \\ x_1 x_2 > 0 \end{cases}$；

（3）方程有一正根和一负根 $\Leftrightarrow x_1 x_2 < 0$。

【设计意图】通过相关知识的回顾，增加学生对这节课的熟悉感，既复习了前面所学充要条件的知识，又针对后面所讲述的问题给予学生一些启发，使学生体会到数学知识之间的紧密联系。

(二) 问题引入

已知关于 x 的方程 $x^2 + (k-3)x + k = 0$ 的两个实根，一根比 1 大，一根比 1 小，求实数 k 的取值范围。

解法 1：设原方程的根分别为 x_1，x_2，则由条件可得 $\begin{cases} \Delta > 0 \\ (x_1 - 1)(x_2 - 1) < 0 \end{cases}$，解得：$k \in (-\infty, 1)$。

解法 2：设 $f(x) = ax^2 + bx + c$，则由题意可得 $f(1) = 2k - 2 < 0$，解得：$k \in (-\infty, 1)$。

【设计意图】本题是上述回顾知识的拓展，深化学生对韦达定理的运用，再由一元二次不等式解法中的数形结合思想，升华本题所要表达的意图，引出本节课的主题，并让学生感受方程和函数的思想，体会数形结合思想带来的直观性，落实了数学运算、数学抽象和直观想象等数学核心素养。

(三) 例题巩固

例 1　已知关于 x 的方程 $x^2 + (k-3)x + k = 0$ 的两实根均小于 2，求实数 k 的取值范围。

解法 1：设原方程的根分别为 x_1，x_2，则由条件可得

$\begin{cases} \Delta \geqslant 0 \\ (x_1 - 2) + (x_2 - 2) < 0 \\ (x_1 - 2)(x_2 - 2) > 0 \end{cases}$，解得：$k \in \left(\dfrac{2}{3}, 1\right] \bigcup [9, +\infty)$。

解法 2：设 $f(x) = ax^2 + bx + c$，则由题意可得 $\begin{cases} \Delta \geqslant 0 \\ -\dfrac{k-3}{2} < 2 \\ f(2) > 0 \end{cases}$，解得：$k \in \left(\dfrac{2}{3}, 1\right] \bigcup [9, +$

∞)。

【设计意图】这个例题如果运用韦达定理,其解法已经蕴含在了问题引入环节的运用韦达定理的解法中了。将这个例题单独拿出来,使得学生更能清晰地体会韦达定理与数形结合思想有时在解题中是通用的,养成多角度思考问题的习惯。

小结1:

设一元二次方程 $ax^2+bx+c=0(a>0)$ 的两实根分别为 x_1,x_2,并令 $f(x)=ax^2+bx+c$,则有下列结论:

(1) 两实根均小于 $k \Leftrightarrow \begin{cases} \Delta \geqslant 0 \\ (x_1-k)+(x_2-k)<0 \\ (x_1-k)(x_2-k)>0 \end{cases}$ 或 $\begin{cases} \Delta \geqslant 0 \\ -\dfrac{b}{2a}<k \\ f(k)>0 \end{cases}$。

(2) 一根比 k 大,另一根比 k 小 $\Leftrightarrow \begin{cases} \Delta>0 \\ (x_1-k)(x_2-k)<0 \end{cases}$ 或 $\begin{cases} \Delta>0 \\ f(k)<0 \end{cases}$。

【设计意图】通过例题,师生共同总结,既是探索的过程,又锻炼了学生归纳总结、数学表达的能力。由于这类题主要有这两种解法,其等价性的问题能引发学生的思考,让学生养成实事求是的态度。

例2 已知关于 x 的方程 $x^2+(k-3)x+k=0$ 的两实根,一根比 2 大,另一根比 0 小,求实数 k 的取值范围。

解:设 $f(x)=ax^2+bx+c$,则由题意可得 $\begin{cases} f(0)<0 \\ f(2)<0 \end{cases}$,解得:$k \in (-\infty,0)$。

【设计意图】本题是方程根分布的一种情形,通过探究发现,有时利用数形结合思想,会使得问题的解决更加清晰与便利。

变式1:已知关于 x 的方程 $x^2+(k-3)x+k=0$ 的两实根都在区间 $(0,2)$ 内,求实数 k 的取值范围。

解法1:设原方程的根分别为 x_1,x_2,则由条件可得

$\begin{cases} \Delta \geqslant 0 \\ x_1+x_2>0 \\ x_1x_2>0 \\ (x_1-2)+(x_2-2)<0 \\ (x_1-2)(x_2-2)>0 \end{cases}$,解得 $k \in \left(\dfrac{2}{3},1\right]$。

解法2:设 $f(x)=ax^2+bx+c$,则由题意可得 $\begin{cases} \Delta \geqslant 0 \\ f(0)>0 \\ f(2)>0 \\ 0<-\dfrac{k-3}{2}<2 \end{cases}$,解得 $k \in \left(\dfrac{2}{3},1\right]$。

问:如果区间变为$[0,2]$呢?

提示:将条件中的$>$变成$\geqslant$,$<$变成$\leqslant$。

变式 2:已知关于x的方程$x^2+(k-3)x+k=0$有两实根,其中一根在区间$(-1,1)$内,而另一根在区间$(2,3)$内,求实数k的取值范围。

解:设$f(x)=ax^2+bx+c$,则由题意可得$\begin{cases}f(-1)>0\\f(1)<0\\f(2)<0\\f(3)>0\end{cases}$,解得:$k\in\left(0,\dfrac{2}{3}\right)$。

变式 3:已知关于x的方程$x^2+(k-3)x+k=0$在区间$(0,2)$内有实根,求实数k的取值范围。

解:设$f(x)=ax^2+bx+c$,则由题意可得

$\begin{cases}\Delta\geqslant0\\f(0)>0\\f(2)>0\\0<-\dfrac{k-3}{2}<2\end{cases}$ 或$f(0)f(2)<0$或$f(0)f(2)=0$,最后一种情况分别检验方程的另外

一个实根,解得:$k\in(0,1]$。

问:如果区间变为$[0,2]$呢?

提示:将条件中的$>$变成$\geqslant$,$<$变成$\leqslant$。

【设计意图】两种变式的体验,让学生通过探索,学会探究钻研,善于提问,然后解决问题。进一步的追问促使学生平时就深入思考问题,养成全面思考问题、善于解决问题等优质的逻辑思维能力。

小结 2:

设一元二次方程$ax^2+bx+c=0(a>0)$的两实根分别为x_1,x_2,并令$f(x)=ax^2+bx+c$,则有下列结论:

(3) 一根大于m,另一根小于$n(m>n)\Leftrightarrow\begin{cases}f(m)<0\\f(n)<0\end{cases}$;

(4) 两实根均在(m,n)内$\Leftrightarrow\begin{cases}\Delta\geqslant0\\m<-\dfrac{b}{2a}<n\\f(m)>0,f(n)>0\end{cases}$;

(5) 在(m,n)内有实根$\Leftrightarrow\begin{cases}\Delta\geqslant0\\m<-\dfrac{b}{2a}<n\\f(m)>0,f(n)>0\end{cases}$ 或$f(m)f(n)<0$或检验$f(m)f(n)=0$;

(6) 两根 x_1，x_2 的大小关系为：$m<x_1<n<p<x_2<q \Leftrightarrow \begin{cases} f(m)>0 \\ f(n)<0 \\ f(p)<0 \\ f(q)>0 \end{cases}$。

【设计意图】强有力的归纳总结的练习,使得学生的归纳总结及学习新知识的能力得到提升,进而体会到数学的精练之美。

思考题:

若 $a \in R$，方程 $2ax^2+2x-3-a=0$ 在区间 $[-1,1]$ 内有实根,求实数 a 的取值范围。

解:(1)当 $a=0$ 时,解得 $x=\dfrac{3}{2}$（舍）;

(2) 当 $a \neq 0$ 时,设 $f(x)=2ax^2+2x-3-a$，则由题意得

$f(-1)f(1) \leqslant 0$ 或 $\begin{cases} \Delta \geqslant 0 \\ af(-1) \geqslant 0 \\ af(1) \geqslant 0 \\ -1 \leqslant -\dfrac{1}{2a} \leqslant 1 \end{cases}$,解得：$a \in \left(-\infty, \dfrac{-3-\sqrt{7}}{2}\right] \cup [1,+\infty)$。

【设计意图】本题基本包含了前面所有的情况,但又区别于前面的例题,本题首先要讨论方程是否是一元二次方程,和本节课课题相呼应。其次,本题也包含了二次函数图像开口向上和向下两种情况,对于学生的要求很高,是本节内容的概括和拓展,满足了程度较好同学的需求,促使学生养成勇攀高峰不怕难的精神。

（四）课堂小结

求解方程根的分布问题主要有两种方法：

1. 韦达定理法。

2. 数形结合法,其主要考虑四个方面：

(1)图像开口方向;(2)判别式;(3)对称轴位置;(4)区间端点处函数值。

【设计意图】强化学生对本节内容的认知与理解。

五、教学反思

本课紧扣数学抽象、数学运算和直观想象等核心素养展开,从初中所学的韦达定理引入,使得学生既熟悉又好奇,激发了学生的学习兴趣。本课内容丰富,缺少了一些学生思考的时间和讨论的时间,从整体上看,本课如果从某个题出发,由学生去提问、去改变题目条件应该可以取得更好的效果。另外,教师在教学过程中应该时刻提醒学生解决问题时运用到的数学思想,落实数学核心素养。

(本文作者:杜昌敏)

Reading and Interaction Ⅰ: The 1940s house

一、背景分析

(一) 教材分析

高中《英语必修第一册(上教版)》第四单元的主题为"My Space",本节课教学内容为本单元 Reading and interaction 的第一课时,课题是"The 1940s house"。该语篇记述了海默斯(Hymers)一家人参加的一档社会实验性真人秀节目。文章从海默斯太太的视角出发,描述了他们在仿造 1940 年代环境的房屋中生活的种种不易:没有现代化的家用设备,只能花费大量时间做家务;没有中央供暖,只能依靠燃煤取暖;由于战争时期的食物配给政策,时常挨饿;由于战乱,为躲避空袭,全家必须长时间躲在花园里自挖的防空洞中。文章结尾段也从海默斯太太的视角出发,对比了现代生活与 1940 年代生活的不同,尽管现代生活十分便利,也没有战乱的威胁,但是海默斯太太却怀念节目中一家人紧密联系的生活状态。

本篇课文属于"人与社会"主题语境,语篇结构清晰,每个段落分别介绍了该社会实验的一个方面,首尾两段分别引用了海默斯太太的一段话,不仅在结构上做到了首尾呼应,在内容上也体现了海默斯太太在实验前后态度的转变,通过主人公的言语彰显实验的意义,希望能引起学生的共鸣,从而引导学生思考美好生活的意义。

(二) 学情分析

本次授课对象为高一(4)班学生,该班学生学习能力较强,在年级四个班级中总体英语水平最高,班中也有一批英语能力较高的优秀学生。经过近两个月的高中英语学习,学生们掌握了一定程度的英语阅读能力,能够划分语篇结构,从语篇中获取信息完成理解性问题,但仍十分依赖于课本中的表达,使用自身语言概括归纳的能力有待提升。班上同学个体差异比较明显,主要表现在两个方面:一是部分学生活泼外向,有较强的表现欲望,但部分学生缺乏英语表达的自信,课堂活跃度不高;二是学生学科学习发展不均,个别学生英语能力欠佳,学生间英语能力和水平存在一定差距。

(三) 教法分析

本篇课文介绍的是 20 世纪 40 年代二战背景下英国家庭的情况,这一话题不论是从空间还是时间上都距离学生较为遥远,因此,教师须在阅读过程前对背景知识进行介绍与补充,以帮助学生更好地理解语篇。此外,为了使学生深入文本,体会作者的写作意图,理解文章主旨,教师计划组织辩论活动,以训练学生的英语思维和表达能力。

二、学习目标

At the end of the lesson, the students will be able to:

1. get a general idea of a reading passage.

2. understand the different aspects of the experiment and the participants' feelings.

3. compare the differences between lifestyles in the past and today.

4. share their understanding of what is required to live a better life.

通过对教材和学生的分析,教师设定本节课的教学目标是:帮助学生掌握语篇大意,了解实验涉及的各方面以及实验参与者的感受;比较当今生活与 1940 年代生活方式的差异;形成对美好生活组成要素的思考,培养积极的生活态度。

三、教学重点、难点

重点:梳理语篇内容,把握语篇结构;通过这一社会实验,了解 20 世纪 40 年代二战背景下英国家庭的生活方式,体会参与者实验前后的心理活动。

难点:小组合作呈现课堂上生成的微辩论。

四、教学过程

（I）**Pre-reading**

Look at a picture of a kitchen in a 1940s house in the UK and compare the differences between household appliances in 1940s and at present.

Q: Are you willing to experience life in the 1940s? Why or why not?

Purposes: To prepare the students for related vocabulary and activate their existing knowledge about the historical and social background.

（II）**While-reading**

1）Skim and scan the passage.

2）Read for further information on features of the British family life.

Compare the quotes in the passage and infer the character's feelings.

Purposes: To enable the students to grasp the gist of the passage, to find detailed information, and to understand the writing purpose.

（III）**Post-reading**

Work in groups and have a debate on "Does an easier and more comfortable life means a better life?"

Debate procedures:

① Preparation (2 mins)

② First round of debate (<1 min/person)

③ Second round of debate (<1 min/person)

④ Free debate (<2 mins/side)

⑤ Closing statement (<1.5 mins/side)

Assess the performance of the debate and make a conclusion of it.

Purposes: To examine the students' understanding of the passage and to develop their ability to conduct teamwork and express their ideas.

（Ⅳ）Homework

1）Finish the summary of the text on Pg. 62.

2）Write down a concluding passage based on your understanding of the debate topic（about 100 words）

五、学生辩论实录

（一）第一轮辩论

小万（正方一辩）：We believe that a simple and comfortable life is a better life. First, we need to clarify definition of a simple and comfortable life. Simultaneously and staying away from hassle and vessel life of the outside work, it's only in this situation that can we just interact on what we want to do without distractions. Just like with the leaves who previously became a big kid and left a simple and comfortable life which provides him with great conditions to conduct research. Comfort, on the other hand, and escaping all the things in life with a pleasant time and that you are able to do what you like to do in your belong psychologist me how to develop the concept of mind flow describe the state in which a person has mental energy is completely devoted in. Mind flow is accompanied by a sense of fulfillment. And our feel(ing) is that there's no doubt that in the center of the top of your life, we are less likely to be deserved by the outside world and we can focus more on our studies for work. Second, we can discover the ordinary beauty of life in a stabilized world. Third, ... (*She didn't finish her speech because of the time limit.*)

小苏（反方一辩）：Uh, first I want to quote Mengzi's words at the beginning that death comes from ease and pleasure while life springs from sorrow and calamity. Easy life actually lacks goals. On that condition, people abandon themselves in ease and can't make progress. We must revisit what defines the good life. The truly good life is not that you just let it rot but that you have a goal you are willing to pursue. For example, the school life here is difficult and challenging with great learning pressure exerted on us and from us in examination. But it is those challenges that have and will enable us to gain knowledge and grow in the following three years.

Humans' potential(s) are more likely to be fully developed when struck in adversity, which can lead to breakthrough in ourselves and achieve higher goals. By contrast, we go through less difficulty in (a) comfortable life and lack the opportunity to learn from the obstacles.

(二) 第二轮辩论

小王(正方二辩): Okay, the other debater said that (an) easy life don't (doesn't) make a people's progress, but what I want to say is, as mentioned in the text, the life of women in the 1940s is hard and uncomfortable because the domestic chores took much time of them. They don't have time to further their education or enjoy their hobbies. So the difficulty, uh, is the barrier to their progress. Their freedom was limited because of the heavy burden of chores. It is definitely not a better life. Uh, so (an) easier life can expand our confidence zone through profound experts. And, uh, from stone tools to Internet today, people's creation and inventions are making people's lives more (much) easier and more comfortable. *(She didn't finish her speech because of the time limit.)*

小苗(反方二辩): We have to admit that the work to leading a comfortable life, but what matters most is what we can get through the difficulty. In the process we go through different aspects. It benefits a lot of products. We have different opinions on what is a better life. An easier and more comfortable life does sound appealing, but I think what is more important is what kind of life makes us a better person. A life with a clear goal is a better life. Happiness can be found ... *(He didn't finish his speech because of the time limit.)*

(三) 自由辩论

小万(正方一辩): First, we want to say that you are not experiencing the true danger or the true challenges. Do you think that you can get progress through the challenges but that is not about life, just like the World War II. They think that they are living a better life because they can, uh, get more united, but they weren't experiencing the true danger. People in the World War II, they might lose their lives. It's not about love. It's about their lives and just like the bubble economy, people they were willing to take risks to gain more profit, but in fact, they feel freaked and their money was lost and they led to complete failure.

小樊(反方三辩): Actually let's see the World War II. Nowadays we are living in a safe and peaceful life and sometimes we even forgot how horrible the world sound. This experiment gives the family a chance to experience how the life is when the World War II is happening. And it makes us realize that our life, our peaceful life is valuable and this can make us value our lives more. And I want to ask you a question: children who are being spoiled and over-loved by their parents experience an easier and more comfortable life, but they always lack abilities. And do you think that their life is better?

this is definition.

小万(正方一辩): Since you just mentioned, you said that the valuable life is this a peaceful life. So if you don't experience a peaceful life, what's the point in value? What's the point of peaceful? And what's your point of challenge? if you aren't willing to get to the position of being simple and comfortable, so why are you challenging? What are you doing to conquer these fears or conquer these difficulties?

小樊(反方三辩): Please answer my questions first. My question is, children who are over-loved by their parents experience an easier and more comfortable life, but that's not a better life.

小万(正方一辩): You said you are pursuing a valuable life because you are conquering your fears or difficulties because you want to live a peaceful life. If a peaceful life isn't a better life, why are you pursuing it?

小夏(观众): Actually, you mentioned that, actually we are now preparing for our further lives, so we are not spoiled. Actually, uh, why do we develop like, technology? Because like, uh, if we want to go far away, then we want to be more and more comfortable, then we invented the cars. All the inventions and the development are all based on the fact that we wanted to have a colorful life and for most... *(He didn't finish his speech because of the time limit.)*

小樊(反方三辩): Actually when we face challenge, the life is much more difficult and less comfortable, but it is the challenges we face that make us become a better person. And the affirmative side never answers my question: what about the spoiled kids? They are experiencing an easier and more comfortable life, but that's obviously not a better life. They never answered the question, even if I asked first. So let's think about it. Are they really experiencing a better life? That's the question that we all need to think about. That life is not all good for our growth.

(四)第三轮辩论

小樊(反方三辩): Thank you. Although an easy life sound tempting, a more difficult life is better for ourselves. We often learn from setbacks and correct our mistakes. The harvest in the process will benefit us a lot. After experiencing difficulties, we will improve our abilities. That's the reason why every famous person experienced a lot of difficulties in their lives. On the other hand, when having an easier life, we will experience fewer mistakes and fewer difficulties, and therefore, lack the opportunity to gain from setbacks. That's not good for our growth. Being in a difficult situation can motivate people to change their lives, which can enable people to improve themselves. It is because that we experienced the difficulties that we don't want others to suffer from the same pain again, and that gives us the will to make changes. Changes to ourselves and to the whole world. Living in the world, if having a dream in the heart, keep working for it and not being afraid of the difficulties, you will finally achieve something. Therefore, you can proudly tell yourself, tell everyone: I came. I changed. I left a mark on this world. Even if we suffered, such a life is extremely wonderful. That's why an easier and more comfortable life doesn't mean a better life. A life with challenges, which can make us a better person is a better life.

小罗(正方三辩)：Let me answer the question of the former debater that asked for many times. She is always taking the extreme situation of the spoiled kid question, but I think that's totally wrong. Like us, we don't even have the chance to experience war, to experience hunger, to experience anything like a more dangerous thing, but we are still not spoiled. Maybe that we are having a more comfortable life and much easier life than before, but are we spoiled? Yes, we are not spoiled. And for us, I think that an easier and more comfortable life doesn't mean that we don't have challenges. An easier and more comfortable if may just mean that our conditions are better than before. Maybe if science is developed for this question. Maybe what science has done is always to make our life better and more comfortable. If you think that a simpler and more comfortable life is better, why don't you just go to the stone age? Maybe you may never become modern humans. So you are denying the work of every scientist. You are denying the work of us because we are studying science. So we are making the world better. We are making the world a more comfortable place. And what we live, what we do, what everything we do, we just believe that tomorrow will be better and just that's the point that we want to, uh, keep going, keep moving, just conquering any challenge and make life easier and more comfortable.

（本文作者：袁雨轩）

"双新"背景下的整本书阅读单元教学设计
——以学术著作《乡土中国》为例

一、背景分析

《普通高中语文课程标准(2017年版2020年修订)》简明地阐释了语文学科的课程性质与理念,明确了语文学科的核心素养,主要包括"语言建构与运用""思维发展与提升""审美鉴赏与创造""文化传承与理解"四个方面[1]。同时,给出了新的课程结构。课程结构中阐述的"学习任务群"迅速成为语文教学、研究领域热议的话题,"学习任务群1 整本书阅读与研讨"更是大众讨论的焦点。《乡土中国》是费孝通先生于20世纪40年代出版的社会学入门小册子,但其探讨的问题具有高度的典型性、代表性,不作空泛说教和简单类比,视野宏大,见解独到,仍是今天读懂中国的经典社会学著作,作为学术著作的代表,被编入部编版高中语文教材必修上第五单元。依据课程标准中给出的学习目标与内容以及教学提示,如何细化学习目标与内容,将其更好地落实于课堂教学成为笔者始终在思考的问题。

虽然绝大部分社会科学作品看起来都像是非常容易阅读的作品[2],但《乡土中国》却有些例外,尽管写的是中国,但"乡土中国"对于生于城市,长于城市的孩子着实陌生,能够直接调用的熟悉的经验并不多,而且它不是一个具体社会的描写,而是从具体社会里提炼出的一些概念[3]。无论是熟悉的概念"礼",还是陌生的概念"差序格局""长老权力",因为特定的语境,在理解上又存在着一定的难度。此外,阅读社会科学作品最困难的地方在于:事实上,这个领域中的作品是混杂的,而不是纯粹的论说性作品[4]。这就意味着,单一的阅读方式并不足够。基于课程标准和以上思考,笔者做出以下单元教学设计的尝试,供同仁批评、指正。

二、单元学习目标

1. 了解阅读学术类著作的一般方法,积累阅读整本书的经验。

2. 理解《乡土中国》一书中的关键概念,把握作者的学术观点。

3. 借助表格、思维导图等工具,梳理《乡土中国》的概念系统和逻辑结构,把握全书的内容框架。

4. 运用书中的理论和方法,发现并阐释现实生活中的问题,认识中国乡土文化的历史局限和作者理论的现代意义。

5. 关注并分析作者使用的阐释技巧,品读通俗平易的论证语言,感受学术类论著的魅力。

6. 借助外部资料,辨析作者观点的合理性,初步形成思辨性阅读的习惯。

三、单元教学计划

第1课时

(一)教学重点

了解阅读学术类著作的一般方法,积累阅读整本书的经验,重视序言、后记与目录;了解本书研究的问题及全书内容。

(二)教学难点

找出书中的核心概念、术语,并提出自己的理解与困惑;能够感受阅读整本书与单篇论文的区别,有兴趣阅读《乡土中国》整本书。

(三)教学过程

【课前学习】完成学习任务单

● 浏览全书;精读重刊序言、后记

任务一:梳理以下内容

1. 作者及学科背景

2. 作者提出的学科问题

3. 研究背景

4. 研究的价值

5. 研究的局限性

6. 阅读对象

7. 研究方法

任务二:记录我的感受或困惑

【学习过程】

活动一

依据个人阅读体会,交流学习任务单的填写。

活动二

课堂思考:今天阅读《乡土中国》的意义和价值是什么?

活动三

交流阅读感受,提出困惑,师生共同尝试回答。

【课后作业】

1. 回答课堂上同学提出的未能得到解答的问题。

2. 阅读《乡土本色》,完成学习任务单。

第2课时

(一)教学重点

理解核心概念"乡土社会",明确概念的内涵与外延;圈画重要概念和关键句,厘清篇章的观点与层次结构。

(二)教学难点

修正自己的思维导图。

(三)教学过程

【课前学习】完成学习任务单

● *精读《乡土本色》*

任务一:在书上圈画重要概念和关键句　完成请打钩　_____

任务二:根据任务一,画出本篇的思维导图

任务三:记录我的感受或困惑

【学习过程】

活动一

交流圈画的重要概念和关键句,划分篇章层次。

教师示范:

1. 从基层上看,中国社会是乡土性的。土头土脑的"乡下人"是中国社会的基层。

重刊序言中指出研究问题:作为中国基层社会的乡土社会究竟是个什么样的社会?

第一节这句关键句正是全文的核心观点:从基层上看,中国社会是乡土性的。

2. 乡下人土气,指乡下人离不了泥土,而我们的民族与土地也密不可分。

3. "土"在我们民族文化中占有重要地位。

4. 农业直接取资于土地。土地不能流动,农民也很少流动。

5. 农民附着于土地,少有变动是乡土社会的特性之一。

6. 即使因为繁衍,乡村人口迁移出去后依然会与土地保持密切关系。

明确:乡土社会的内涵——赖土而生,缺乏流动

活动二

根据活动一的成果,学生修正并交流自己的思维导图。

常见错误:1. 未能体现所有内涵特点,有缺漏。

2. 未能厘清层次与层次,概念与概念间的关系,非线性关系,非推出关系,对于人、事、物规矩的熟悉都属于熟悉这个特征之下,是种属关系,三者是并列关系。

【课后作业】

1. 再次修正自己的思维导图,厘清"乡土社会"的内涵与外延。

2. 阅读《文字下乡》《再论文字下乡》,完成学习任务单。

第3课时

(一)教学重点

了解"文字下乡"的背景,厘清篇章的论述思路。

(二)教学难点

关注并分析作者使用的阐释技巧,品读通俗平易的论证语言,感受学术类论著的文学魅力。

(三)教学过程

【课前学习】完成学习任务单

● 精读《文字下乡》《再论文字下乡》

任务一:在书上圈画重要概念和关键句　完成请打钩　＿＿＿＿＿＿＿

任务二:结合这两篇的内容,思考费先生是如何看待"文字下乡"的,并提供依据。

1. 乡下人愚不愚?

2. 乡下人是否需要文字?

任务三:记录我的感受或困惑

【学习过程】

活动一

交流学习任务单中的任务二,分享对这两个问题的看法与理由依据。

1. 乡下人不愚

不识字并不代表愚笨(智力水平不同),只不过是农村人和城里人的知识面不同。环境性质决定知识面要求,农村要求农民会农活以求生,并不要求农民识字。农村流动性小,到处都是熟人,社会群体小,日常生活简单,只需简单的语言足以表达意思。

依据:城里人会开汽车,农村人会种小麦;城里孩子会念课本,农村孩子会捉蚱蜢;城里人识字,农村人不识字。

2. 乡下人不需要文字

(1)文字并不是完美的表情达意的工具

文字作为间接接触，能传达的情意相较于说话是不完全的，简单的文字更容易引起歧义，需要讲求文法、艺术。当面的口头语言表达伴随着当时的环境和语音语调，往往更能直接生动地表达意思。

（2）文字存在的原因

人与人存在空间或时间上的阻隔，分别在《文字下乡》和《再论文字下乡》中有论述。

活动二

思考：乡村不需要文字，但文字为何要下乡？

当时文字最终还是下乡了，而且先于农村生产力提高，先于农村大规模人流流动，先于农村开放程度提高。对于农民来说，农活不需要文字，但是从其他群体的角度来看，他们需要文字下乡。

现在农村不再是生活单一，靠农活维持生计，人口流动性小的象征。大量外来信息注入农村，农村与外界交流频繁，部分务农人口转向二三产业维持生计。中国乡土基层性质已经有所改变。

【课后作业】

1. 画出本篇的思维导图。

2. 阅读《差序格局》《系维着私人的道德》《家族》《男女有别》。

第4—5课时

（一）教学重点

理解"差序格局""家族"等核心概念；厘清篇章内部的层次结构，以及篇章与篇章之间的关系。

（二）教学难点

分析大量引用《论语》《大学》等儒家经典的作用；探讨"差序格局"这个概念的解释力。

（三）教学过程

【课前学习】完成学习任务单

● 精读《差序格局》《系维着私人的道德》《家族》《男女有别》

任务一：在书上圈画重要概念和关键句　完成请打钩＿＿＿＿＿＿＿

任务二：结合这两篇的内容，辨析"差序格局""团体格局"这两个概念

提示：可从人际关系、价值体系、道德观念、行为规范、家庭成员、"家"的结构原则、家庭功能、感情定向等角度比较辨析，厘清概念。

任务三：请举三例，阐释你所理解的"差序格局"这一概念。

【学习过程】

活动一

1. 分小组交流学习任务单中的表格填写，就有争议的部分给出书中的依据与阐释。

2. 辨析组内同学们给出的"差序格局"的例子是否属于这个概念，进一步明确"差序格局""家族"等核心概念的内涵。

活动二

分析在《差序格局》《系维着私人的道德》这两个篇章中大量引用《论语》《大学》等儒家经典，作用何在？

1. 阐释"仁"的内涵：推己及人，克己、修身，没有明确的定义，表现在"父子、昆弟、朋友"这些具体的伦常关系中，成为私人间的道德要素。

2. 指出解决"私"的方法：克己、修身、推己及人。从篇章的结构与关系来看，在《差序格局》中首先以河水脏污的现象提出了"私"的问题，接着从社会结构的角度提出"差序格局"这一概念分析"私"的问题，最后根据儒家经典提出解决"私"的方法。

活动三

探讨交流：为什么中国传统家族提倡男女有别，反对浮士德的感情定向？你如何评价这一认识？

乡土社会的延续是以父系家族为线联结起来的，家族是个长期绵续性的事业社群，讲求效率、纪律，排斥私情，追求稳定。整个乡土社会都在努力保持熟悉、稳定。而浮士德式的感情定向追求感情的激动，恋爱是一项探险，是对未知的摸索，具有创造性，是不断推陈出新的过程，从结果来看可能毫无成就，而且会使社会关系不稳定。因此男女间不必发生激动性的感情，不必求同，不必了解，不向对方希望心理上的契合，反而强调男女有别，从身体、心理上加以隔阂。

评价认识言之有理即可。

活动四

探讨：中国社会学教授和学者们认为，《乡土中国》中的这一术语是中国社会学对世界社会学理论的最大贡献，你觉得"差序格局"是否是具有解释力的概念？你是否认同这一评价？

【课后作业】

1. 回顾并梳理课堂交流，选择最有兴趣的一个问题落实到书面上。

2. 阅读《礼治秩序》《无讼》《无为政治》《长老统治》《名实的分离》。

第6—7课时

（一）教学重点

理解"礼治秩序""横暴权力""同意权力""教化权力""时势权力"这几个核心概念；分析各种论证方式的说理效果。

（二）教学难点

理解"礼""礼治""规范""传统"等概念之间的关系；分析礼治秩序的优势与弊端；分析乡土社会形成"礼治秩序"的条件。

（三）教学过程

【课前学习】完成学习任务单

● 精读《礼治秩序》《无讼》《无为政治》《长老统治》《名实的分离》

任务一：在书上圈画重要概念和关键句　完成请打钩＿＿＿＿＿＿

任务二：根据任务一，辨析"横暴权力""同意权力""教化权力""时势权力"这四个概念，提示：可从权力产生的基础、权力双方的关系、权力实施的目的、权力的特点、带来的后果等角度比较辨析，厘清概念。

任务三：记录我的感受或困惑

【学习过程】

活动一

结合阅读，探讨：聚焦丰县生育八孩女子案件，被拐卖至偏僻乡村的妇女为何难以逃脱？

1. 偏僻落后的乡村，法盲众多，仍需普法。
2. 偏僻乡村——闭塞的礼治社会。

礼并不带有"文明"，或是"慈善"，或是"见了人点个头"，不穷凶极恶的意思。礼也可以杀人，可以很"野蛮"。礼是社会公认合式的行为规范。合于礼就是说这些行为是做得对的，对是合式的意思。维持礼这种规范的是传统。这个地方非常偏僻，可能丰县中大家约定俗成的规范就是被拐卖来的妇女就属于这家的私有财产，就是为了完成传宗接代的任务。甚至在完成了这家的任务之后，另一家可以接着使用。因此，这不仅是法盲，不仅是人性的恶，从《礼治秩序》这一篇提供的依据来看，是村里的每个人都主动地，从内心膺服地以此行事。妇女若想逃跑，她要面对的监督和力量不仅来源于买家，甚至可以是村中的每个人。可想而知，她逃脱的可能性就微乎其微了。（以上回答来自学生课堂交流）

活动二

探讨:现代社会中,礼治秩序是一无是处的吗?

礼治的优势

1. 教化作用,主动服膺,比外在强制的力量更能让人接受和长久地遵守;带来从心所欲而不逾矩的自由。

2. 取其精华,去其糟粕,礼带来文化、传统美德的传承,让人民更具有凝聚力和归属感;带来更好的社会风气;让社会更稳定。

3. 对人际交流,与人相处的指导作用。

4. 礼是对法的补充。

(1) 法律是道德底线。

(2) 法律具有专业性。

(3) 不可能事事诉诸法庭的判决。

(4) 总有法律不能监管到的真空地带。

(5) 法律依然会有漏洞。

(6) 法从行为上约束人,礼从动机上教化人。

(以上来自学生的分组交流)

活动三

探讨:乡土社会是无为而治的吗? 可以实现的条件是什么?

乡土社会不是一个富于抵抗能力的组织——实行横暴权力的基础较为薄弱,皇权名义上是横暴权力,但偶有发生。

乡土社会是小农经济,自给自足;差序格局,熟人社会——同意权力的基础较为薄弱;同意权力可以小到"关门"的程度。

乡土社会是稳定的变化极慢的社会,没有激烈的社会变迁——少有时势权力的发生。

乡土社会:聚村而居、孤立隔膜——虽然说"普天之下莫非王土",但实际上是"天高皇帝远",只能由村落内部自行管理。(无可奈何,不能为——无为)

乡土社会:教化作用,礼治社会,人人守礼,遵循大家约定俗成的传统、规矩相处或行事,有从心所欲而不逾矩的自由。(顺应自然的规律,不妄为——无为)

【课后作业】

1. 谈谈你对于"礼治弊端"的思考。

2. 阅读《血缘和地缘》《名实的分离》《从欲望到需要》。

第8课时

(一)教学重点

理解"血缘""地缘""欲望""需要"等概念;厘清血缘、地缘与社会性质结构改变的联系。

(二)教学难点

辩证性地认识乡土文化的现代意义与历史局限;梳理整本书篇章之间的关联,总结学术著作的阅读方法。

(三)教学过程

【课前学习】完成学习任务单

● 精读《血缘和地缘》《名实的分离》《从欲望到需要》;通览全书

任务一:在书上圈画重要概念和关键句　完成请打钩　_____

任务二:根据任务一,依据目录,画出各篇章的关系图

任务三:记录我的感受或困惑

【学习过程】

活动一

探讨:乡土社会中长老统治何以成为可能?

活动二

分组交流画出的各篇的关系图。

活动三

交流:结合"礼治秩序的优势和弊端",乡土文化给我们的启示和警示是什么?

警示:

1. 传统、规范本身可能是残忍的,落后于时代,但人们依然对此敬畏崇拜,行事以此为准绳,必然会导致悲剧的发生,且制造悲剧者自身毫无察觉。

2. "不讲学理,只管有效而不问理由"的思维方式的危害:缺乏探究精神,缺乏科学精神,导致浅薄的实用主义大行其道,而讲究真理、崇尚科学的现代意识始终未能占据社会主导,这是导致现代科学技术体系未能产生于华夏文明之中的重要原因。(联系作文"中国人普遍追求实用主义的思维")

3. 对讼狱的厌恶、偏见,可能导致问题被遮蔽,官员为了所谓的治理有方,可能会故意阻碍此类事件的发生。(不能解决问题,就解决提问题的人)

4. 落后于时代的糟粕(酒桌文化、攀关系、圈子文化、重男轻女、上下尊卑……)。

5. 对礼的理解可能存在主观性。

6. 盲目的敬畏信奉下,丧失思考能力,沦为吃人的人,礼成为奴役人的工具。

7. 身处其中的人不觉其害,甚至由受害者变为加害者。(多年媳妇熬成婆)

启示:

对于道德、信仰而言,礼可以使它们具象化、制度化、持久化。因为礼伴随着人从胎儿到死亡的生命全过程,渗透并融合在人们日常生活中,它可以起到给人们以崇高理想和终极关怀的作用。

对于加强法治建设而言,礼可以起到防患于未然的重要作用。礼与法本不该相互排斥,而应相辅相成。单纯依靠法治来引导人们理性地认识与处理自我与他者、个人与群体、局部与全局、当前与长远等关系,并重新构建全社会的整体性和稳定性是十分困难的。而礼治在重建个人、家庭、社会、国家的整体性、稳定性、确定性上有不可替代的积极作用。

对国家而言,礼不仅是宣示价值观、增强人们的认同感和归属感、教化人民的有效方式,而且是维护国家主权与尊严、积极推进国际交往的重要手段。(以上来自学生交流)

【课后作业】

1. 根据《乡土中国》整本书阅读学习的经历,归纳学术著作的阅读方法。
2. 找到自己感兴趣的主题,自主选择其他相关著作,完成一篇不少于1000字的小论文。

【参考文献】

[1] 中华人民共和国教育部. 普通高中语文课程标准(2017年版2020年修订)[S]. 北京:人民教育出版社,2020.
[2] [美]莫提默·J·艾德勒. 如何阅读一本书[M]. 北京:商务印书馆,2009.
[3] 费孝通. 乡土中国[M]. 北京:生活·读书·新知三联书店,2020.

(本文作者:查晨婷)

生活中常见的力

一、背景分析

生活中常见的力主要有三类：重力、弹力和摩擦力。本节课主要针对弹力的定义、产生条件、判断弹力有无、作用点、方向和大小进行详细论述，让学生学会对物体所受的弹力进行分析。

二、学习目标

通过生活中的实例，引出弹力的定义，探究弹力产生的条件，学会从力的三要素出发对物体所受到的弹力进行分析和计算。

了解形变的概念，明确弹力的定义，以及其产生条件（接触、弹性形变）。学会采用定义法判断弹力是否存在，并且对于部分微小形变引起的弹力，了解微小形变放大的方法，通过受力分析得出此弹力是否存在。

了解弹力的作用点，掌握不同物体弹力方向的判断（包括接触面、轻绳、轻杆、弹簧等）。

掌握利用胡克定律对弹力的大小进行计算。

三、教学重点、难点

轻杆中可转动杆和不可转动杆的弹力方向的判断；胡克定律的运用。

四、教学过程

（一）课堂导入

通过运动员射箭的微视频，提出问题：是什么力使得弓箭被射出去？由此问题引出弹力，进行新课的教学。

（二）弹力的定义、前提条件和存在判断

由之前运动员射箭时，弓弦被拉满，引出形变的概念，介绍形变的种类有两种：弹性形变和范性形变（塑性形变）。其后，分别对两种形变给出定义，形变之后能够恢复原状的形变为弹性形变，不能恢复原状的形变为塑性形变，并且提供现实生活中我们能接触到的弹簧和橡皮泥的例子加深学生对两种形变的理解。同时，提出问题："形变之后只能恢复一半原状的形变为

哪种形变?"引发学生思考。

由弹簧的例子,给出弹力的定义,弹簧发生弹性形变之后,由于要恢复原状,因此会给与它相接触的物体一个力的作用,这就是弹力。

接着,提出疑问,学生对弹力的定义中弹力产生的前提条件进行提炼,得出弹力存在的前提条件,并且给出四幅图让学生进行判断。

弹力判断的四幅图中,两幅图对应于微小形变,引发学生思考如何证明微小形变,给学生讨论思考的时间,随后引出两个证明微小形变的实验:一种通过光进行放大,另一种通过玻璃瓶中细管液面进行证明。介绍完两个实验之后,再引出针对微小形变的判断方法:假设法(受力分析),假设弹力存在或者不存在,看受力和运动状态是否一致,最后总结判断弹力是否存在的方法。

本小节通过实例让学生更深地了解弹力的由来,学会利用放大的思维判断是否发生微小形变,更进一步通过受力分析判断出弹力是否存在,最后总结判断弹力有无的两种方法:定义法和假设法。

(三) 弹力的三要素:作用点、方向、大小

介绍弹力的作用点,从弹力的定义出发,发生弹性形变的物体会对与其相接触的物体有一个力的作用,即其作用点在两物体的接触点或者接触面上。作用点较为简单,因此不做复杂介绍,一带而过即可。讲解弹力的方向,首先从定义出发,弹性形变的物体要恢复原状,会对与其相接触的物体有力的作用,因此发生弹性形变的物体对与其相接触物体的弹力方向应与其恢复原状的方向相同,此为判断弹力方向的总纲。

接下来,对高中遇到的弹力的种类进行梳理和分类,方便学生理解并记忆。

1. 接触面类

以具体的题目为切入点,将接触面分为三类:两物体为平面和平面相互接触、两物体为平面和曲面上的一个点相互接触、两物体为两个曲面上的一个点相互接触,对这三种类型进行分析,并总结出结论。若接触面为面面接触,则弹力方向垂直于接触面,指向受力物体;若接触面为点面接触,则弹力方向垂直于接触面,指向受力物体;若接触面为点点接触,则弹力方向垂直于切面,指向受力物体。

为增加学生对接触面弹力的理解,需要在这里设置多种类型的题目进行练习,包括点点接触(两个圆相互接触)、点面接触(一个圆和一个平面)、面面接触(两个平面)。

2. 轻绳类

首先,需要向学生解释,高中物理中的一个重要模型(轻质物体),其特点为质量忽略不计(受力必定平衡)。

以具体例题为切入点,分析绳子上弹力的方向,引导学生得出结论,轻绳弹力的方向必定沿绳收缩方向。进一步分析原因,对于轻绳而言,其只可以被拉长,不可以被压缩,在拉长情况下,需要恢复原状,就需要往回缩,因此绳子的拉力方向必定沿绳收缩方向。

这里也需要增加对应的轻绳的弹力题目进行练习,由题目可以引申出一个知识点,对于同一根轻绳而言,沿绳方向,位移处处相同,速度处处相同,并给出证明。

3. 轻弹簧类

轻质弹簧由于存在明显形变,可以根据之前判断弹力方向的总纲进行判断,即与弹簧恢复原状的方向相同。重点强调易错点:上述弹簧弹力方向指的是弹簧对外的弹力,其施力物体是弹簧,受力物体为与弹簧相接触的其他物体。

4. 轻杆类

在讲解轻杆时,需要将轻杆分为两类:可转动杆和不可转动杆(通俗讲即活杆和死杆)。

借助例题,针对不可转动杆进行受力分析,引导学生发现不可转动杆的弹力方向是任意的,与外界物体对其施加的力有关。

针对可转动杆进行受力分析,引导学生发现可转动杆的弹力方向必须沿杆方向。对某个可转动杆进行受力分析,若外界物体对其施加的力与可转动杆成一定角度,联系初中所学的杠杆平衡原理,发现其必定会转动,即外界物体对其施加的作用力只能沿杆方向,根据作用力和反作用力等大反向,杆对外界物体的作用力方向也必定沿杆,如此严格证明了可转动杆弹力方向沿杆方向的结论。

对于不可转动的杆而言,最简单的证明方式是通过一个水平杆连接一个小球,对小球进行受力分析,它受到一个重力和杆对其往上的一个弹力,这两个力处于平衡状态,因此对于不可转动的杆而言,其弹力方向是任意的。

本小节通过对高中所遇到的各种弹力进行归类,并通过对应的例题进行精讲,让学生掌握判断弹力方向的核心方法,学会受力分析。

(四)计算弹力的大小

在高中范围内,计算弹力的大小通常有两种方法,一种是通过受力分析进行计算,另一种就是胡克定律。

胡克定律的内容为在弹簧的弹性限度内,轻弹簧的弹力与其形变量成正比,并且给出数学表达式。学生们可以通过生活常识,了解到弹簧的形变量越大,其弹力越大,但是对于其是否满足线性关系是不清楚的,这部分可以由后续探求弹簧的形变量和弹力的关系的实验给出。

针对胡克定律,需要对其定义中的概念进行拆分,首先了解什么是弹性限度,可以联系之前弹性形变的定义进行说明,弹簧形变之后能够恢复原状这样一个范围内,可称之为在弹性限度内,举一个极限的例子,拉弹簧直到弹簧被拉断,无法满足胡克定律。其次,针对形变量进行解释,形变量包括伸长量和缩短量,这边需要举一个简单的例题,"弹簧弹力为10N,原长为20cm,劲度系数是1N/cm,求弹簧的长度",说明由此可能造成的多解问题。最后,对胡克定律数学表达式中的比例系数 k 进行说明,此比例系数被称为劲度系数,只与弹簧本身性质有关。讲解完胡克定律之后,需要给出对应例题来帮助学生理解。首先是针对弹簧弹力的理解,有如下三种情况,第一种是一根弹簧两端各自施加一个力F,第二种情况就是一根弹簧一端连接墙壁,另一端施加一个力F,第三种情况就是一根弹簧一端连接一个小物块,另一端施加一个力F,这三种情况,对应的弹簧弹力都是一样的。因为对于轻质弹簧而言,其一定处于平衡状态,其两端所受的力一定相同,即都为F。

其次,我们需要胡克定律本身这个公式进行一些简单的运用,包括对弹力的计算,对劲度系数的计算(重点注意单位的统一),对形变量的计算。

本小节主要通过对胡克定律的讲解,并通过一定的练习,让同学们掌握弹力计算的核心知识点,能够利用胡克定律对实际遇到的问题进行求解。

五、教学反思

学生对于弹力的理解还无法完全形象化,为了能够让其快速理解,可以辅之以必要的教具,通过实验的实际体会与理论相结合,从而提高学生对知识点的认知和掌握。

（本文作者:赵越）

"常见的有机化合物"单元规划

一、单元背景分析

（一）划分单元

"常见的有机化合物"是《上海市高中化学学科教学基本要求（试验本）》的单元之一。自然界和人工合成的物质中，绝大多数为有机化合物，人类的衣食住行也与有机化合物密切相关。高中必修教材在本章之前并未涉及有机化合物，在初中有机化合物常识的基础上，"常见的有机化合物"单元以甲烷、乙烯、乙炔、苯、乙醇、乙酸、糖、油脂、蛋白质等常见烃及烃的衍生物为主要学习线索，使学生能基于有机物中碳原子的成键特点、典型有机物的性质以及有机物的研究价值等角度，建立对有机物的特点、有机反应的特点以及对有机化学的基本认识，体会有机化学在促进社会、改善人类生活条件等方面所起的重要作用。整体而言，"常见的有机化合物"单元所涉及知识较为丰富，且知识间的关联性、规律性较强，又集中体现了"结构决定性质，性质反映结构"的化学学科观念，可构造成教学单元。

以"常见的有机化合物"为单元开展教学，对落实"宏观辨识与微观探析""证据推理与模型认知""科学态度与社会责任"等化学学科核心素养具有较强可操作性。

（二）构建单元内容体系

本单元内容的构建突出"结构决定性质，性质反映结构"的化学学科观念，因此在整体教学内容的编排上，构建了两条主线："探析结构→归纳性质→感悟应用"的活动主线和"甲烷→乙烯→乙炔→苯→乙醇→乙酸→糖→油脂→蛋白质"的知识主线。在知识主线中融入探究有机物结构和性质的一般过程和逻辑，在活动主线中落实有机化学、有机化合物的基本原理和基础知识。具体如下：

其中"探析结构"和"归纳性质"活动贯穿于整个单元，在学习每一种代表性有机物时都将遵循先认识其结构，再归纳其性质，最后体会结构与性质的关联这一认知过程，从而建立对"碳骨架"和"官能团"的认识和应用能力，理解有机物分类的依据。这部分内容主要涉及甲烷、乙烯、乙炔、苯、乙醇、乙酸等有机物。

在初步建立了"结构决定性质，性质反映结构"的化学学科观念和"结构→性质→结构"的认知步骤后，引入糖、油脂、蛋白质等既与我们日常生活密切相关同时结构又较为复杂的有机物，作为对本章所学知识与能力的一个升华，使学生感受到有机化学的研究价值和应用价值。

单元内容的构造方式及结果如下：

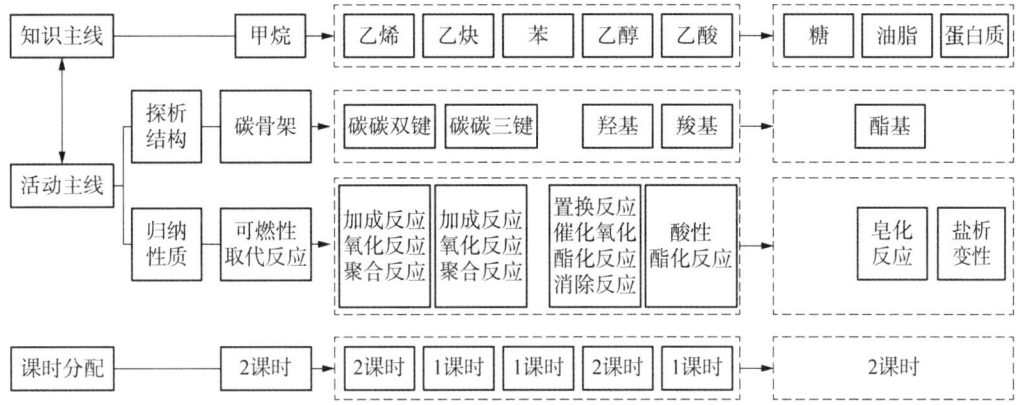

图1　单元内容体系

二、"乙炔"教学设计

（一）教学目标

1. 知道乙炔的物理性质，理解乙炔的分子结构特点及化学性质。

2. 通过对乙炔化学性质的预测、验证，分析乙炔化学性质与其结构的关系，形成官能团决定有机物化学性质的观念。

3. 通过对实验现象的对比和分析，认识乙炔与乙烯化学性质的相似性和差异性，加深结构决定性质的观念。

4. 以"氧炔焰""导电聚合物"为情境，感受化学与人类生活的密切关联，体会化学对社会发展的重要贡献。

（二）教学重点

乙炔的分子结构、乙炔的化学性质、乙炔与乙烯化学性质的相似性和差异性。

（三）教学难点

对引起碳碳三键和碳碳双键差异性的原因的分析。

（四）教学过程

环节1：认识乙炔分子的结构·

【引入】播放一段有关乙炔的视频。

【教师】通过这个视频，我们已经对乙炔宏观上表现出的性质有了一定的了解。如果将视野切换到微观层面的话，我们很关心乙炔分子的结构是怎样的。接下来就请同学们阅读学案"任务一"部分并完成两件事：

1. 完成乙炔电子式、结构式、结构简式等信息的书写。

2. 用两种颜色的 QQ 糖代替碳原子和氢原子，用牙签代替化学键，以小组为单位搭建乙

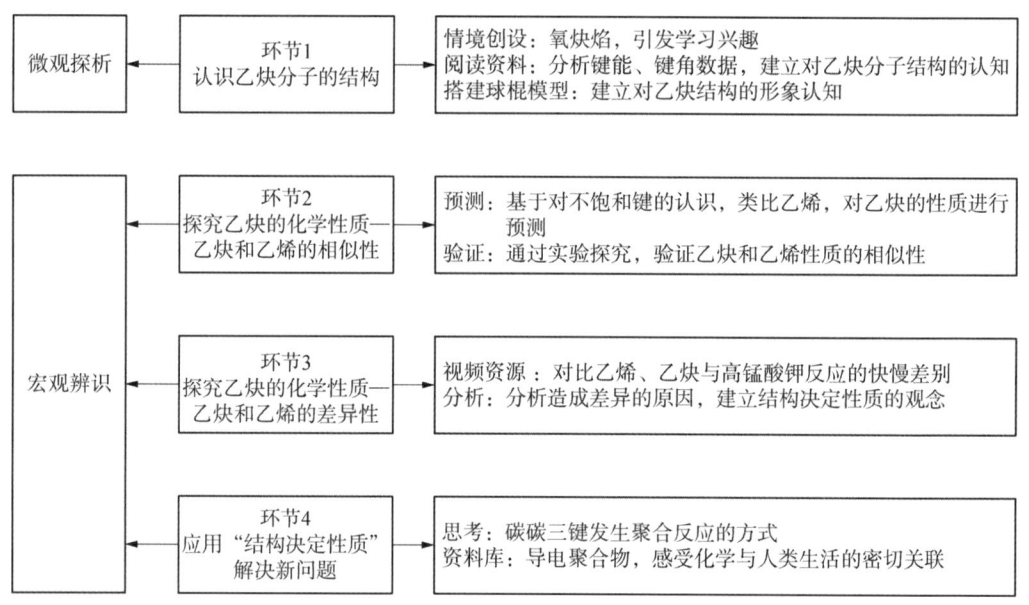

图 2　教学流程

炔分子的球棍模型。

【学生】

1. 阅读、分析学案所给的乙炔结构信息,根据信息完成"任务一"。

2. 学生代表在黑板上书写乙炔的电子式、结构式、结构简式。

【教师】我们知道了乙炔分子中是含有碳碳三键的,那这个碳碳三键到底是一种什么样的化学键呢? 通过刚才阅读学案,你了解到了哪些有关碳碳三键的信息?

【学生】碳碳三键的键能比碳碳单键、碳碳双键的都大。

【教师】那它们的键能之间有什么等量关系吗? 碳碳三键键能等于碳碳单键键能的三倍吗? 碳碳三键键能等于碳碳单键和碳碳双键的键能之和吗? 所以碳碳三键是三个碳碳单键的简单叠加吗? 是一个碳碳单键和一个碳碳双键的简单叠加吗?

【学生】没有。不等于,比三倍要小。也不等于,比它俩之和要小。

【教师】从学案中你们还提取到哪些信息?

【学生】乙炔分子中两个 H—C≡C 键角都是 180°。

【教师】这意味着四个原子应该怎么样? 那么乙炔分子的空间构型是什么样的?

【学生】在一条直线上。直线型。

【教师】请各组观察你们搭建的球棍模型,是不是直线型的? 如果不是,那是不是在搭建的时候没有充分利用好键角这个数据呢?

本环节设计意图:

1. 用氧炔焰这一视频素材引发视觉冲击,激发学生对乙炔的好奇心和求知欲。

2. 通过数据分析、模型搭建等学生活动,建立对乙炔分子结构的认识。

3. 引导学生分析键长、键能数据,认识碳碳三键的特点,为后续预测乙炔化学性质做好铺垫。

4. 引导学生分析键角数据,得出乙炔是直线型分子的结论。

环节 2:探究乙炔的化学性质——乙炔和乙烯的相似性

【过渡】我们已经从键能、键角两个方面对乙炔分子的结构有了一定的认识。那基于这些认识,同学们能不能推测一下乙炔可能具有哪些化学性质呢?

【学生】

1. 能燃烧。

2. 能与溴水发生加成反应。(师:这个推测是基于什么考虑呢?)碳碳三键也是不饱和键,类比碳碳双键做出的推测。

3. 能被酸性高锰酸钾溶液氧化。

4. 能发生聚合反应生成高分子。

【教师】先来看第一条性质——燃烧,请同学们在学案上写出乙炔燃烧的化学方程式。跟PPT 对照,检查自己书写的是否正确。

【学生】在学案上书写乙炔燃烧的化学方程式。

【教师】这里还有三张图片,分别是甲烷、乙烯、乙炔燃烧的图片,哪个是乙炔? 为什么? 为什么乙炔燃烧产生的黑烟最多?

【学生】最右侧的。黑烟最多。含碳量越高,碳的燃烧就越不充分,黑烟就越浓。

【教师】再来看 2、3 两条性质是否存在,这需要通过实验来验证。我们可以将乙炔气体分别和这两种溶液混合,然后观察现象。具体操作方法是:

1. 取　烧杯,向其中倒入约半杯的酸性高锰酸钾溶液。

2. 用注射器从输液袋中抽取 40 mL 乙炔气体,再从烧杯中抽取 10 mL 酸性高锰酸钾溶液,然后振荡注射器,观察现象。这一步有两点需要我们格外注意。第一,抽气体时,应将盐水袋袋口朝上放置,以避免里面的硫酸铜溶液析出而对后续试验现象造成干扰。第二,抽好酸性高锰酸钾溶液后,应迅速盖好针头的盖子,以确保安全。这两点非常重要。请大家牢记!

3. 重复上述方法,将乙炔和溴水混合,振荡,观察现象。

同学们都听明白了吗? 如果没有问题,我们就开始实验吧。

【分组实验、记录、分析】两种溶液都褪色了,但高锰酸钾溶液褪色明显,溴水褪色不明显。

【教师】实际上,两个反应都发生了,只是乙炔和溴水的反应进行得比较慢,我们可以多放置一会儿再去观察。××同学你先在黑板上写出乙炔和溴水反应的化学方程式。

【学生】学生写了乙炔与溴水按 1∶2 加成的方程式。

【教师】很好,碳碳三键可以断开两根化学键发生加成反应,最终得到 1,1,2,2-四溴乙烷。其实,我们也可以通过控制溴水的用量,来选择性地得到 1∶1 加成的产物。

本环节设计意图:学生基于碳碳三键、碳碳双键同属不饱和键的事实,对乙炔的性质进行预测和验证,证实了乙炔和乙烯的性质具有相似性,初步建立"结构决定性质"的观念。

环节 3:探究乙炔的化学性质——乙炔和乙烯的差异性

【过渡】通过实验,我们发现碳碳三键表现出了和碳碳双键相类似的化学性质,都可以发生加成反应、氧化反应等。但是这两种键的结构毕竟不完全一样,那会不会导致两者在性质上也表现出一定的差异性呢?我们再来看一段视频。

【教师】可以明显看出,乙炔和高锰酸钾溶液的反应要慢一些。看来这两种键确实是有差异的。那是什么原因造成了这样的差异呢?请同学们先以小组为单位讨论,然后分享你们讨论的结果。

【学生 1】乙炔的键能比乙烯的键能大,碳碳三键更难断裂,所以更稳定。

【教师】他说的对不对? 别的组完全赞同他的观点吗?

【学生 2】不对,如果看键能的话,那乙烷键能最小,应该是乙烷最容易断键,但事实上乙烷不与溴水和高锰酸钾溶液反应。

【教师】很好,乙烯、乙炔发生加成反应、氧化反应时,双键、三键是完全断裂了吗? 到底跟哪根键有关?

【学生】不是。是其中较弱的那根键发生断裂。

【教师】对,只断其中部分键。所以,看整体的键能是不准确的,我们应该把目光聚焦到断裂的那根键的键能上。我们一起再来看键能的数据,备注里给出一句话:碳碳双键、碳碳三键中较强那个共价键的键能是与碳碳单键的键能接近的。这句话的意思是碳碳双键中有一根键的键能就约等于 $347\,kJ\cdot mol^{-1}$,那么另一根键的键能就是?

【学生】$268kJ\cdot mol^{-1}$。

【教师】同理,碳碳三键中另外两根键的键能之和就是 $839-347=492\,kJ\cdot mol^{-1}$。我们平均一下,一根键的键能就是 $246kJ\cdot mol^{-1}$。结果是乙炔中发生断裂的那种键的键能更小,那应该是乙炔更容易断键才是,这与实验结果不相符。

看来化学反应发生的难易程度也不是完全由键能决定的。实际上一个化学反应的发生受很多因素影响。乙烯、乙炔的加成反应、氧化反应主要受碳原子电负性的影响。电负性是指在化合物中原子表现出的吸引电子的能力。电负性数值越大,表示其原子吸引电子的能力越强;电负性数值越小,则表示其原子吸引电子的能力越弱。我们看到三键碳的电负性比双键碳的要大,这意味着三键碳对电子控制得更牢,它的键就更难断,所以反应更难发生。至于为什么三键碳的电负性更大,等以后我们有机会接触到杂化轨道知识的时候再做深入讨论。

本环节设计意图:

1. 引起认知冲突,激发学习热情。

2. 通过实验现象、直观数据,认识到乙炔与乙烯化学性质的差异性,加深"结构决定性质"的观念。

环节4:应用"结构决定性质"解决新问题

【过渡】刚才我们还提出了第4条性质——聚合反应。乙炔聚合的话,产物会是什么样子的? 大家试着在学案上写出乙炔聚合的方程式。

【学生】出现的情况:

1. 二维聚合:乙炔断其中一根键,就可以完成聚合,所以写出线形的聚合物分子。

2. 三维聚合:在一维聚合的基础上,乙炔还可以再断一根键,在其他方向上继续聚合,得到三维网状的产物。

【教师】乙炔发生聚合反应其实就是很多个乙炔分子加成在一起。由于乙炔可以断两根键,聚合的形式是多样的。两种想法都非常有道理,只是如果我们想选择性地得到其中一种,那就要在控制反应条件上下功夫了。

关于这种线形产物,它有个很有意思的性质就是可以导电,它的导电性甚至可以和金属银相媲美。作为一种塑料,这是一件不可思议的事情,这三位科学家因为发现和发展了这种导电塑料而获得了2000年的诺贝尔化学奖。至于这种导电聚合物是如何发现的,作为一种塑料它为什么能导电,请同学们课后查阅资料找到答案。

【总结】最后,我们一同来回顾本节课学习了哪些新知识。

【学生】

1. 认识了一种新的不饱和键——碳碳三键,它是乙炔的官能团,影响着乙炔的化学性质。

2. 同属于不饱和烃的乙烯和乙炔,它们的化学性质既有相似的一面,也有不同的一面,但这些相似也好,差异也好,其实都是它们微观结构的体现。

【教师】所以我们在学习中,应注重将物质的宏观性质与其微观结构相联系,这能帮我们更好地认识物质,理解物质的性质。

本环节设计意图:

1. 从碳碳三键官能团出发,思考乙炔发生聚合反应的方式。拓展对"结构决定性质"的应用。

2. 以"导电聚合物"为情境,使学生感受化学与人类生活的关联密切,体会化学对社会发展的重要贡献。

(五)板书设计

乙炔

一、分子组成和结构

分子式 C_2H_2 电子式 $H \underset{\times}{\cdot} C :: C \underset{\times}{\cdot} H$

结构式 $H—C \equiv C—H$ 结构简式 $HC \equiv CH$

二、化学性质

1. 燃烧

2. 加成

$$HC\equiv CH + Br_2 \longrightarrow \begin{array}{c} CH=CH \\ | \quad | \\ Br \quad Br \end{array}$$

$$HC\equiv CH + 2Br_2 \longrightarrow \begin{array}{c} Br \quad Br \\ | \quad | \\ CH-CH \\ | \quad | \\ Br \quad Br \end{array}$$

3. 氧化

4. 聚合

$$nCH\equiv CH \xrightarrow{\text{一定条件}} \begin{array}{c} \text{[}CH=CH\text{]}_n \end{array}$$

（六）教学反思

本节课是有关"乙炔"的新授课,内容涉及对乙炔的分子结构、乙炔的化学性质、碳碳三键和碳碳双键的相似性与差异性等三个知识点的探究。课堂构建的思路是:认识结构→由结构的相似预测性质的相似→通过验证乙炔的性质建立"结构决定性质,性质反映结构"的观念→由性质的差异性反思结构的差异性→通过分析、讨论、讲解进一步加深"结构决定性质,性质反映结构"的观念。

授课中出现的问题:对于环节3,在备课时对学生可能给出的回答做了两种预判:

1. 乙炔要断两根键,乙烯只断一根键,所以乙炔的反应更慢。

2. 乙炔断裂的那个键的键能比乙烯断裂的那个键的键能大,更难断键,所以反应速率慢。

计划对两种可能出现的答案都展开讨论,最初预计环节3用时约15分钟。但实际上课时,学生只讨论出第二种原因,因此在此环节未能做充分的讨论,遗留了一个知识隐患。

改进方案:可在学案上事先做适当引导,提供多种讨论方向,供学生讨论用。

（本文作者：陈媛媛）

"用数学方法描述种群数量的变动规律"的教学设计

一、背景分析

本节课内容隶属于沪科版高中《生物学》选择性必修2"生物与环境"第1章"种群和群落"中的第2节"用数学方法描述种群数量的变动规律"部分。种群数量并不是一个定值,它会受资源和空间影响发生变化,这个变化可以用数学模型来描述。

本章内容为种群和群落,学生需建构种群及其影响因素的概念,通过建构数学模型明晰环境阻力是种群不能无限增长的原因。同一时间的一定区域内,多个种群构成群落,各种群间存在种间关系,此外群落的分布包含垂直结构和水平结构。群落也不是一成不变的,在一定地理范围内,群落会进行有序的演替,最终成为顶级群落。整章内容循序渐进,体现着生态学的内在逻辑。

本节拟解决的核心问题:建立数学模型解释种群的数量变动。科学家将生物知识与数学知识相结合,统计种群数量随时间(代)的变化情况,建立数学模型以描述种群数量的变动规律,总结对比不同种群增长模式的差异,进而找到影响种群数量变化的因素。在对生命科学的探索和追求真知的道路上,我们不能仅仅学习先前科学家的研究成果,更应该学习他们在探究未知问题时的研究方法和思路,进而用于解决实际问题。生物并不是脱离生活的,利用科学家探究种群数量变化规律的逆向思维,设定一个情境:在一个限定的空间内,添加不同的限制条件(影响种群数量的因素),建立不同的种群数量增长模型,以期获得最佳的经济效益,通过该情境教学使同学们能更好地将理论与实践结合,提升使用科学方法总结生态学规律和机制的能力,提高对生物学的兴趣。

教授对象为华二普陀选考生物学的学生,其理科思维较强,并且已经学过指数函数和导数等数学内容,因此引导他们从数学的角度切入,建构种群数量变化的数学模型,并在教师的指导下延伸该数学模型的知识点,建立增长率和增长速率等指标与时间的关系图,相应坐标点可应用至实际场景,例如如何合理利用资源、防治有害生物、保护野生动物等等,提升学生的社会责任感。

二、学习目标

1. 建构数学模型解释种群的数量变动规律。
2. 运用数学模型阐释相关生态学实例。

三、教学重点、难点

1. 建构种群增长的数学模型（重点）。
2. 掌握种群数量变化的"J"型曲线（重点、难点）。
3. 掌握种群数量变化的"S"型曲线（重点、难点）。

四、教学过程

（一）引入

【教师活动】

模仿网页游戏，通过名为"重生之我是鱼塘主"的小游戏，设定情境：假如你成为了一个鱼塘主，为了利益最大化，需要解决什么问题？如：①放养多少鱼？放养密度过大，投入成本大，鱼竞争加剧，死亡率会增加；放养密度过小，水体的资源和空间则不能被充分利用。②收获季节，为了保护鱼类资源不受破坏，并能持续地获得最大捕鱼量，应使被捕鱼群的种群数量保持在什么水平？以此引出"如何描述种群数量的变化规律"问题。

【学生活动】

参与游戏互动，思考作为鱼塘主需要解决的问题。

【设计意图】

激发学生学习的兴趣，引出本节课要学习的内容。

（二）"J"型增长

【教师活动 1】

提出问题：放养 N_0 条鱼，随着时间的推移，鱼塘中鱼的数量会如何变化？

请学生分组讨论鱼群数量随时间变化的过程，并在学案上作出"t-种群数量"的曲线图。

观察学生的曲线图，并请两位结果不同的学生到黑板上作图。

对比两位同学的曲线图，发现并不能重合，引导学生从简单的大肠杆菌数量增长模型入手，探究"增长率"相关知识点。

引导学生回答出：假设在营养和生存空间没有限制的情况下，第 t 代细菌大肠杆菌的数量 $N_t = 1 \times 2^t$，其曲线图呈"J"形。

【学生活动 1】

根据现有知识，推测鱼群数量指数增长或者先增长再保持不变。

观看视频资料，回答：大肠杆菌以二分裂的形式指数型增长。

【设计意图】

引导学生利用数学知识通过大肠杆菌增长模式构建"J"型曲线。

【教师活动 2】

提出"J"型增长的公式：$N_t = N_0 \lambda^t$，强调"J"型增长的前提是食物充分、生存空间充裕、气候适宜且没有敌害和种内竞争等的理想环境。

通过计算公式,引导学生区分种群增长率与增长速率:

$$种群增长率=\frac{增长的个体数量}{初始的个体数量}\times100\%=\lambda-1=出生率-死亡率$$

$$种群增长速率=\frac{增长的个体数量}{单位时间}\times100\%=\frac{dN}{dt}\times100\%,即斜率$$

【学生活动2】

聆听、回答,代入公式计算结果,并在学案上画出"t-增长速率"和"t-增长率"的坐标图。

【设计意图】

帮助学生从数学角度建立"J"型曲线模型,通过计算公式辨析相关概念的区别。

【教师活动3】

提出问题:种群增长数量满足公式 $N_t=N_0\lambda^t$ 的都是"J"型增长吗?

引导学生从 $\lambda>1$, $\lambda=1$, $0<\lambda<1$ 三个取值范围分类讨论,并请学生上台画出相应的"种群数量-时间"坐标图。

【学生活动3】

回答:$\lambda>1$,种群数量增长;$\lambda=1$,种群数量不变;$\lambda<1$,种群数量下降。

通过坐标图得出结论:只有 $\lambda>1$ 且为定值时,种群数量才满足"J"型增长。

【设计意图】

帮助学生从数学角度建立完整的知识网络。

【教师活动4】

展示"J"型增长实例:

澳大利亚本来并没有兔子。1859年,24只欧洲野兔从英国被带到了澳大利亚。这些野兔发现自己来到了天堂。因为这里有茂盛的牧草,却没有鹰等天敌。这里的土壤疏松,打洞做窝非常方便。于是,兔子开始了几乎不受任何限制的大量繁殖。不到100年,兔子的数量达到6亿只以上,遍布整个大陆。后来,人们引入了黏液瘤病毒才使野兔的数量得到控制。

【设计意图】

通过实例进一步感悟"J"型增长。

(三)"S"型增长

【教师活动1】

提出问题:鱼塘中的鱼能一直保持"J"型增长吗?

展示高斯的草履虫实验:在0.5 mL培养液中放入5只大草履虫,最终草履虫数量在375只上下波动,从而引出"S"型曲线。

【学生活动1】

描述草履虫数量变化情况:种群数量先增加后保持不变,最后减少至0。

【设计意图】

引导学生思考种群不能无限增长的原因,进而引入"S"型曲线。

【教师活动2】

引出种群"S"型增长的概念及条件:资源和空间有限。

提出环境容纳量(K值)概念,引导学生计算种群数量在 N_0、$\frac{K}{2}$、K 的增长速率,及其区间内种群数量增长速率的变化趋势。

展示"时间-增长速率"、"种群数量-增长速率"的定性曲线图。

【学生活动2】

根据增长率和增长速率的数学概念,回答:当种群数量为 N_0—$\frac{K}{2}$ 时,种群增长速率逐渐增大;$\frac{K}{2}$ 时达到最大值;$\frac{K}{2}$—K 时,增长速率减小;K 时减小为0。

【设计意图】

帮助学生从数学角度建立完整的知识网络。

【教师活动3】

引导学生从种群增长速率和改变环境容纳量方面分析,运用"S"型增长数学模型解决相关生态学问题:①资源的合理利用;②防治有害生物;③保护野生动物。

【学生活动3】

聆听、思考,利用已有知识和常识回答解决相关生态学问题的方法。

【设计意图】

帮助学生提升社会责任感。

【教师活动4】

通过一系列问题串"身为塘主的你,应该放养多少鱼?""收获季节,若要持续获得最大的捕捞量,应该怎么捕捞?""若要获得日最大捕获量,应该何时捕捞?",引导学生利用生物知识解决实际问题。

【学生活动4】

根据本节课前置知识,通过"S"型增长曲线图,设计养鱼方案:放养鱼的数量应小于 $\frac{K}{2}$,若要持续获得最大的捕捞量需使捕捞后种群数量剩余至 $\frac{K}{2}$ 左右,而要获得日最大捕获量则需等待种群数量达到K值。

【设计意图】

帮助学生利用生物学知识解决实际问题。

(四)建构数学模型

【教师活动1】

提出问题:如何规划鱼塘以获得利益最大化?

引导学生回答:利用标志重捕法获得鱼的种群数量数据以建模,再通过新一轮养殖对模型检验修正。

【学生活动1】

回答:通过控制变量法及建模找出最佳养殖条件,利用新一轮养殖检验模型是否正确,从而对模型进行修正。推广模型,进行大批量养殖。另外通过扩建,增大生存空间以提高环境容纳量。

【设计意图】

帮助学生总结构建数学模型的思路。

【教师活动2】

总结数学模型的建构过程:提出问题→做出假设→建模→修正。

(五)作业设置

1. "S"型增长曲线开始部分能视为"J"型曲线吗? 说说你的看法。

2. 练习

【设计意图】

帮助学生巩固本节课所学知识点。

五、板书设计

用数学方法描述种群数量的变动规律

一、"J"型增长   二、"S"型增长

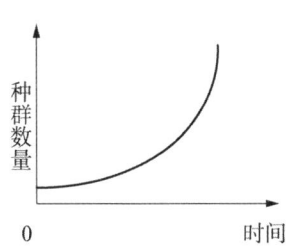
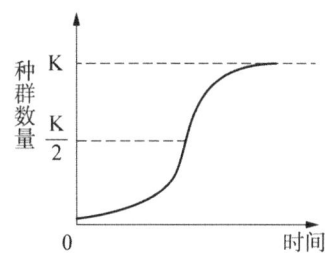

$$N_t = N_0 \lambda^t$$

三、建构种群增长的数学模型

问题→假设→建模→修正

(本文作者:黄琳)

伟大的改革开放

一、背景分析

根据课标要求,本节课需向学生阐明开创中国特色社会主义是党和人民长期奋斗、创造、积累的根本成就。因此,在教学设计与实施过程中,教师创设"贴近学生、贴近生活、贴近社会"的情境,引导学生根据已有的知识(新中国成立初期到改革开放之前的过程)探究和课标内容相关的新知识,并通过联想、延展、练习来掌握新知识,提高理解、应用的能力,陶冶情操,增强政治认同感。

(一) 教材分析

本教学设计选取统编版高中政治必修一《中国特色社会主义》第三课"只有中国特色社会主义才能发展中国"第一框"伟大的改革开放"作为新课讲授。本课由引言、"改革开放进程"、"改革开放的意义"三部分构成。本课承接科学社会主义和社会主义制度在中国确立的内容是前两课内容逻辑的必然结果,同时下启中国特色社会主义的创义、发展和完善,为下一课理解、认同只有中国特色社会主义才能发展中国夯实基础。

根据《课标》"论证中国特色社会主义是当代中国发展的根本方向,坚定坚持和发展中国特色社会主义的自信"的要求,且改革开放作为新中国历史上的重要事件,是中国特色社会主义创立的开端。**需要给学生讲清、讲透三个逻辑"我们为什么要改革开放?""改革开放是如何开展的?"以及"如何将改革开放进行到底?"**以此深化学生对中国特色社会主义的理解与认识,加强政治认同。

(二) 学情分析

"改革开放"的历程与意义,学生在小学、初中阶段已经接触过相关内容,形成了一定的知识积淀,并且作为改革开放成果的见证者,有较为丰富的实践体验。因此,在本课讲解的过程中,不能完全重复史料的分析,而是要通过摆事实来讲道理,讲逻辑,讲线索,梳理改革开放的前因后果,深入探究改革开放过程中的各条线索,认同改革开放的基本国策,认同只有中国特色社会主义才能发展中国,进而坚定道路自信,加强政治认同。

(三) 教法分析

本节课采用讲授法与议题式教学相结合的教学方法。

讲授法是本节课所运用的最主要的教学方法,贯穿于课堂始终。

议题式教学是活动型学科课程的主要实现形式,为此本节课采用议题式教学,**设计了一**

个总议题"改革开放何以伟大"和"中国发展之路在何方""改革开放是如何开展的""改革开放的脚步能停止吗"三个子议题,回答为什么、是什么、未来如何三个课程主体问题,力求通过议题的引入、引导和讨论,使教学在师生互动、开放民主的氛围中进行。

(四) 学法指导

采取学生自由分组讨论、合作探究、角色模拟等活动实现学科内容的学习与落实,渗透和落实学科核心素养,在启发学生深入思考的过程中使爱国情、强国志、报国行等价值目标水到渠成,厚植爱国主义情怀,增强学生对我国深化改革开放的信心。

二、学习目标

学生通过研读材料、小组合作探究等方式,体会"一个伟大转折"——明确党的十一届三中全会实现历史性转折的意义;明确"一个发展历程"——能够描述我国改革开放的历程(大事件),坚定地支持我国的改革开放政策,拥护中国共产党的领导;理解"一个重大意义"——对比改革开放前后我国面貌的改变,分析改革开放取得成就的原因,理解改革开放对中华民族的意义,坚定改革开放是重要法宝、必由之路、关键一招;得出"一个基本结论"——只有中国特色社会主义才能发展中国;最终实现"一个坚定选择"——了解改革开放和中国特色社会主义的关系,认识到改革开放只有进行时,没有完成时,坚定道路自信。

三、教学重点、难点

教学重点是理解改革开放的意义;教学难点是理解改革开放的实质,明确改革开放与中国特色社会主义的关系。

四、教学过程

(一) 情境导入

教学活动:提出"改革开放何以伟大"的总议题。

教师:同学们,大家出去旅游会选择什么样的出行方式?

学生:自驾、高铁、飞机……

教师总结:高铁作为新四大发明之一,已经成为我国一张新的亮丽的名片为世界人民所知,可是就在四十多年前我们还在羡慕德国的技术、日本的列车、苏联的铁路运输……而如今我国的高铁总里程位居世界第一,比其他有高铁国家的总和还要多。这样的变化是如何实现,从何开始的呢?

学生:改革开放。

教师:接下来就让我们共同学习"伟大的改革开放"(**板书**)。拿到这个命题,我们应该如何分析? 是的,课程有两条线索,即**"什么是改革开放"**以及**"改革开放何以伟大"**。

【设计意图】创设一个学生熟悉的情境,快速吸引学生注意力,并以高铁作为切入点让学生体会改革开放前后的对比,以此导入新课,激发学生学习兴趣,方便后面新课的讲授。

(二) 新课讲授

1. 改革开放的启程:穷则变

教学活动:

● 学生探究改革思路,加深对改革开放目标的理解。

● 学生总结十一届三中全会的主要内容,深入理解会议意义,明确社会主义改革的实质。

议题一:中国的发展之路在何方?

教师:我们为什么要进行改革开放? 当时国内外的环境如何?

学生:文革结束、冷战时期……

教师总结:文革结束时,中国是一幅什么光景? **(材料)**一个字总结,穷,国家太穷了。穷怎么办? 穷则思变! **(板书:启程:穷则变)**

邓小平在 1978 年视察东三省的时候说:"……所以有的时候走了弯路并不可怕,至少我们有了反面的教材,知道了什么不是社会主义,一句话,贫穷不是社会主义。"**对内改革**的问题就自然而然提出来了。与此同时,西方国家正在利用新科技革命大力发展经济,把二战以后的军用技术转移到民用上来,比如信息技术、原子能技术、生物技术、空间技术等等,出现了经济的新一轮大发展、大繁荣,特别是西方资本主义国家,出现了第二个黄金时代。这让我们本就已经存在的和这些国家的经济技术的发展差距进一步扩大了。我们是什么时候才真正地、真切地、真实地感受到这种差距的呢? 这是在粉碎四人帮以后,通过出国访问亲身感受到的。让我们具体来看看。

观看视频(邓小平参观新干线)。

教师:同学们有没有记住邓小平说了什么? "这个车快得很,有催人跑的意思,我们现在正合适。"他这句话是什么意思?

学生:……

教师:对外开放的思路也逐渐萌发。中国再也不能等了,再也不能错失发展的机遇了。于是,我们做了一个重大决定,**那就是"改革开放"。**改革开放的标志是"1978 年十一届三中全会"。

【学生活动一】

教师:国家这么大,事情这么多,到底要从何变、如何改呢? 如果你是领导人,你会提出什么思路或者方法呢? 四人一小组,我们讨论一下。

学生讨论:……

教师总结:两条思路,改正错误和明确新的方向。改正错误包括各条战线的拨乱反正,正确看待毛泽东思想。明确新的发展方向,解决新的发展问题。我们看十一届三中全会的主题报告《解放思想,实事求是,团结一致向前看》四个部分的内容也是如此。

【学生活动二】

观看"十一届三中全会"相关视频,结合书上 31 页的内容,总结十一届三中全会上形成了什么决议,会议召开的重大意义,社会主义改革的实质是什么。

教师总结:

(1) 会议决议:①重新确立了马克思主义的思想路线、政治路线和组织路线;②确定把党和国家工作的重点转移到社会主义现代化建设上来;③做出实行改革开放的重大决策。(**板书:何以伟大？伟大决策**)

(2) 会议的意义:①实现了中华人民共和国成立以来党的历史上具有深远意义的伟大转折;②开启了改革开放和社会主义现代化建设新时期。

(3) 社会主义改革实质:我国的改革是社会主义制度的自我完善和发展,目的是调整生产关系使之适应生产力水平,而不是社会性质和社会制度的改变。

【设计意图】进入讲授新课的部分,教师通过一个小互动,调动学生已有的政治知识,并通过一段视频,完成情境创设。激发同学公共参与的精神,提升其对改革开放意义的认同。

2. 改革开放的历程:变则通

教学活动:

学生通过阅读教材,了解改革开放的具体内容,梳理改革开放的线索。

议题二:改革开放是如何开展的？

学生:小岗村、真理大讨论……

教师总结:中国的改革开放贯穿始终的一条线索就是"解放"。

(1) 思想的解放:1978年关于真理标准问题的大讨论,实践是检验真理的唯一标准的确立,党的实事求是思想路线的恢复,为中国的改革开放、探索符合自己的发展道路奠定了坚实的思想基础。

(2) 生产力的解放:通过变革高度集中的体制来调动全社会的积极性。

从两个角度理解——纵向深入,横向铺开。

纵向深入:

①对内改革——农业改革层层深入(图1),建立完善社会主义市场经济体制(图2)。(板书:伟大创举)

②对外开放——对外开放格局基本形成(图3)。

总结:改革全面推进,开放向纵深发展。

横向铺开:五位一体,全面开花。

与此同时,要注意改革和开放基本上是同步进行的,二者相辅相成、密不可分。

(3) 人的解放:改革开放的重要意义。

① 改革开放极大地改变了中国的面貌、中华民族的面貌、中国人民的面貌、中国共产党的面貌。中华民族迎来了从站起来、富起来到强起来的伟大飞跃,中国特

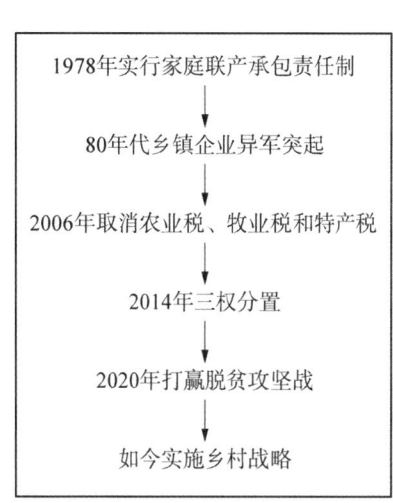

1978年实行家庭联产承包责任制

↓

80年代乡镇企业异军突起

↓

2006年取消农业税、牧业税和特产税

↓

2014年三权分置

↓

2020年打赢脱贫攻坚战

↓

如今实施乡村战略

图1　农业改革

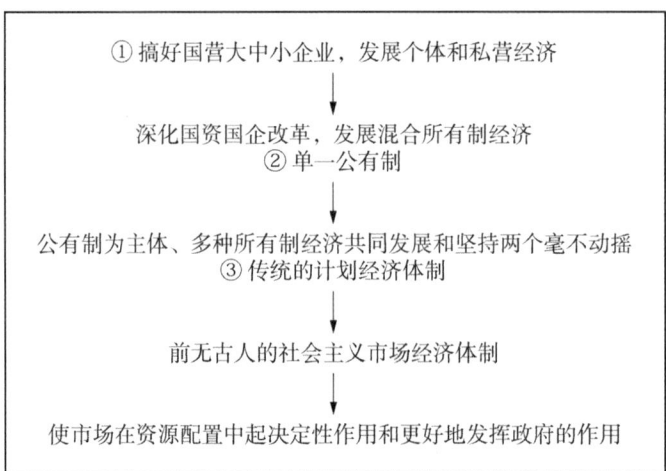

图2　社会主义市场经济体制

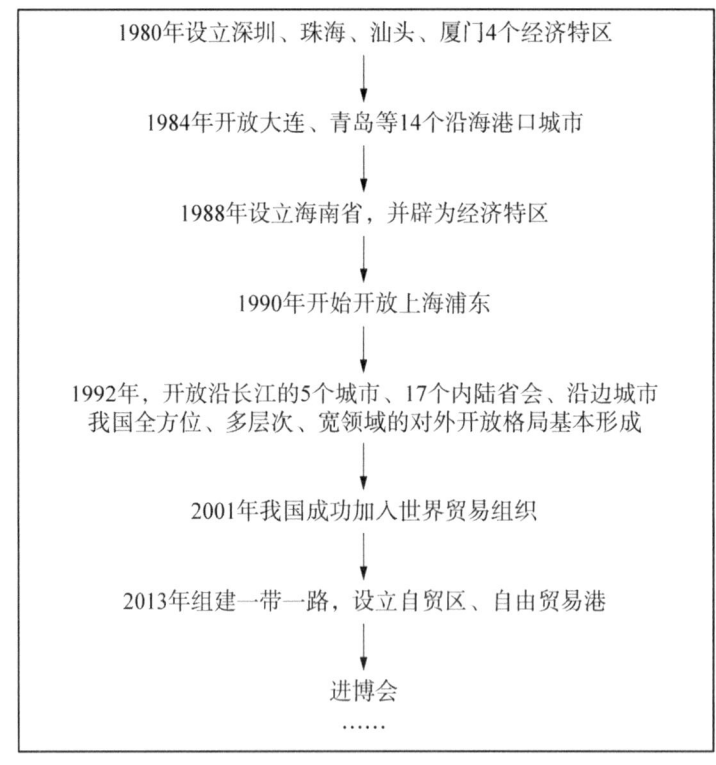

图3　对外开放格局

色社会主义迎来了从创立、发展到完善的伟大飞跃,中国人民迎来了从温饱不足到小康富裕的伟大飞跃。中华民族正以崭新姿态屹立于世界的东方。(四面貌、三飞跃、一姿态)

②改革开放是党和人民大跨步赶上时代的重要法宝,是坚持和发展中国特色社会主义的必由之路,是决定当代中国命运的关键一招,也是实现"两个一百年"奋斗目标、实现中华民族

伟大复兴的关键一招。（一宝、一路、两招）

（板书：伟大成就）

【设计意图】改革开放的历程是本课的重难点，从学生已有的知识内容出发，梳理他们的知识体系，讲清楚中国改革开放的线索——解放，并归纳总结出"思想的解放""生产力的解放"以及"人的解放"三条思路，帮助学生记忆。

环节过渡：改革开放以来，我国在经济生产建设、生态文明建设、人民生活水平、科技创新能力、经济结构优化等方面都取得了令世界瞩目的成就！我们已经取得了如此彪炳史册的成绩，还要继续改革吗？改革一定会成功吗？

3. 改革开放的前程：通则久

议题三：改革开放的脚步能停止吗？

学生回答……

教师总结：我们的改革措施在历史上有过争论，但这个问题邓小平已经回答过了，市场的不等于资本主义的，无论计划还是市场都是发展经济的手段。任何的改革都是有风险的，但我们至今为止好像还没有出现过大的错误，秘诀是什么？有两个非常重要的前提，一个就是我们的目标是社会主义，坚持四项基本原则，维持了政治的稳定和政策的连续，包括社会秩序的稳定，给我们的改革创造了一个非常好的环境，二是我们改革开放之前一些基础性的制度体系、工业体系都打下了非常好的基础，而这恰恰是那些改革失败的国家缺乏的。**所以老师再次强调，不要把改革开放前后的两段时期割裂开，因为之前三十年的物质积累和制度建设是我们后面改革的重要基础，我们是不可能平地起高楼的。**除了这两个前提，**还有一个最重要的原因，就是我们找到了适合自己的发展道路，就是中国特色的社会主义**，也就是我们后面要学习的中国特色社会主义道路、理论、制度和文化。这也是我们课程的标题，只有中国特色社会主义才能发展中国。

【设计意图】以教师讲授为主，从问题意识出发，解决同学们可能出现的疑问和困惑：改革一定会成功吗？我们成功的秘诀是什么？预设同学们的疑惑，吸引同学们上课的注意力，激发其积极性。

（三）课堂小结

中国共产党领导中国人民全面推进改革，将开放向纵深发展，将改革开放进行到底，使中华民族以崭新的姿态屹立于世界的东方，中国共产党将继续领导中国人民以改革开放的姿态走向未来，走中国特色社会主义道路，只有中国特色社会主义才能发展中国。那么中国特色社会主义为什么好？这个话题我们下节课再继续学习，同学们，下课。

（四）作业布置

四个小组分别查找关于中国特色社会主义理论四个发展阶段的资料，结合时代背景讲解理论和实践主题。

（五）板书设计

第一框　伟大的改革开放

何以伟大？　　　改革开放

伟大决策　　启程：穷则变

伟大创举　　历程：变则通

伟大成就　　前程：通则久

五、教学反思

1. 从教学定位上来看，层次丰富

本节课内容立足于单元教学设计的备课内容，充分发挥了教师主导和学生主体作用，利用议题式教学的方法，清晰解释了"改革开放何以伟大"的议题，并对未来"改革开放的脚步能停止吗"做出了设想，为学生树立为共产主义远大理想和中国特色社会主义共同理想而奋斗的信念注入了"强心剂"。

2. 从教学目标上来看，难点突出，重点落实

教学内容详略得当，重难点突出，给予"改革开放的意义"这一核心内容充分的探讨的时间，有效落实教学目标。

3. 从教学环节上来看，充分、流畅、完整

首先，教师与学生的课前准备非常充分。授课教师对授课内容非常熟悉，理论内容掌握得扎实，PPT与板书结合，逻辑清晰。其次，课堂实施非常流畅。教师对学生循循善诱，基本关注了全体学生，知识点之间的衔接非常自然，逻辑清晰。最后，课程结尾的教学环节完整，能够对本节课内容进行合理延伸，也为下一次探究活动作好了充分的准备。

4. 不足之处：课程容量比较大，对学生的知识储备有较高的要求，需要根据学情调整部分课程内容。这一节课还利用了两条线索串联，主次有些难分，学生理解记忆有难度，可以更加突出改革开放进程这条主线，"何以伟大"作为辅助线索让学生自己梳理。

（本文作者：张蒙）

隋唐制度的变化与创新

一、背景分析

（一）课程内容分析

隋唐时期是于分裂中完成统一、走向繁荣的新时期，为应对新时期出现的新问题，隋唐统治者和官僚群体在政治、经济等多个方面进行了制度创新的实践，在继承魏晋南北朝制度变化的基础之上，确立了科举制度、三省六部制、两税法等新制度，对后世产生重要影响。

（二）教学策略分析

1. 本课含科举制度、三省六部制、两税法三项制度创新，包含政治与经济双重视角，在时间跨度上包含隋唐初年和唐中期两个主要时段。如何将三项制度创新凝结在同一主题之下进行考察成为教学设计的难点。教师可将制度创新放于三国两晋南北朝至隋唐时期由分立而入统一的历史长河中进行考察，以政治视角为主、经济视角为辅，从强化皇权与中央集权的维度整合三项制度的变化与创新。

2. 在具体解读三项制度的变化与创新时，需用到多则原始史料，学生在解读时可能会遇到理解上的困难。教师可在导学案中对有关史料进行注音、注释等基本处理，帮助学生更好地读懂史料，从而理解制度变化与创新的内在逻辑与历史影响。

二、教学目标

引导学生从遇到问题、解决问题的视角出发理解隋唐时期政治、经济领域的制度创新与实践。了解科举制度实行的社会背景，把握自先秦至隋唐时期选官制度变化和科举制度本身发展的主要线索，理解科举制度施行的历史意义；了解三省六部制的历史源流与演变过程，明确三省与六部的职能和分工，从具体事例中把握三省六部制的运行机制，从而理解自"三省六部"至"中书门下"的转变原因；了解唐初均田制与租庸调制的实施情况，掌握安史之乱后两税法的提出背景和施行目的，理解两税法施行后的多重历史影响。

三、教学重点、难点

重点：选官、中枢、赋税等制度创新的原因。

难点：理解制度创新与国家治理之间的辩证关系。

四、教学过程

导入:教师以三国两晋南北朝时期和隋唐时期的两幅地图为切入点,提醒学生关注隋唐时期在军事统一、政治统一的基础上,若想完成文化、制度层面的统一,强化皇权与中央集权,需要从哪些方面做出努力。

(一)选官制度:科举制度

环节一:教师引入唐初高士廉奉唐太宗之命修订《氏族志》,而后又加以调整的故事(材料一),提醒学生思考在隋唐大一统重建之初,社会上存在着怎样的势力威胁皇权,引入有关选官制度(科举制度)的讲解。教师请学生浏览教材第40、41页的内容及PPT上呈现的表格,经讨论后总结自先秦时期至隋唐时期选官制度变迁背后体现的两条线索。(线索一:选拔标准的转变;线索二:选拔方式的转变。)

【设计意图】以《氏族志》之编订吸引学生关注科举制度形成的背后逻辑,引导学生阅读教材,得出选官制度变迁背后的线索,提升学生分析、整合材料的能力。

环节二:教师讲述自隋炀帝始建进士科至唐玄宗任用高官主持考试、"以诗赋取士"过程中进士科地位的变化,引导学生总结科举制度成形过程中的第三条线索(考试内容的变化),以材料二为例加深学生对进士科地位的认知,并引导学生思考明经科地位下降、进士科地位上升的背后体现出统治者的何等考量。

【设计意图】从考试内容侧重的角度入手,引导学生思考进士科地位上升对于普通庶族子弟的激励作用,多维感知科举制度的形成对于高门士族的冲击。

(二)中央官制:三省六部制

环节三:教师展示三省六部的结构示意图和所处位置示意图(材料三),讲述三省自魏晋南北朝以来的形成过程和位置变化,引导学生感受三省六部制成形背后的内在逻辑。

【设计意图】梳理、回顾此前有关尚书、中书、门下三省的知识点,引导学生感知制度的漫长形成过程,并从长的历史时段出发总结自西汉至隋唐中央宰相制度的发展趋势。

环节四:教师以魏征劝谏唐太宗不点中男的故事(材料四)为切入点,与学生一同感受三省六部制的实际运作流程,并引导学生思考三省六部制在实际运作过程中可能存在的问题,引出政事堂的设置及玄宗时期"中书门下"建制的出现。(材料五、材料六)

【设计意图】以具体史实为例,引导学生了解制度设计与实际状况之间的矛盾是促进制度调整的主要动力,从而跳出纸上材料去感知"活"的制度史。

(三)赋役制度:两税法

环节五:教师出示安史之乱后藩镇分布示意图,梳理不同类型的藩镇与中央之间的不同关系,引导学生思考藩镇割据的局面对中央税收造成了怎样的影响。在此基础上,带领学生共同阅读材料七,通过研读史料,引导学生总结两税法提出的具体背景。

【设计意图】以唐由盛转衰的转折点——安史之乱为历史情景,介绍不同类型藩镇向中央缴纳赋税的情况,促使学生思考地方割据对两税法的提出的重要影响。通过共同研读史料,提升学生从史料中抽丝剥茧、得出结论的能力,引导学生从多个角度思考问题,提升思辨能力。

环节六:在环节五的基础之上,教师总结当时唐朝在税收方面存在的问题,引导学生思考面对不同的问题应当提出怎样的解决方案。在此基础上出示材料八,总结杨炎的两税法的主要内容,提醒学生思考两税法的提出能否解决前述种种问题。

【设计意图】从解决问题的角度加深学生对于两税法主要内容的理解,使之感知两税法对于统一征收对象、统一税目、统一财权方面的重要价值。

环节七:教师出示材料九,从强化中央集权、加重赋税负担正反两方面介绍两税法的历史影响,并提醒学生思考"以资产为宗"的变化对中国税制的长远影响,建立起两税法与宋、明、清赋税制度之间的关联。

【设计意图】引导学生多角度思考两税法的历史影响,尝试搭建起中国古代赋税制度变迁的基本框架。

本课总结:隋唐时期科举制度、三省六部制和两税法等制度设计的背后,体现出的是不同时期、不同情境下以皇帝为首的中央在应对各方面的挑战时所做的回应。隋唐大一统帝国重建之初,山东、江左、关中和代北士族等旧士族群体在朝野上下仍有着特殊的影响力,为降低士族影响力,隋唐统治者从选官制度与中央官制两方面进行了制度创新,开创考试选官之方式和集体宰相之形式,压制士族群体与宰相群体的权力,以加强皇权;安史之乱后,面对地方割据、各自为政,以致中央财源紧缩的现实问题,唐代统治者调整征税方式,开创两税法来解决中央与地方的经济矛盾,与地方争财权,取得了"轻重之权,始归于朝廷"的效果。隋唐制度变化与创新的背后,体现出隋唐统治者在面对来自士族或地方的挑战时,强化皇权和中央集权、重建大一统秩序的强烈愿望。

(四)板书设计

存在的问题	制度设计	调整的关系	最终目的
门阀士族	科举制度	士族与皇权	强化皇权与中央集权
	三省六部制	相权与皇权	
藩镇割据	两税法	地方与中央	

(五)作业设计

魏晋南北朝史及隋唐史研究大家陈寅恪认为,唐代历史可分为前后二期。前期承接魏晋南北朝之余续,对南北朝之制度文化多有继承;后期开启赵宋以降之新局面,许多制度设计都为两宋所吸收。

请结合本节课所学有关隋唐制度的内容,谈谈你对这一认识的看法。

五、资料附录

【材料一】

太宗曰："我与山东崔、卢、李、郑,旧既无嫌,为其世代衰微,全无冠盖,犹自云士大夫,婚姻之间,则多邀钱币。才识凡下,而偃仰自高,贩鬻松槚,依托富贵。我不解人间何为重之? ……我今特定族姓者,欲崇重今朝冠冕,何因崔干犹为第一等? ……不须论数世以前,止取今日官爵高下作等级。"遂以崔干为第三等。及书成,凡一百卷,诏颁于天下。[1]

【材料二】

进士科始于隋大业中,盛于贞观、永徽之际。缙绅虽位极人臣,不由进士者终不为美,以至岁贡常不减八九百人。其推重谓之"白衣公卿",又曰"一品白衫";其艰难谓之"三十老明经,五十少进士"。[2]

【材料三】

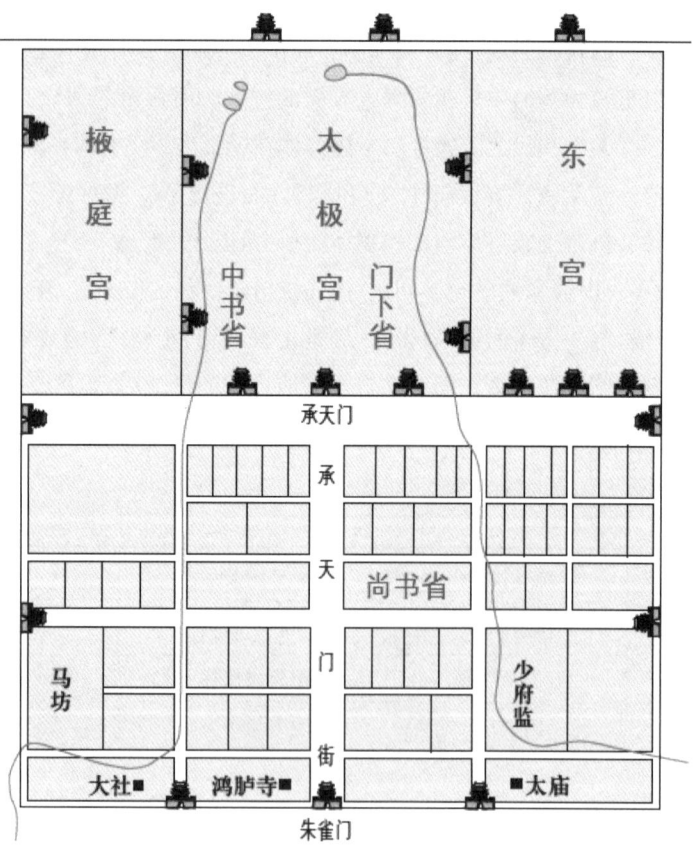

图 1　唐朝三省位置图[3]

【材料四】

上遣使点兵,封德彝奏:"中男虽未十八,其躯干壮大者,亦可并点。"上从之。敕出,魏征固执以为不可,不肯署敕,至于数四。上怒,召而让之曰:"中男壮大者,乃奸民诈妄以避征役,取之何害,而卿固执至此!"对曰:"夫兵在御之得其道,不在众多。陛下取其壮健,以道御之,足以无敌于天下,何必多取细弱以增虚数乎!"……乃不点中男,赐征金瓮一。[4]

【材料五】

开元中,张说为相,又改政事堂号"中书门下",列五房于其后:一曰吏房,二曰枢机房,三曰兵房,四曰户房,五曰刑礼房,分曹以主众务焉。[5]

【材料六】

相对于由三省互相配合、互相牵制的三省制来说,中书门下体制的基本特征就是宰相有了裁决政务的常设机构,中书门下成为最高决策兼行政机关,超然于三省之上,使职和使职化的六部寺监成为政务执行的主体,涉及国家政务的公文书形成了新的上传下达程式。[6]

【材料七】

唐初赋敛之法曰租庸调……玄宗之末,版籍浸坏,多非其实。及至德兵起,所在赋敛,迫趣取办,无复常准。赋敛之司增数而莫相统摄,各随意增科,自立色目,新故相仍,不知纪极。民富者丁多,率为官为僧以免课役,而贫者丁多无所伏匿,故上户优而下户劳。吏因缘蚕食,旬输月送,不胜困弊,率皆逃徙为浮户,其土著百无四五。至是,炎建议作两税法。先计州县每岁所应费用及上供之数而赋于人,量出以制入。户无主客,以现居为簿,人无丁中,以贫富为差。为行商者,在所州县税三十之一,使与居者均,无侥利。居人之税,秋、夏两征之。其租庸调、杂徭悉省。[7]

河南、山东、荆襄、剑南有重兵处,皆厚自奉养,王赋所入几无。[8]

【材料八】

大历中非法赋敛,急备、供军,折估、宣索、进奉之类者,既并收入两税。[9]

天下百姓输赋于府,一曰上供,二曰送使,三曰留州。[10]

【材料九】

上行之不疑,天下便之。人不土断而地著,赋不加敛而增入,版籍不造而得其虚实,贪吏不诚而奸无所取。自是轻重之权,始归于朝廷。[11]

每州各取大历中一年科率钱谷数最多者,便为两税定额,此乃采非法之权令以为经制,总无名之暴赋以立恒规。[12]

唐代的租庸调制度,就意味着人民对政府缴纳地租,服力役,提供工作产品。从唐代中期开始,这一制度自然崩坏,成为两税制,人民的居住在制度上获得了自由解放。因为地租等的收纳转为用钱代纳,以此为契机,人民就自然而然获得了解放,摆脱了被土地所束缚的农奴地位。[13]

【材料十】

君相、君臣、中央与地方、集团、阶层或阶级之间的利害冲突,则往往是政治制度变化的动因。正是统治阶级内部以及阶层、阶级之间的矛盾和斗争推动了政治制度的变化。[14]

【参考文献】

［1］［后晋］刘昫等撰,中华书局编辑部点校.旧唐书[M].北京:中华书局,1975.

［2］［五代］王定保.唐摭言[M].上海:上海古籍出版社,1978.

［3］张帆、李帆.中外历史纲要(上)[M].北京:人民教育出版社,2022.

［4］［宋］司马光编著,［元］胡三省音注,标点《资治通鉴》小组点校.资治通鉴[M].北京:中华书局,1956.

［5］［宋］欧阳修,［宋］宋祁撰,中华书局编辑部点校.新唐书[M].北京:中华书局,1975.

［6］吴宗国,刘后滨.盛唐政治制度研究[M].北京:中国人民大学出版社,2019.

［7］［唐］陆贽撰,王素点校.陆贽集[M].北京:中华书局,2006.

［8］［宋］王溥撰.唐会要[M].北京:中华书局,1955.

［9］内藤湖南著,林晓光译.东洋文化史研究[M].上海:复旦大学出版社,2016.

［10］吴宗国主编.中国古代官僚政治制度研究[M].北京:北京大学出版社,2004.

（本文作者:李芬）

行走苏州河之"触摸工业文明，探寻城市变迁密码"研学实践活动设计

一、研学实践主题

触摸苏州河工业文明，探寻城市变迁密码。

二、研学实践背景

高中地理必修 2 主要内容为人文地理，城市作为人口高度集聚，工业、第三产业高度集中的场所，是观察产业活动与地理环境的理想基地。作为中国特大型城市之一，上海本身有着太多的教学资源。在地理教学中，尤其是人文地理教学中，开发出结合上海实际的教学活动实在是令人兴奋的事。

作为曾经的老工业区，普陀区有着大量的工业遗迹。在城市发展转型的过程中，曾经的工业用地转变为城市绿地、商业用地、文化用地等，城市面貌发生着显著变化，随之而来的是城市土地功能的悄然转变。这一变化过程中，隐含着哪些学科背景、产业变迁？促成这些变化的又有哪些必然与联系？

2021 年春季，在讲授工业区位单元时，我们做了整体的教学设计，并进行了系列地理实践活动，普陀校区的同学们纷纷走出校园，沿着苏州河，探访工业遗迹，去感受、触摸整个城市的历史变迁。

三、研学实践目标

高中地理课程标准要求"结合实例，综合分析工业区位变化的原因"，研学旅行课程标准（地理类）要求"通过人口、聚落、经济、文化、社会等人文地理事象，进而发现该区域存在的人地关系问题，并提出相应的解决方案"。"践行人地协调观，检验和提升核心发展素养"，"走访社区、部门、机构、行业、企业等，开展观察、体验和访谈"。

根据教学内容需要，结合上位标准参考，本次研学实践目标如下：

1. 通过实地探访、查阅文献等方法认知普陀工业的现状与过往。

2. 通过研析资料、查询地图、实地考察、采访咨询等方法，探究苏州河沿岸/普陀区城市土地利用变迁原因，展望该地区的规划蓝图。针对具体问题提出解决办法，为普陀区未来发展规划建言献策等。

3. 在实践中内化、培养综合思维、区域认知、地理实践力、人地协调观等核心素养和勇于质疑、创新的科学精神；培养人地和谐发展的态度和社会责任感；激发创新、发现探索问题的兴趣，锻炼收集信息的能力。

四、研学准备

行前设计：研学实践任务、路线。

知识储备：区位理论、产业划分与转移、城市用地类型、城市功能分区等。

研学工具：研学标志旗帜、装有水的杯子（瓶子）、手机（安装"两步路""形色""百度地图""GPS工具箱"等软件）、噪音计、空气质量检测仪、照相机、扩音器和话筒等。

餐饮：自带，可分享。

保障措施：研学安全事项——家长签订安全责任书；强调团队合作、安全、遵纪守法、一切行动听指挥等。

交通方式：公交出行、步行。

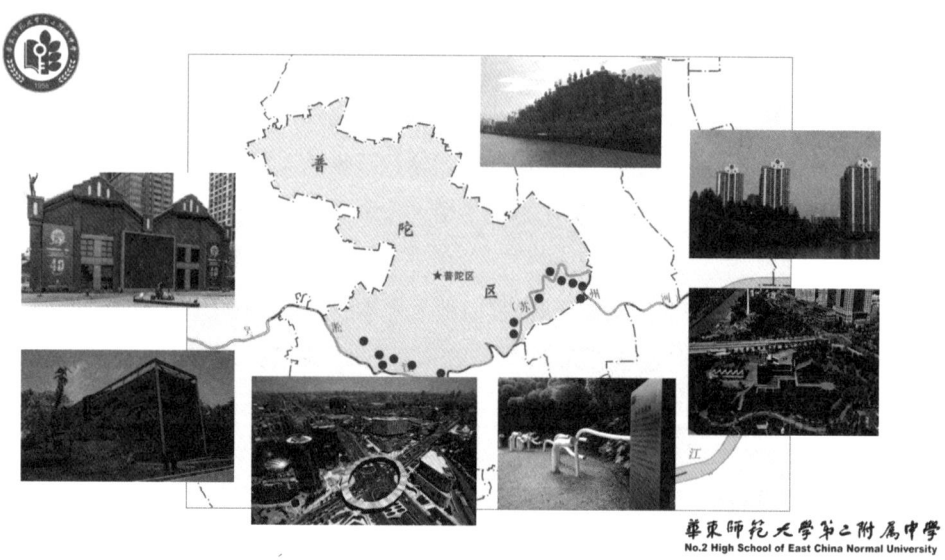

图 1　华二普陀校区人文地理研学实践路线图

五、研学实践方法

文献分析法、记录法、实地考察法、人物专访等。

六、研学对象

2023 届全体学生，10 个活动小组。

七、研学实践作业

任务 1：搜集所给工业名录中工厂的概况信息，包括该工厂的创始时间、现状（倒闭或转迁的时间、工业遗迹）、所处位置、主要/知名产品。

工业名录：阜丰面粉厂、上海啤酒厂、上海造币厂、江苏药水厂、天厨味精厂、长风化工厂、上海火柴厂、江南造纸厂、上海印钞厂、天利氮气制品厂、上海申新纺织第九厂、信合纱厂、中国化学工业社。位于普陀区或苏州河畔的其他知名工厂也可以。

任务 2：至少打卡一个现存工业遗迹（工厂），并搜集关于它的一个故事、传说或其他有价值的信息。全队在探访工业遗迹工厂过程中打卡合影一张。

任务 3：文本总结

① 研学实践感悟，组内至少一份。

② 研学实践活动的展示汇报 PPT 一份。

③ 研学实践活动组内查阅资料合集。

④ 研学实践活动中成员相关问题思考合集。

⑤ 研学实践活动报告（论文一篇）。

八、研学过程

【组织动员】

① 分队组，发放研学实践任务清单/手册。

② 活动意义宣讲：苏州河是上海的母亲河，也是中国近现代民族工业的发祥地。普陀区是上海著名的老工业区，见证了上海乃至中国近现代工业文明历程，留下了丰富的工业文化遗产。就让我们一起走出校园，顺着历史的脚步，去发现、去了解、去感受过往的辉煌印迹……

③ 实践活动注意事项：

安全与合作。小组成员可以分工，不能到现场的同学承担更多的信息搜集工作和文案编辑工作。

【实践过程】

在本次研学实践活动中，学生的参与率达到 91.3%，未能参与实践活动的学生们主要被安排参与了文献查阅等工作。

在实践的过程中，虽然没有教师的逐一带领，学生们都非常好地完成了相关任务，并在一定的基础上提出了自己的问题。

有 2 组同学，除了完成了规定任务之外，还参观了组内成员非常感兴趣的其他博物馆——玻璃博物馆、邮政博物馆。

【主题分享】

本次研学实践活动中学生到访、调查、查阅涉及的工业遗迹如表 1 所示。

表 1 华二普陀校区研学实践涉及的工业遗迹

	始建年份	现状	地址	主要/知名产品/地位
上海啤酒厂	1911 年	主要遗存灌装楼、酿造楼等	宜昌路 130 号	啤酒
阜丰面粉厂	1898 年	2018 年 1 月 27 日,阜丰面粉厂入选"中国工业遗产保护名录"	莫干山路 120 号	面粉
江苏药水厂	1874 年		宜昌路 550 号	化学药品
上海造币厂	1920 年	2019 年 12 月,上海造币厂被认定为第三批国家工业遗产	光复西路 17 号	设计生产国家流通硬币、金属纪念币
天厨味精厂	1923 年	2004 年迁往青浦区,现为冠生园天厨调味品有限公司	云岭东路 40 号	日产量最高达一千六百磅
长风化工厂	1960 年	将改造成上海长风工业遗址园	云岭东路 951—971 号	
上海火柴厂	1923 年	21 世纪初关闭,土地置换,现为长风生态绿地,商标火花馆	光复西路 2521 号	火柴
江南造纸厂	1925 年		光复西路 1003 号	
上海印钞厂	1941 年	隶属中国印钞造币总公司	谈家渡路 110 号	主要承担人民币、增值税发票、银行票据、有价证券、邮票等高级防伪印刷品的印制任务
天利氮气制品厂	1935 年	现为上海化工研究院	云岭东路 345 号	
上海申新纺织第九厂	1878 年	前身为上海机器织布制造局,1930 年搬迁至此	澳门路 150 号	厂里有 7500 名员工、8000 名退休工人,10 万多枚纱锭、800 多台织布机
信合纱厂	1917 年	现为 M50	莫干山路 50 号	毛纺织
中国化学工业社	1915 年	上海美加净日化有限公司	金沙江路 1869 号	蚊香、花露水、牙膏

小组成员根据实践中收集的信息和视频图片,撰写实践调查报告和制作汇报 PPT,组长需要对组员在实践过程中的表现进行评价。各小组完成任务后,教师在下一节地理课上组织学生进行实践成果汇报交流。各小组派代表介绍自己的成果。教师对学生的实践活动进行总结,并鼓励学生分享实践的收获和疑问。

【学生主题分享举例】

A组

实践地点:M50创意园

实践方法:访谈法、调查法

实践目标:探究普陀区的城市用地类型变迁

学生活动:组长组织小组成员分别以拍照、文字等方式记录观察到的纺织工业相关信息,统计园内的产业分布,采访园内的店主,并对访谈内容进行记录。

B组

实践地点:上海纺织博物馆

实践方法:讲解法、观察法、实验法

实践目标:探究上海纺织工业形成的区位条件、转型原因

学生活动:组长带领小组成员前往上海纺织博物馆,听博物馆的老师讲解纺织的历史,以及与其互动。通过参观不同的展馆了解从远古到现在的服装演变,了解近代纺织工业的发展,以及上海老字号的服装品牌(恒源祥毛线、三枪内衣、培罗蒙西装等)和机器的变革。

C组

实践地点:上海造币厂

实践方法:访谈法、调查法

实践目标:探究发展中如何对待工业遗产

学生活动:组长组织小组成员参观了造币厂,结合参观体验又查阅了相关企业发展历史与未来规划的资料。

在汇报结束后,教师针对学生在实践中产生的有关工业变化的疑惑,进行学科知识的整合。在学生实践的基础上,教师提出三个问题:"普陀区曾经的工业为什么能够兴起?""普陀区的老工业为什么消失了?""未来普陀区的工业要走向哪里?"学生从普陀区的区域特征分析普陀区工业发展的自然要素和人文要素,解释了为什么曾经普陀区的工业能发展起来,其中还运用到了跨学科的知识。结合实践中通过调查访谈所得的信息,学生从环境污染、劳动力成本、地价等社会因素说明了老工业消失的原因。学生能在了解了新旧工业文明的差异后提出人地协调的发展趋势,提出普陀区未来工业要走向创新、绿色发展之路。通过本次地理研学实践活动,学生对于工业区位、产业转移等相关的知识有了更深的理解。

(本文作者:王道奎)

"复杂色彩的简单法则"单元教学设计

一、背景分析

（一）教情分析

本单元选自高中美术选择性必修 1《绘画》第三单元。该教材基于绘画语言（如造型、色彩、构成）架构单元，强调绘画语言作为视觉艺术的基本特征，兼具理论深度与实践广度。

第三单元以色彩为主题组织学科知识，打散了传统的时间叙事。对教学者而言，这种形式具有很大的选择性和启发性。但另一方面，它也带来了巨大的挑战——知识高度密集，仅第一课就有七个核心知识。因此，精选色彩大概念，并以此为指导来筛选核心知识，组织教学活动，成为本单元设计的重要任务。

（二）学情分析

随着图像化时代加速前进，当代高中生的生活充斥着丰富的视觉经验，也积累了丰富的独立思想和迫切的表达诉求。不过，当代高中学生也普遍存在一个问题：眼高手低。他们往往想法多于行动，实践转换能力比较薄弱。具体到本单元来说，学生的色彩感知、审美能力需要进一步培养，他们需要深度地学习与理解基础知识，他们的创作思维和方法尚需通过大量的实践得到修正。因此，化解表达诉求与表达能力的矛盾，成为本单元教学的重要目标。

二、单元教学目标

本单元的教学目标是化解表达诉求与表达能力这对主要矛盾，实现"像艺术家一样创作"。它暗含两个方面，第一是"像艺术家一样输入"，包括理论指导下的观察与理解。第二是"像艺术家一样表达"，包括绘画技法、表达策略和人文内涵。基于此，本单元具化出 3 项教学目标、2 项重难点，以赏析式的感性认识逐步过渡到操作性的实践体验为主线索，全面培养当代高中生的美术核心素养。

单元目标

1. 深度理解色彩三维度，掌握它作用于视觉效果时体现出的特点和规律。

2. 学会运用三维度理论分析作品的形式美，解读作品背后所隐含的文化语境和人文精神。

3. 熟悉水粉、水彩两种素材的特征，熟练运用色彩理论与综合素材完成主题创作任务。

三、教学重难点

单元重点

作品色彩与作品主旨的关系。

单元难点

颜色与其他视觉语言（点、线、面、构成）的综合表达。

四、教学设计思路

（一）大概念

本单元以"色彩三维度"为大概念串联课程。

"三维度"指明度、纯度和色相。色相定义了一个颜色的本质，例如红色、黄色、蓝色；明度与纯度确定了一个颜色的强弱，例如明亮程度、鲜艳程度。三个维度就像数学中的 X、Y、Z 轴，自成立体坐标系，在这个模型里，肉眼可见的任何颜色都能找到确定且唯一的坐标。

以"三维度"为模型的知识建构，是培养学生核心素养的有效途径。从认知链来看：当代高中生对色彩已有模糊的认知，但无法清晰界定三个维度，并将其归纳到自洽的逻辑体系中。从知识链来看：运用色彩模型可实现深度学习。借助它，学生可以将繁复的色彩概念、微妙的颜色感受转译成脑海里的"有规律的运动"，其轨迹、方向、起点与终点清晰可见。从发展链来看：色彩模型的学习强调审美感知，引导学生用艺术的眼光和思维方式观察、理解现实生活中的人、情、事、物。

（二）基本议题

结合学习目标与大概念，本单元演绎出五项基本议题，以此探索"色彩二维度"，实现深度学习：

1. 色彩三维度如何映现颜色？

2. 色彩三维度如何组织色调，并表达作品主旨？

3. 色彩三维度如何与其他绘画语言结合，刻画作品？

4. 色彩三维度如何作用于不同媒材？

5. 色彩三维度如何应用于主题表达？

（三）课时规划

本单元共 5 节课，12 课时，围绕五项基本议题展开一系列学习活动。这些活动组成真实情境下的学习项目，营造"像艺术家一样创作"的学习路径（图 1），引导学生逐步进入深度学习，自主完成大概念的建构与运用，实现核心素养的培养与发展。

第一课是以色彩三维度模型为主要内容，引导学生感知现象、理解原理，为后续学习建立元知识基础。第二、第三课是以鉴赏活动为主，通过对经典作品的分析与讨论，掌握从整体画面角度配置色彩的思维方式、组织方法,并积累优秀策略。第四、第五节课以创作实践为主,用色彩三维度理论指导色彩媒材的运用,结合第二、三节课所学方法与策略,实现自我表达。

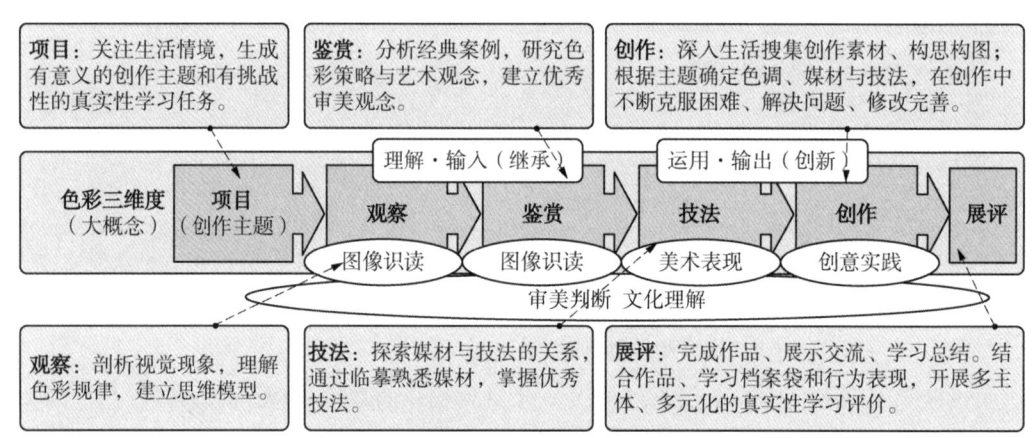

图1 "像艺术家一样创作"教学线索

五、教学过程设计

(一)第一节:色彩的维度

1. 核心观念

颜色效果是通过三个维度综合呈现的。

2. 学习目标

(1)深入理解明度、纯度、色相三个概念。

(2)掌握运用"色彩三维度"来准确调和颜色的技法。

(3)建立"色彩三维度"的观察意识与分析方法,激发观察自然、探索现实生活的兴趣。

3. 学习问题

(1)如何运用色彩三维度观察颜色现象?

(2)如何运用光学原理解释色彩三维度?

(3)如何运用色彩三维度表达颜色效果?

4. 知识要点

(1)明度、纯度、色相

(2)三原色、三基色、光的色散与反射

(3)调色的方法与步骤

5. 学习活动

(1)基于照片的视错觉游戏

(2)数独游戏与小组讨论

（3）调色实验

6. 学习素材

（1）色彩三属性的定义

（2）校园摄影照片

（3）光的色散与反射的定义

（4）数独表格

（5）Munsell 色彩实验卡

（二）第二节：色彩的情绪

1. 核心观念

情绪表达依靠三个色彩维度的整体布局。

2. 学习目标

（1）理解颜色之间的三种色彩对比关系，建立结构化的色彩观。

（2）学会运用色彩理论分析、理解作品的形式美与信息传达的关系。

（3）掌握运用色调塑造特定主题的创作能力。

3. 学习问题

（1）如何用色彩三维度分析作品的色调？

（2）作品色调如何作用于情绪表达？

（3）如何用色彩三维度组织色调，表达情绪？

4. 知识要点

（1）明度对比、纯度对比、色相对比

（2）主色调与辅色调

（3）色调的情绪

5. 学习活动

（1）基于案例的鉴赏与分析

（2）基于案例的讨论与分享

（3）基于情绪主题的调色实验

6. 学习素材

（1）色调分析卡、色调创作表

（2）《红色的和谐》《鱼鹰小舟》《鲁昂大教堂》《夜晚露天咖啡座》《生日》《狮子林》

（三）第三节：色彩的韵律

1. 核心观念

艺术表达是一种综合呈现，需要多种艺术语言共同参与。

2. 学习目标

（1）理解色彩、造型、构成与作品形式美、主题表达之间的关系。

（2）掌握通过绘画语言分析、解读作品内涵的鉴赏策略。

（3）学会综合色彩与其他绘画语言完成主题性创作的方法。

3. 学习问题

（1）颜色如何与抽象造型结合，描绘声调？

（2）色调如何与构图形式结合，描绘韵律？

（3）如何综合色彩与其他语言，描绘音乐的情绪、声调和旋律？

4. 知识要点

（1）造型分类、构成分类

（2）声调的高低、长短、强弱与音色

（3）旋律的调式、节拍、节奏

（4）颜色与抽象造型的声调感受

（5）色调与构成形式的旋律感受

5. 学习活动

（1）基于文本的阅读理解

（2）基于案例的图像拆解游戏

（3）基于案例的小组讨论

（4）基于音乐的即兴创作

6. 学习素材

（1）视听联觉短视频

（2）康定斯基若干论述

（3）《构成 7 号》《百老汇爵士乐》《都市之恋》《至上主义》《舞蹈》《枪骑兵的冲锋》

（4）《New Boy》《星火》《生活因你而火热》

（5）构成拆解卡、即兴创作卡

（四）第四节：色彩的媒介

1. 核心观念

媒材特性决定色彩技法，色彩技法突显媒材特性。

2. 学习目标

（1）建立从媒介角度分析画面效果、视觉特征的意识与能力。

（2）掌握基础颜料（水粉与水彩）的表达技法。

（3）探索基础颜料与其他材料、工具相结合的综合表达方法。

3. 学习问题

（1）有哪些基础媒材，呈现什么样的视觉特性？

（2）如何用色彩技法，发扬媒材的优势特性？

（3）如何综合不同媒材与技法，表达特定主题？

4. 知识要点

(1) 水粉与水彩的物质特性和视觉特征

(2) 水粉与水彩的技法

(3) 综合素材技法

5. 学习活动

(1) 基于案例的鉴赏与讨论

(2) 运用基础媒材的绘画演示

(3) 基于案例的临摹实践

6. 学习素材

(1)《海滨晨曦》《在场》《油灯花果》《无题》

(2) 水彩、水粉作品集

(五) 第五节:色彩的表达

1. 核心观念

主题表达需要色彩与造型、构成、媒材的有机结合。

2. 学习目标

(1) 建立以"色彩三维度"为核心概念的整体知识观。

(2) 学会综合运用色彩知识完成主题性创作任务。

(3) 形成整体性的色彩认知观念和艺术判断眼光,完成审美情趣的主动建构与生成。

3. 学习问题

(1) 如何用整体色调与构成表达主题?

(2) 如何用个体颜色、个体造型与媒材技法强化主题?

4. 知识要点

(1) 视听联想

(2) 色彩与造型、构成、媒介的有机结合

5. 学习活动

(1) 基于声音素材的小色稿创作

(2) 基于声音素材、小色稿的完整创作

(3) 基于完整创作的展评

6. 学习素材

(1) 声音素材(素材源于第三节课课后学习任务,详见课时学习设计)

(2) 创作构思手册(详见学习单 7)

(3) 水彩、水粉作品集

(本文作者:何桂臣)

"戏"如人生,"剧"润心灵

一、活动背景

戏剧,是一门综合性舞台表演艺术,是用语言、音乐、舞蹈、动作等表演形式达到叙事目的的舞台表演艺术的总称,是高中音乐模块中的一门必修课程,是全方位体现高中音乐学科核心素养的重要形式,更是践行美育育人、五育并举的必备手段。因此,常规的课堂教学模式并不能满足实现戏剧艺术的深度、广度以及多样性的要求,故笔者以"'戏'如人生,'剧'润心灵"为主题,基于高中音乐学科核心素养和校情学情等实际情况,探究高中戏剧艺术教育教学的新模式,营造符合二附中"卓越教育"理念的人文底蕴与艺术素养相融的校园文化氛围。

二、活动概况

1. 活动设计

目前,根据学校已开设学科以及校内外实践活动现状,笔者设立了戏剧艺术六大模块,尝试运用多样化的艺术形式助力高中戏剧艺术发展。具体模块情况如下表。

表1 高中戏剧艺术模块设计表

模块	音乐课	选修课	社团课	日常活动	志愿服务	艺术节
内容	戏剧专题(高一舞台剧+高二话剧)	音乐剧赏析	舞台剧社(红色题材)	午间音乐会(音乐剧主题)	红色舞台剧展演	话剧专场+戏剧表演
形式	理论为主	理论为主	理论为主	实践为主	实践为主	实践为主
核心素养	审美感知+文化理解	审美感知	文化理解	艺术表现	艺术表现+文化理解	审美感知+艺术表现+文化理解

2. 活动目标

(1)引导学生了解戏剧的历史脉络、表演形式,体验不同戏剧形式的基本特点,热爱戏剧,弘扬中华民族音乐文化。

(2)充分调动学生积极性,发挥学生主观能动性,引导学生自主学习、研读、排演相关经典剧目,提升戏剧艺术核心素养能力,提高自身对美的追求,思考人生意义。

（3）通过问题探究和小组合作等方式,激发学生学习兴趣,培养学生团队协作能力,将创新意识融入戏剧学习中。

三、活动内容

模块一:音乐课

戏剧的表演形式多种多样,常见的包括话剧、音乐剧、舞台剧、歌剧、木偶戏等。作为高中音乐的必修课程,戏剧这种兼具综合性和表演性的课程深受学生的喜爱和欢迎。因此,在我校音乐课程体系中,高一、高二年级分别设置了戏剧专题,学生可从广义戏剧的角度了解戏剧的含义、起源和发展、风格流派等理论知识。结合校情学情,选取话剧、音乐剧、舞台剧这三种舞台形式,让学生赏析经典作品,掌握各自戏剧特点,发挥主观能动性,自主组织排演部分作品片段,并通过日常活动、志愿服务、艺术节等平台展演。

模块二:选修课

选修课以音乐剧为主线,让学生了解音乐剧的历史起源和发展趋势,赏析各个时期经典音乐剧剧目,充分调动他们的积极性,并组织学生以小组为单位分享一部自己喜爱的音乐剧剧目或喜欢的风格类型。实践方面,运用午间音乐会舞台演唱演奏音乐剧歌曲,以及依托英语教研组共同组织策划英语音乐剧活动或配音活动。

模块三:社团课

社团课是学生主导、自主管理的一种课程模式,舞台剧社也是由一群有着共同戏剧爱好的学生组建而成,在社长的组织带领下,社员们共同策划原创舞台剧,从一开始的剧本创作、剧本围读、排演彩排,到最终的舞台呈现,均由学生共同合作自主完成。另一个重点项目则是根据所需展演风格,一般都会涉及红色经典剧目,弘扬红色文化,赓续红色血脉,传承红色基因,用于团日活动、志愿服务等团学活动中。

模块四:日常活动

丰富多彩的校园生活给予学生广阔的展示平台,尽力满足学生多元化、个性化的发展需要。我校日常活动形式多样,如午间音乐会、点歌台、新闻台、摄影展等,由学生干部组织主导策划,自主管理,充分发挥学生的主人翁意识。我校曾策划过午间音乐会音乐剧主题和舞剧片段展示;也会依托各学科组来承办一些学科活动,曾与英语组共同组织英语戏剧活动,以及今年与语文组联合举办话剧专场。

模块五:志愿服务

志愿服务是高中生增强社会责任感、加深社会服务意识的重要途径,二附中 N 个百分百活动要求中提到 100% 的学生需完成 100 个志愿课时,在今年建团百年和喜迎二十大引领下,我们组织策划了红色舞台剧进社区活动,围绕上海"渔阳里"红色文化,排演具有时代感和年轻力的红色舞台剧。

模块六：艺术节

校园艺术节作为我校规模最大、时间跨度最长的一个校园活动，为期一个月，包括十大歌手、话剧专场和联欢晚会三大活动内容。其中，今年的话剧专场，由艺术组和语文组共同执导的话剧《雷雨》，作为高二音乐课戏剧专题的一个重要成果进行展演，加上高一音乐戏剧专题的舞台剧作为联欢晚会的压轴节目进行展演。另外，由舞台剧社等的学生自主排演的舞台剧、音乐剧等也会通过联欢晚会的舞台以不同方式精彩呈现。

综上，六大模块基本涵盖了高中戏剧展现的所有路径，学生在学习理论的基础上同样重视实践活动，拥有不同的参与实践活动的机会，全方位感受不同戏剧艺术带来的独特魅力。六大模块之间也是彼此关联，互为补充，相辅相成，共同搭建戏剧艺术新舞台。

四、活动过程

第一阶段：理论引领，实践指导

第一阶段立足于音乐课，面向全体学生，从戏剧概念、起源发展、风格流派等角度入手进行广义戏剧的理论引领，并以舞台剧、话剧、音乐剧为主，进行经典作品的赏析和讨论；同时，面向全体学生，以舞台剧和话剧为切入点，进行具体实践排演，高一和高二年级分别排演舞台剧和话剧，以学生为主体，教师在旁指导。如高一年级学习舞台剧相关知识，初步感受舞台剧的魅力，以艺术节演出为契机，每班成立剧组，设立导演、编剧、舞台监督等构成的工作小组，自主创编剧本或改编经典剧目；高二年级学习话剧相关理论，结合语文课上对《雷雨》的学习进行剧本研读，拟定要排演的《雷雨》节选片段，以班级为单位，设置导演组、统筹组、宣传组等工作小组，分批进行案头、选角工作，并开设剧本围读会、建组、观摩等活动，为后期排演奠定坚实的基础。

以下以高二年级话剧主题为例，展示部分音乐课案例。

话剧《雷雨》初体验（部分）

【教学目标】

1. 了解话剧艺术的表现手段；分析不同版本的话剧《雷雨》中的人物形象及性格特点；体验剧中台词、动作、舞台的表达方式。

2. 在欣赏、分析、比较、体验、实践的过程中感受话剧艺术的主要特征、表现手段、人物性格。

3. 感悟话剧艺术蕴含的文化特征和审美特征，提升话剧鉴赏能力，通过合作学习，在实践中激发参与话剧表演活动的兴趣，提高话剧实践能力和创新能力。

【教学重点】

欣赏不同版本的话剧《雷雨》，感受话剧表演手法对塑造人物形象和性格的作用；尝试对话剧艺术中的台词、动作、舞美进行训练。

【教学难点】

能够理解及运用不同的语气、语速、音色、动作、神情等表现手法所带来的不同的情感表达,并在继承经典作品的基础上思考如何发扬和创新。

【教学技术与学习资源应用】

1. 多媒体课件、学习单。

2. 话剧道具、服装。

【教学过程】

一、热身与导入

（一）复习导入(5')

1. Q:什么是话剧？话剧的主要特点是什么？话剧表演的手法有哪些？表格填写。

导入到《雷雨》,这句台词出现在话剧《雷雨》中,自己对语言有不同的理解,表达不同情绪。

2. 情绪热身:以组为单位围成一圈,每人对旁边一人重复同一句台词"你来干什么?"用不同的语气传递,给予情绪提示(开心、害怕、难以置信……)。怎么由这个问题引入话剧?

（二）揭示课题——话剧《雷雨》初体验

二、审美与鉴赏(20')

Q:语文课上,我们学过《雷雨》,请同学说一下大概内容,并构建一下人物关系图。

（一）鉴赏:欣赏经典话剧《雷雨》第二幕片段(2004年明星人艺版)。

思考:视频中出现的主要人物有谁？他们的性格特点是什么样的?（人物:周朴园、鲁侍萍;剧情:鲁侍萍、周朴园相认)

（二）探讨:片段中运用到哪些话剧表演的手法?（台词、动作、舞美)哪些细节具体体现了这些手法?

三、体验与实践(13')

（一）分组实践:按照文中6个层次,分为6组,每组请人读台词、做动作、设计舞美,抓住人物情绪转变,话剧元素,展现具体细节。并分析1997年这个版本的鲁侍萍和周朴园的人物性格是怎样的。老师提前准备好音乐片段,归类,也起渲染作用,学生可以选择加入/不加入背景音乐。或者给学生看1997年经典版,让学生选择是否加入背景音乐。大家可以找寻有哪些经典版本。

（二）展示交流,组内成员讲一下如何分配角色及原因。发挥想象力,增加推动故事情节的元素。可以就3个层次片段两组pk。

（三）互动评价

说明:通过小组合作的方式,让学生们培养感受、理解、思考、运用和合作的能力,感受话剧表演的魅力。

第二阶段:自主学习,发展分支

第二阶段是在第一阶段音乐课理论引领和部分实践的基础上,充分发挥学生主观能动性,以学生为主导来进行自主学习的重要环节。目前学校开设的选修课和社团课分别以学生喜爱的音乐剧和舞台剧为主题,激发学生积极性,引导学生自主创编、自主排演,呈现一部部小而精的原创作品,并运用午间音乐会、志愿服务等校内外活动进行展示演出。

下面以舞台剧社为例,展示由学生自主策划的部分剧本:

舞台剧社剧本《华夏何存·金簪何见》(部分)

[角色介绍]

朱守辉——华存号列车列车长,同时也是曾经在故宫研究文物的专家,负责将一批次的文物南迁至上海(装载于三号车厢),重中之重是一根簪子,据传是杨贵妃赐给李白的。

郑湘茗——华存号列车副列车长,先前便是朱守辉的同事,与之情谊深厚。

岳浩云——华存号列车三号车厢列车员,中共党员,乘车是为与南方同志接头并护送文物。

徐洪福——徐氏集团董事长,被日本人指派刺杀岳浩云,并倒卖文物,乘坐于二号车厢。

佐藤美惠子——日方与徐洪福接头的人员,负责监督其行动,伪装成徐洪福的女儿。

徐森——徐洪福真正的女儿,被当作人质困在车上。

小梁——华存号二号车厢列车员。

小玉子、小卿子——徐家佣人。

乘客1,2,3——乘车前往上海读书的学生。

高桥——日方派来监视徐森的人。

研究人员1,2——朱守辉和郑湘茗在故宫的同事。

某工人,佐上级,服务生

李白,杨玉环,高力

[第一幕]

幕起,"华存号"列车三号车厢内放满了大大小小的箱子,工人们放上了最后两个箱子,岳浩云上。

某工人:岳同志,货物都已经在车上了。

岳浩云:好的,麻烦你们了。

某工人:不麻烦,那我先走了,岳同志再会!

岳浩云:再会!

朱守辉以及郑湘茗上台。

郑湘茗:一切都准备就绪了吗?

岳浩云:都已经就绪了,朱列车长,郑副列车长。

朱守辉:嗯。小岳你先去忙吧。

徐洪福、佐藤美惠子、徐家仆人小玉子、小卿子上。小梁在其前阻拦。

小梁:徐老板,您先回去前面车厢坐着吧,快要发车了! 这里装的东西都是贵重物品,闲杂人等不得进入!

小玉子:别多管闲事!

小卿子:就是!

朱守辉:小梁,这是怎么回事啊……

徐洪福:嚯哟哟,这就是大名鼎鼎的朱守辉,朱列车长吧!久仰久仰!(朱守辉示意小梁回去,小梁下)噢!先自我介绍一下,我叫徐洪福,徐氏集团董事长。嗨呀!今天我们朱列车长可真忙,在隔壁二号车厢找了一圈了都没找着,原来是在三号车厢看着这些个货箱呢。

朱守辉:徐老板来了啊,真是有失远迎——那我们先到前面列车去聊?

几人向台右边走,众人将桌椅从台右侧搬上,郑湘茗顺势下……

第三阶段:综合展演,"剧"润心灵

艺术节是一场面向全体学生的盛宴,是一场沉浸式体验的艺术盛宴,除了常规的唱歌、舞蹈表演,还设立了话剧专场、戏剧单元等与戏剧艺术息息相关的表演场次,用各种形式的戏剧来沉浸式感悟戏剧魅力,或许高一的原创舞台剧是一种不走寻常路、让人"脑洞大开"的形式,又或许高二现实主义题材的话剧会给人带来一次致敬经典的心灵震撼,这些多元化的展现形式进一步拓宽了学生们的艺术视野,提升了他们的艺术素养,让其充分体悟人生如"戏","剧"润心灵。

"帷幕起·千剧升"戏剧节展演活动策划案

一、活动缘起及意义

话剧作为艺术形式中一个重要的组成部分,具有其独到的魅力,我们希望高二的学生通过对剧本的学习与研读,能够体会戏剧独特的艺术价值,感悟戏剧人物丰富的思想内核,并用自己的方式加以呈现,使戏剧走进校园。

二、活动时间

12 月 16 日下午 14:40

三、活动对象

高二全体同学

四、活动流程及介绍

(一)主题及专场介绍

也许你曾经感叹过《窦娥冤》中天泣其冤的震撼,

也许你曾经感叹过《哈姆雷特》中莎士比亚精妙的语言,

也许你曾经感慨过《雷雨》中所展现出的近代中国的悲哀,

或许这些剧本可以不仅仅是冰冷的文字,可以不仅仅是他人的演出,作为二附中人的我们,也可以走进这些角色本身,回到剧本所展现出的那个我们不曾见过的时代,切身体会戏剧中传递出的精神内核。

欢迎来到属于戏剧的世界,欢迎来到我们的戏剧。

(二)宣传词

那是一个充斥着压迫、潜藏着反抗的时代；那是一座亲者不得托其身，爱者不可纵其意的牢笼。我们看着剧中的人物或喜或悲，看着失控的深渊将每一个人拖入不可逃离的苦痛。

当我们脱离读者的身份，去切身体会那些细腻而又肆意的情感，当我们成为别人眼中的他们，去亲自展现那些实则必然的巧合，在灯光之下，我们将带领着大家走进那个风雨交加的夜晚，演绎出属于我们的《雷雨》。

12月16日下午，欢迎走进报告厅，来到"×××"话剧专场，一起感受这场风雨中的苦痛与抗争。

（三）专场时间与场地

时间为12月16日下午14:40，地点：报告厅。

（四）活动流程

1. 活动前期准备。

（1）11月12日，各班根据剧本以及角色挑选演员，准备服装道具等。

（2）11月21日前，各班完成剧本的删减以及修改，并交给各班语文老师进行审核，进行初期宣传。

（3）11月22日起，各班根据最终剧本进行排练，进行观众、老师的邀请。

（4）11月22日—12月4日，收集可能需要的音频以及完成其他要求，拍摄定妆照以及剧照，在公众号上进行宣传。

（5）12月6日进行各班初排。

（6）12月13日进行最终排演。

2. 12月16日，正式演出。

（五）人员安排

1. 灯光和声音控制：2人。

2. 话筒和道具管理、场内协调等：3人。

五、宣传工作

各班进行初期宣传，宣传部制作海报，演员拍摄定妆照、剧照等，在公众号上进行宣传。

五、活动反思

以戏剧节为例，从教、学、评等层面进行多维度的活动反思。

从"教"的层面：目前设置的戏剧专题还处于起步阶段，比较单一，未来的课程将会从难度、深度、梯度各方面进行层次递进的教学和指导，可以邀请戏剧专业专家学者来做戏剧理论、剧本创作、表演、舞美等方面的指导，不断提升戏剧的创作质量、排练水平，并进一步增设戏剧专题的选修课、社团课，增加更多校外的资源形式，不同年级之间也会做好传承与发展工作，加强兄弟学校之间的交流展示学习，形成对外辐射的引领作用。

从"学"的层面:我校学生思维非常活跃开阔,文化素养和综合素质比较高,每个人对于世界、大环境有着不同的观察视角和思考深度,具有较强的思辨能力和创造力。要继续充分发挥、挖掘学生主观能动性,结合学生特长、关注点,加强工作小组和演员之间的紧密联系。这次活动因时间有限,学生更多投入在前期学习观摩研读等重要环节,创排过程可在工作小组的安排下,自主排演,既要重视过程体验,也要关注剧目的呈现。这方面可以参考一些代表性剧场的运作模式,学习借鉴它们的优势,将其转化为适合我们自己的路径,比如剧中人物与观众的互换、校园沉浸式戏剧、设置戏剧小游戏等,多去现场感受真实的情境化的戏剧表演、戏剧节,从审美、理论、实操等方面全面提升学生的核心素养。

从"评"的层面:强调真实有效的评价信息,可以从评价的信度和效度、评价的维度入手,结合学生实际,制定相应的评分标准。这次活动结束后,我们通过发布问卷星来统计学生和老师的评价和建议,共收到200份问卷,从不同的维度提供给我们真实有效的评价信息。

另外,我们还邀请了部分学生进行采访,接受采访的这四位均为校舞台剧社核心成员,承担了本次戏剧节的创编和导演职责。以下为采访大纲:

Q1.问四人:作为这次戏剧节的主创人员,你们承担的角色和职责有哪些呢?请你们介绍一下。

Q2.

(1)问秦＆杨:作为原创戏剧,你们班这部剧创作的初衷是什么?灵感来源于哪里?

(2)问许＆方:舞台剧社这部剧的灵感和初衷是什么?作为唯一一部有原创编曲的作品,你当时是怎么思考的?为什么要自己创作曲目呢?想表达怎样的主旨内涵?

(3)问许:作为经典话剧中的人物,你是如何揣摩演绎周朴园这个角色的?

(4)问方:导演是如何把控整个《雷雨》片段的排演节奏,并有效指导演员表演的?

Q3.问秦＆杨:关于你们班的剧,你们应该是第一次作为主创人员并承担导演和编剧工作,你们觉得一部剧从最初剧本的酝酿到最终成品的演出,里面涉及哪些环节?你们觉得哪一环节是最关键、最重要的?需要满足哪些条件才能达到最理想的状态?

Q4.问许＆方:根据我们戏剧节评选的问卷星统计,你们的舞台剧获得了最高评价,但听说你们整个创排过程也是经历了一番波折,你们碰到了哪些困难?可以列举一二并说一说你们是如何克服的吗?

Q5.问四人:这几部剧里,你最喜欢的一句台词/歌词是什么?可以用戏剧里的角色演绎/演唱出来吗?

Q6.问四人:如果给你们这部剧打分,1—10分,你们给自己打多少分?还有哪些进步的空间?对于下一次戏剧节,你们有哪些期待和建议?

从学生的表达中能发现他们对于戏剧创编、创排、角色都有着独立的思考和独特的视角,叙述中涵盖着"打磨、团结、共同出谋划策、努力、探索"等词汇,从中能感受到大家在研读、建组、创编到选角、排演整个环节中,希望寻求的是自主性学习实践、探究性研读创编以及小组性合作排演等多样性的学习方式,并且他们在感知、体验、创作的过程中不断培养核心素养,比如在对戏剧有了基本的审美感知、艺术表现的基础上,进一步去感悟、表达民族大爱、家国情怀,继而引发对文化自信、文化传承、文化融合等更深层次的思考。我觉得这无论对于学生或对于我而言都是一次非常有意义的尝试,当然之后也有不断提升的空间。

(本文作者:朱丽蓓)

体育与健康核心素养理念下篮球专项教学设计

一、背景分析

（一）教材分析

1. 教材的功能与特征

篮球传切配合是上海市高中《体育与健康》教材中基础部分Ⅰ篮球运动中的一项基本教学内容。传切配合战术是篮球对抗中十分常用且有效的一种进攻配合手段，主要以传球技术与空切技术构成。

《基本要求》建议本单元为 18 课时，本课时为传接球技术主题下的第 9 课时，重构后"传切配合"大单元教学安排如下图：

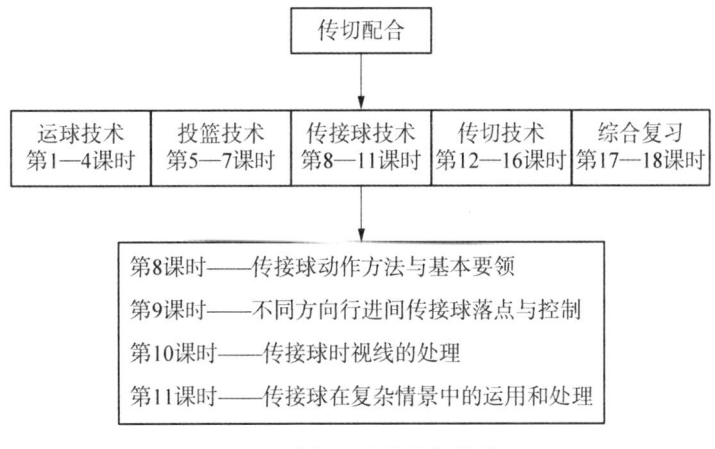

图1　传切配合单元的构成

传接球技术主题由四课时构成，学生基本掌握传接球的动作方法，能够说出传接球动作要领和发力顺序，了解其在比赛中的作用。篮球传接球技术包括双手胸前传接球、单手击地传接球等多种技术动作。

双手传接球基本动作方法为双手持球后侧，手指张开，两大拇指成"八"字形状，两肘关节自然下垂。持球于胸前，重心降低，发力时后腿蹬地，重心前移，手臂伸直、翻腕、拨指。接球时，双手置于胸前呈准备姿态，主动伸臂迎球，接球后主动降低重心。其他传接球动作皆基于双手胸前传接球动作的基础，稍有调整。

经过该单元的学习,能够发展学生的爆发力、协调性等身体素质,提高其篮球技战术知识水平和运动能力,培养其篮球意识。

2. 育人内涵

传接球技术可以锻炼学生对于肢体的掌控能力,发展力量、协调性、速度等身体素质,通过情景教学、运动竞赛、合作学练、自评互评等教学手段,使之体验自我实现和自我超越的获得感,培养学生勇于挑战、克服困难、团结协作等优良品质及规范安全意识,对于体育竞技精神、体育品德的塑造及热爱生命具有积极作用。

(二)学情分析

1. 学习基础

本课时授课对象为高一年级体育课专项选课学生,男女混班。经过以往体育课程的学习,大部分学生对于传接球有基本的认识与实践能力,但掌握水平一般,一旦设置对抗比赛,便容易出现失误,缺乏同伴之间的场上呼应和场下沟通,团队配合意识较弱。

2. 身心特点

大部分学生对篮球运动具有强烈的兴趣,身体机能发展趋于稳定,肢体协调,具有一定的爆发力和速度,但在力量和耐力上有所欠缺,无法稳定完成中远距离的传接球,需要加强练习。

大部分学生有自主学习的意识与能力,但有时固执己见,难以更改以往所形成的错误认知与动作,需要教师建立复杂情景因势利导,理论与实践双管齐下,在互相间的沟通、交流、探讨中得出真知,发展运动能力,培养健康行为,塑造体育品德。

3. 能力水平

大部分学生模仿学习能力强,能够积极学练,同时注意力趋于稳定,记忆力强,抽象思维能力与逻辑思维能力已有一定程度的发展,具有胜负心。因此在熟练掌握原地传接球技术后,通过不同技术和不同移动方向的组合练习,能降低学生在实战中传接球的失误率,提升其传接球的能力。部分学生基本功较弱,且男女生身体机能发展存在差异,教师需要在教学安排上进行分层分组,让不同层次水平的学生都能体会成功的喜悦。

(三)教法分析

根据传接球技术的特点、授课对象的实际情况和运动技能形成的基本规律,本模块教学运用多种教学方法和策略,帮助学生养成积极探究、反思学习的习惯;在教学过程中采用视频播放、定格画面、音乐播放等技术手段,帮助学生体会正确的技术动作,提升学习兴趣,提高课堂效率。

二、学习目标

1. 运动能力:进一步巩固并提高篮球传接球能力,通过多种学练方式,提高传接球的速率和传球落点的准度,发展力量、敏捷性、协调性等身体素质。

2. 健康行为:掌握传接球技术动作的理论指导与练习方式,发展自主学练意识,并通过身体素质练习,掌握基础体能的练习方法,发展终身锻炼的习惯。

3. 体育品德:在过程中激发学习热情,树立自信心,培养克服困难、顽强拼搏的品质,锻炼团队协作能力,体验合作学习的乐趣,提高人际交往能力。

三、教学重点、难点

教学重点是提高传接球的速率和传球落点的准度;教学难点是上下肢协调发力。

四、重难点问题预设及对策

(一) 传接球时如何提高速率?

强调接球时主动上步迎球,上下肢协调发力,提高传接球的速率。

(二) 传接球时如何设置提前量?

强化传球的提前量意识,通过标志桶的设置,给学生以提示,优化传球落点的准度。

(三) 传接球时如何调整球落下的时间?

以同一落点为基准,改变传球出手角度,传球弧度与球下落时间成正比。

五、教学过程

(一) 开始及准备部分

环节一:课前常规。课代表集合整队,人数核查,师生问好,安全检查,安排见习生,准备器材。教师以上一次课程中传接球比赛结果为导入,调动学生积极思考怎样提高传接球的质量,使传接球又快又稳。

设计意图:重视每节课的课堂常规,学生养成良好的上课习惯和运动准备习惯,潜移默化地养成规则意识与责任意识。以上节课班内比赛结果为导入,调动学生竞争的积极性与兴趣,用问题引导学生主动思考,形成自主独立学习的意识。

环节二:准备活动。先是原地徒手操,主要是头部运动、扩胸运动、弓步压腿、侧压腿、膝关节运动、手腕脚踝运动。而后进行专项热身循环跑,沿着篮球场的四周逆时针做脚步练习,端线慢跑,边线按圈分别做提踵压踵、高抬腿、后踢腿、后退跑的脚步变化。

设计意图:准备活动是开展体育运动不可缺但容易被学生忽视的重要部分,教师要强调、突出准备活动的重要性,通过一般准备活动和专项准备活动,采取不同的练习方法,控制准备时长,学生充分唤醒身体机能,确保健康第一。在准备活动中,提前预习后续练习中运用到的脚步变化,将较难的移动练习拆解进课程各部分分解练习中,提高学生的获得感。

(二) 基本部分:复习巩固传接球技术

环节一:教师引导复习上次课内容,后讲解并示范小碎步上步传接球。组织原地双手传接球技术练习,两人一组依次排开,一人固定位置传接球,一人小碎步上步接球,接球同时传球出手,后回到原位,30秒后交换练习,组与组间隔30秒休息时间。依次完成中远距离的双手胸前传接球和击地传接球,共四组练习。教师通过话语、哨声和秒表提示,巡视指导学生,及时纠错。

问题引导:一组可以完成多少次传接球? 如何提升传接球频次?

设计意图:经过课程单元化重构后,课程安排承上启下,基本部分的第一个环节就是复习上节课的学习内容,将重点部分再次讲解提醒,并采取示范演练的方式,帮助学生理解。小碎步上步传接球练习可以帮助学生掌握正确的传接球方法,提升传接球速率,能够在实战中降低传接球失误的风险。同时针对中等强度的练习内容,组与组之间安排合适的间隔时间,既能让学生身体得以放松,又能避免休息太久导致后续动作变形。教师巡视指导,组织学生分组练习,鼓励学生之间积极沟通、互相帮助,发展互助学习的能力。

环节二:教师讲解并示范双人行进间传接球投篮,重点提醒手脚协调发力,组织学生完成行进间双手胸前传接球和双手击地传接球练习。按照不同层次水平将学生分为两大组,提出不同的传接球频次要求,A组要求单次完成9次、11次传接球;B组要求单次完成7次、9次传接球。场外学生等待时练习原地传接球。练习过程中教师及时指导,将篮球规则融入教学,提醒学生注意安全和遵守规则。

设计意图:通过练习,综合锻炼学生的移动技术、传接球技术和投篮技术,提升运动能力。对不同层次水平的学生进行合理分组,设置可完成、能实现的小目标调动学生学习的积极性,让他们能够在练习过程中有获得感,产生自信心。将篮球规则、规则意识和安全意识融入具体的教学过程中,有助于学生的理解、实践、记忆,使教育更加生动。

环节三:教师播放吊球投篮的视频资料,提出问题,强调行进间传球落点,摆放标志物作为提醒。学生分组完成半场传接球吊球投篮练习,从中场线外出发,在三次行进间传接球后外侧同学接球投篮。具体跑位方向如下图2所示。

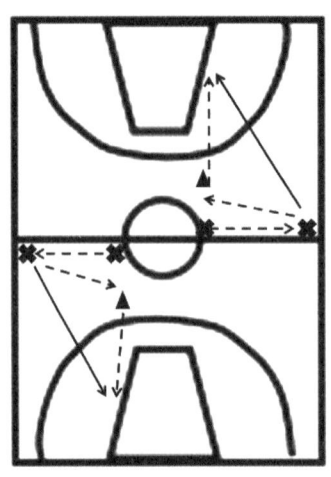 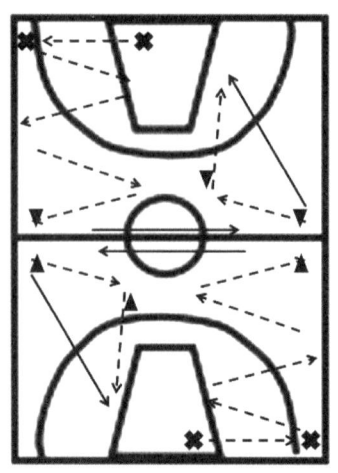

图2 半场行进间吊球投篮　　图3 半场行进间传接球投篮接力

问题引导:接球人感到舒适的投篮位置在哪里?传球时如何设置提前量?如何调整球落下的时间?

设计意图:通过多媒体技术,辅助巩固行进间中距离传接球吊球的技术,通过标志物的设置帮助学生更好地突破吊球这一技术难点,养成持续思考和总结反思的学习习惯,发展克服困难、勇于尝试、坚持不懈的良好品质。

环节四:半场传接球投篮接力比赛及自评互评。教师讲解比赛规则:分两组比赛,每队各使用一个球,双人一组按规定方向跑动,分别在纵向移动时完成双手胸前传接球,横向移动时完成双手击地传接球,最后外侧同学下顺接球投篮。五分钟时间内进球数多的队伍获胜。具体比赛跑动路线如上图3所示。赛后组织学生自评互评,以下表1为依据。

设计意图:设置复杂情景,检验学生技能掌握程度,学生感受到竞技体育的紧张感和兴奋感,有助于运动能力的发展。在分组比赛中,学生自主进行队内排序,能够锻炼个人的沟通协调能力,促进团队凝聚力和协作力。学生进行自评互评,及时总结反思,能够培养研究探索能力、表达能力。

表1　高一"传接球技术"案例过程性评价表

评价维度	观测点	评价标准	请做出对应评级		
			★★★	★★	★
运动能力	认知	能够说出篮球胸前和击地传接球的动作构成和重点难点,对于提出的问题进行了认真的思考和回答。			
	识别	练习中注意正确的动作姿态,能够保持良好的姿态,积极展示。			
健康行为	安全	在练习过程中具有一定的自我保护意识和运动防护知识,在情境中体验,有效控制情绪,努力克服困难。			
	自主	能够运用多媒体和老师、同学讨论分析自身的不足,学会合理且具有针对性的练习方法,培养自我锻炼的能力与意识。			
体育品德	互助	能够主动帮助同学纠正错误动作,互帮互助,相互鼓励,积极学练。			
	交流	面对问题可以积极回答交流,练习中主动与他人沟通解决存在的问题。			
	竞技	在练习中勇于挑战自我,不懈努力,比赛中遵守规则,文明竞争。			

环节五:Tabata身体素质练习,分为两组,分别进行仰卧头上传接球、高抬腿、双人直臂平板支撑击掌、原地小碎步练习。

设计意图:通过专项素质和一般素质练习,发展力量、耐力、协调等身体素质。通过播放Tabata音乐,增加练习元素的多样性,调动运动的积极性。

(三)结束部分

环节一:整理放松,深呼吸、手臂拉伸、腰腹拉伸、弓步压腿。

设计意图:在运动后要充分放松肌肉,防止乳酸堆积导致的身体酸痛,通过低强度的放松运动调整心率,缓解疲劳,有助于后续其他课程的学习。

环节二:课程点评总结。教师就本次课学生的运动能力掌握情况、课堂表现、赛事对抗、课程重难点掌握程度进行点评与总结。宣布下课,师生再见,值日生回收器材。

设计意图:结束部分及时对课堂情况进行点评总结,帮助学生巩固和强化所学知识,提醒与反思课程中的不足,培养学生自我分析和总结问题的能力。最后老师作出适当引申,与后续教学内容有效承接。

六、案例总结

作为高一年级男女混合专项班,分层教学尤为重要。老师需要考虑不同学生身体素质的差异、专项技能掌握程度的差异,对其进行合理分组,确保每一位学生在课程中学有所得。可以采用分组和结对的方式,充分发挥学生的主观能动性,通过展示与检验,学生从能理解、能实践发展到能讲解、能示范,知其然更知其所以然,取得更好的教学效果。

教师要积极探索基于情境化、问题导向的启发引导式教学模式,通过问题链的设置,环环相扣地将课时重难点穿插其中,优化只有教师教、学生听的育人模式,努力形成教师引、学生答的课程互动,以学生的学习为中心,先学后教。预设并灵活应对可能出现的问题,以积极的态度引导学生参与互动,学生发展自主探究、灵活迁移的学习习惯与能力。

教师还要贯彻学科核心素养理念,通过语言提示、常规要求,帮助学生建立健康行为,在不同课时的素质练习中,穿插专项素质练习和一般素质练习,提供多种素质练习方法,使学生能够在不同的条件下找到最适合自己的练习方法,养成终身运动的良好习惯;在练习过程中结合情景化比赛,发展勇于拼搏、积极进取、尊重规则、团结友爱、互帮互助、公平公正、诚实正直、胜不骄、败不馁等体育品德,培养其优秀的道德品质。

(本文作者:吴宇妍)

13

循环结构的程序实现

一、背景分析

(一)《课程标准》要求

掌握一种程序设计语言的基本知识,使用程序设计语言实现简单算法,通过解决实际问题,体验程序设计的基本流程,感受算法的效率,掌握程序调试与执行的方法。

(二)教学内容分析

本课教学内容选自高中信息技术必修1《数据与计算》第二章"算法与程序实现"中的第二节"程序设计语言基本知识"。其中本课为"循环结构的 Python 实现"。

(三)教情分析

在本课之前,学生已通过学习流程图和自然语言的描述方法让同学们对循环结构有了一定的了解,学生对于分支结构等 Python 代码有一定的熟练度,循环结构的程序实现对学生来说有一定的难度,但是实用性强,学生会比较感兴趣。

(四)学情分析

学生在之前的学习中已学习算法的三种基本控制结构,知晓编程解决问题的一般过程,了解程序设计语言的基础知识,在问题解决过程中初步掌握了输入语句、赋值语句、输出语句、分支语句的基本格式及用法。对循环结构的思维模式和流程图的绘制也有了初步的了解,但是对循环结构的 Python 程序实现还不了解。

二、教学目标

(一)信息意识

能够采用计算机领域的学科方法界定问题、抽象特征、建立结构模型、合理组织数据。

(二)计算思维

能够使用程序设计语言实现简单算法,通过解决实际问题,体验程序设计的基本流程,感受算法的效率,掌握程序测试与执行的方法。

(三)计算思维

能够选用合适的循环语句,实现算法。通过判断、分析信息资源,运用合理的算法形成解决问题的方案。

三、教学重难点

(一) 教学重点

通过解决实际问题,体验循环结构程序设计的基本流程。

(二) 教学难点

完成特定问题的抽象与建模。

四、教学过程设计

(一) 问题导入

问题提出:斐波那契数列又称黄金分割数列,因数学家莱昂纳多·斐波那契(Leonardo Fibonacci)以兔子繁殖为例子而引入,故又称为"兔子数列",指的是这样一个数列:1、1、2、3、5、8、13、21、34……,我们如何用代码的方式输出斐波那契数列的前 n 项。

(二) 阅读环节

引导学生了解程序设计的一般流程,包括 for 和 while 循环的基础程序设计语言。

(三) 问题分析

活动 1:小组讨论。

(设计意义:通过一个对学生来说相对熟悉的数学问题的导入,引导学生学习循环结构的计算思维。)

1. 斐波那契数列的第 n 项如何得到? 有何规律?

2. 算法应该采用什么结构?

3. 展示交流算法。(自然语言或流程图)

活动 2:补全代码。

(设计意义:让学生在补全代码的过程中,理解 for 循环和 while 循环的一般步骤,理解程序代码和算法的异同。)

1. 提供半成品的斐波那契数列的程序文件,学生可以根据算法填充代码。

2. 学生讨论 for 循环和 while 循环的区别。

3. range()函数的应用

4. 易错点分析。例如:变量名的大小写问题;for 语句的序列如何填写的问题等。

5. 代码演示:

下面分别展示 while 循环(图 1)和 for 循环(图 2)示意图。

While 循环:

```
Python 3.7.3 (def
[Clang 7.0.2 (cla
Type "help", "cop
>>>
==================
=
请输入n (n>2) 6
1
1
2
3
5
8
>>>
```

```
a=0
b=1
i=2
n=int(input("请输入n (n>2) "))
print(b)
while i<=n:
    c=a+b
    print(c)
    a=b
    b=c
    i=i+1
```

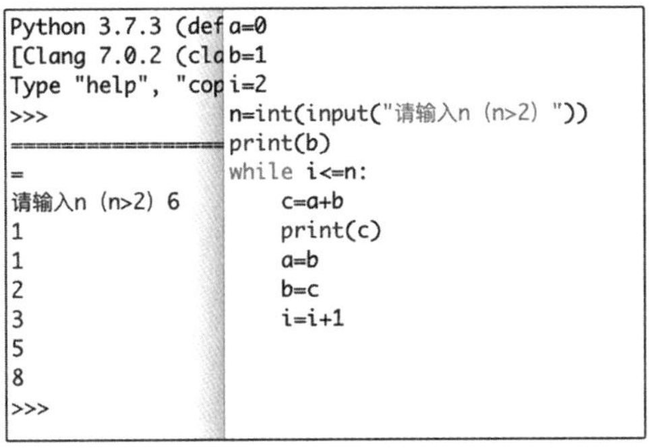

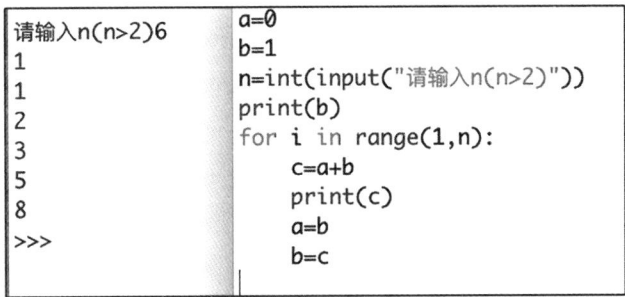

图 1　while 循环代码

for 循环：

```
请输入n(n>2)6
1
1
2
3
5
8
>>>
```

```
a=0
b=1
n=int(input("请输入n(n>2)"))
print(b)
for i in range(1,n):
    c=a+b
    print(c)
    a=b
    b=c
```

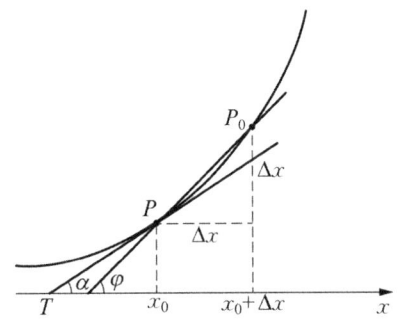

图 2　for 循环代码

（四）问题拓展

引导学生思考循环结构在生活中的应用：

活动：导数的概念

（活动意义：举一个数学上的例子，让学生理解循环结构在生活上的应用，通过简单的程序设计可以发现高级的数学概念。）

问题提出：已知 P 和 P_0 是二次函数 $y=2x^2$ 上的两个点，P 点坐标为(1，2)，那么你能不能通过今天所学的知识得到 P 和 P_0 无限接近时，直线 PP_0 的斜率是多少？

图 3　函数图解

代码演示如图 4 所示

```
4.014000000000135      x=1.500
4.012000000000088      while x-1>0.002:
4.010000000000134              y=2*x**2
4.008000000000121              print((y-2)/(x-1))
4.006000000000137              x=x-0.001
4.004000000000005      |
>>>
```

图 4 代码演示

五、评价

课后练习:在数列$\{a_n\}$中,$a_1=1$,$a_{n+1}=3a_n+2n$,求 a_{27} 为多少?

六、教学反思

此次教学设计采用跨学科的形式让学生更加深刻地体会到学科的核心素养,通过求导数的方式让同学们见识到循环结构的实用性,在课后练习中也让学生看到了除导数之外,数列也可以使用循环结构进行求解,更深刻地体会到循环结构解决实际问题的思路与方法。在实践中还应该更好地控制时间,在保持学生兴趣的同时,提高课堂深度学习的效果。

(本文作者:温佳琳)

14

基于树莓派的通用技术学科教学案例

一、前言

切合当今人工智能大开发的时代背景,本文尝试在高中通用技术教学中引入树莓派平台的基于校情的智能台灯、智能机械臂小车 2 个综合项目,作为高一高二教材《技术与设计 1》《技术与设计 2》《电子控制技术》《产品三维设计与制造》的教学载体,让学生围绕自己热衷的人工智能设备开发这个主题,进行技术设计、技术制作、技术体验等实践活动,经历设计的一般过程,领会结构、流程、系统、控制的思想,落实培养学生的技术意识、工程思维、创新设计、图样表达、物化能力等通用技术核心素养,作为聚焦"双新"视域下课堂教学变革、提高通用技术课堂教学有效性的有益探索。

普通高中通用技术课程旨在提高学生的学科核心素养,着重于设计学习和操作学习,是一门强调实践能力,注重创造性思维,并将科技与人文融合的课程。传统的"讲授法""谈话法""讨论法"等教学方法已无法满足学生学习的需求,需要教师结合最新的计算机图像识别、人工智能、数字建模、数字加工等技术,基于校情在课堂教学中创造学生主动参与、探索创新、自主协作、深度学习的项目教学模式。

二、树莓派平台简介

树莓派(Raspberry Pi)于 2012 年推出,到现在已成为无可争议的计算机开发项目之王。集成在一张名片大小的电路板上的树莓派能实现所有计算机软硬件开发的功能,能让你自接触的那刻起一同进入迷人的计算机世界。它是一个免费的、高效的软硬件解决方案,支持多个应用。它提供了 I/O、ARM、Linux 等多个软件,使得你的系统更加灵活、高效。此外,树莓派还支持各种传统的物理外设,如触摸屏、手柄、按键、传感器等,为你的系统提供了更多的操作选择。树莓派拥有强大的功能,既能够制造和 PC 相同的外围设施,又能够运行基于 Linux PC 平台的软件,实现无缝、高效、安全地连接互联网。它提供了各种硬件和软件,无论是自己动手焊接还是插拔组装,都能够轻松实现。随着树莓派的不断扩展,它已经吸引了数以万计的专家学者、技术爱好者,他们利用 Python、C、IDE 等多种语言构筑了一个完整的开发环境,从而推动了树莓派的发展,并且已经深深地影响了当今互联网、物联网、人工智能领域的技术进步。树莓派主板拥有 40 个引脚,大多数都具备 I/O 功能,可以连接多种传感器,从而获取外部环境的信息,并通过编写的程序和算法进行分析判断,同时还可以将控制信号输出到LED灯、直流减速电机、舵机或其他设备,从而实现设备的动态调节。通过编写简单的程序,搭配合适的感应元件和连接线,再加上动力电源,我们可以创造出各种各样的电子设备,例如智能台灯、自主行走的机器人、自动浇水的装置、无人机和智能机械臂。下图1所示为我校推出的基于树莓派平台的项目——智能机械臂小车,具有手机遥控,巡线,避障,行走,图像存储、传输、识别,抓物等功能。下图2所示为智能机械臂小车的WEB控制界面。

图1　智能机械臂小车

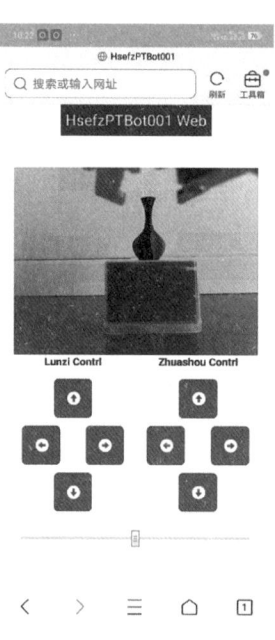

图2　WEB控制界面

三、在高中通用技术学科尝试应用树莓派平台进行项目化教学

(一)可行性分析

高中生已经具备了基本的加工制作和逻辑推理能力,在信息科技课程中也进行了初步的Python编程学习,在经过必要的学习后完全可以进行树莓派平台开发。在具体的任务情境中,学生可以运用树莓派和常见的传感器,结合生活案例,创设一系列简单而有趣的项目任务,如呼吸灯、水流灯、音乐灯、电子闹钟、鱼缸、玩具车智能化设计等。在简单项目式学习的过程中,学生可以运用多种设备,如3D打印机、激光切割机和常用手工工具等,来完成所选任务的结构设计和加工工作。而涉及电路和编程等方面的设计,则需要学生运用树莓派设计套件来完成。在学生进行体验项目任务学习的过程中,他们将根据教程实现并改进熟悉的事物,这有助于他们更好地熟悉树莓派的编程环境,并初步学会如何运用树莓派结合传感器来对对象进行控制。同时,他们也将在实践中更加熟练地运用3D打印机、激光切割机和各类常用手工工具等。在这个过程中,学生既是产品经理,又是产品用户,更是工程师,既是软件工程师,又是

硬件工程师,完成软硬知识的相互印证,完整体验人工智能开发的流程,提高了通用技术课堂教学的有效性,同时激发了学生的学习兴趣。

(二) 课时安排与教学内容规划

计算机辅助设计——6 课时

激光切割——2 课时

3D 打印——2 课时

常见手工加工操作(台虎钳固定、锯割、锉削打磨、钻孔等)——2 课时

装配训练(拼接组装木制 4 自由度机器人机械手臂)——2 课时

树莓派体验项目任务学习(编程环境和传感器等的使用)——10 课时

智能台灯方案设计、结构设计、功能设想(画出设计图等)——4 课时

智能台灯的制作、调试、组装、优化、展示、评价、说明书撰写——10 课时

回顾前面的智能台灯制作项目,总结技术及其性质、技术设计及表达、工艺及方案实现、技术交流与评价——4 课时

计算机图像识别 OpenCV——4 课时

智能抓物小车方案设计、结构设计、功能设想——4 课时

智能抓物小车的制作、调试、组装、优化、展示、评价、说明书撰写——10 课时

回顾前面的智能抓物小车制作项目,总结结构、流程、系统、控制的概念及其意义——4 课时

考试及其他——4 课时

以上安排总共 68 课时,按高一高二两个学年每周 1 课时排课,正好可排满,并且能覆盖国家规定的《技术与设计 1》《技术与设计 2》《电子控制技术》《产品三维设计与制造》4 本教材的基本内容。

(三) 项目案例

1. 智能台灯的设计与制作

为确保学生能够自主完成项目任务,制定时需要考虑学生的学情,并采用分组的形式进行设计与制作。智能台灯的基本功能包括手动调光、语音识别指令调光、环境光自动调光、人体距离感应自动开关灯、红外遥控开关灯与调光。另外,还可加入手机远程控制等功能。根据学情,教师在上述功能中指定 2—3 个作为必须完成的基本功能,学生可根据自身兴趣爱好和条件,再自行添加至少 2 个功能。

在完成这项任务的主体结构时,除了手工绘制草图,还需要使用电脑辅助设计软件来展示想法和解决方案。采用 3 mm 厚的椴木板,经由激光切割机精确加工,再经热熔胶及一些特定尺寸的螺丝紧固,最终完成台灯的整个架构。为了实现智能台灯的制作,我们将使用树莓派 4B 主板、红外遥控发射与接收器、超声波传感器、环境光传感器、声音传感器等多种电子元件,以及 1 个 LED 灯板,4 节 5 号干电池,并使用杜邦线将它们有效的连接。为确保电源的稳定

性,可根据不同的设备,选择不同的电源方案。

智能台灯设计与制作项目任务所需基本元器件与设备清单如下:

(1) 树莓派设计套件(树莓派 4B 主板、红外遥控发射与接收器、超声波传感器、环境光传感器、声音传感器等多种电子元件和传感器)1 套;

(2) LED 灯板 1 个;

(3) 电源盒及电池(1.5V5 号干电池)4 节;

(4) 杜邦线(2.54 mm 母对母、公对公、公对母)若干;

(5) 常用手工工具(美工刀、螺丝刀、剪刀、钳、微型手电钻、热熔枪等)1 套;

(6) 胶合板(厚 3 mm,长 300 mm,宽 300 mm)3 块;

(7) 智能手机 1 部;

(8) 电脑 1 台。

通过智能台灯的设计与制作,学生能够全面体验设计过程的乐趣与挑战。在这个过程中,学生会意识到 LED 灯的刺眼问题,需要采取措施以保护使用者的视力。设计过程中,学生需要理性分析作品与人、环境之间的关系,深入了解智能技术的发展对社会的影响,并学会从容应对技术的高速发展,初步具备技术意识。

在制定设计方案时,学生将学习手绘设计图和熟练使用计算机制图软件,使其能够恰当地表达自己的设计意图与方案,从而掌握图样表达的技巧。台灯的结构设计与制作需要学生考虑树莓派主板、电池盒、传感器、LED 灯板等器件的尺寸和组装等问题。同时,学生还需运用系统分析方法,对多种方案进行权衡比较,最终综合考虑各方面因素,如工具选用、材料选择与外形结构设计,做出科学决策,培养学生的工程思维。

制作台灯模型及原型时,学生必须独立完成组装与调试,熟练运用常用手工工具、普通木工工具、3D 打印机、激光切割机、树莓派开发设计套件等设备,为自主开发与制作奠定基础,提高学生的物化能力。整个过程将充分激发学生的创造力和动手能力,为他们今后的学习与工作打下坚实的基础。

2. 智能机械臂小车的设计与制作

展示智能机械臂小车的手机遥控、巡线、避障、行走、图像传输与识别、抓物等功能。要求 4—5 人成组,确定自己小车的结构、功能、制作分工及流程。开始搭建小车结构,尝试编程,改进结构,完善控制,逐步实现轮子动起来、机械臂动起来、能手机遥控、能自动避障、能循迹、能图像识别、能抓取东西、能抓拍关键照片和视频并回传至手机等功能,不断改进,直至完成作品。各组学生可以根据自己的爱好和特长选择实现部分功能。

小车的结构,除了用实验室或市场上可找到的零部件或材料外,还可以运用计算机辅助设计软件进行设计、用 3D 打印或激光切割来获得。为了方便快速制作并确保美观,建议使用 3 mm 厚的椴木板,激光切割机可用于精准加工,之后使用热熔胶和适合规格的螺丝进行组合拼装。电路设计基于树莓派的设计套件,使用树莓派 4B 主板,以满足不同的应用场景。采用杜邦线将电子元件与传感器模块连接起来,并使用高效的电源技术,如树莓派专用不间断电源,以确保电路的稳定性与可靠性。

智能机械臂小车项目任务所需基本元器件与设备清单如下:

(1) 树莓派设计套件(树莓派 4B 主板、红外遥控发射与接收器、超声波传感器、环境光传感器、声音传感器等多种电子元件和传感器、摄像头)1 套;

(2) 拼装机械臂套件 1 套;

(3) 直流减速电机及轮子 2 个,万向轮 1 个;

(4) 树莓派专用不间断电源;

(5) 杜邦线(2.54 mm 母对母、公对公、公对母)若干;

(6) 常用手工工具(美工刀、螺丝刀、剪刀、钳、微型手电钻、热熔枪等)1 套;

(7) 胶合板(厚 3 mm,长 300 mm,宽 300 mm)2 块;

(8) 智能手机 1 部;

(9) 电脑 1 台。

通过智能机械臂小车的设计与制作,能让学生体验完整的技术产品设计过程和方法,领会结构、流程、系统、控制的思想。比如,在设计与制作过程中,学生会发现机械臂的抓手始终是与地面平行的,怎么做到这点的呢?原来是由于平行四边形与三角形组合而成的一种特殊结构,从而体会到结构的魅力。在制作的过程中,学生会发现有的组进展快,原来是人家的流程设计和人员分工比自己组的更合理,完全可以进一步优化。智能机械臂小车功能的实现需要设计好控制流程,并不断优化,甚至可编程设计算法让机器决策找到最优的控制路径和流程。通过实践制作,学生会发现整个智能机械臂小车是一个较复杂的控制系统,包含众多子控制系统,子控制系统的不完善会影响整体功能。从小车的循迹行走到通过图像识别、深度学习训练而实现自动驾驶,学生能体悟到技术的进步和人工智能的发展,并且欣喜于自己能在人工智能大发展的大潮中有所作为。

WEB 控制智能机械臂小车抓物的主控程序、WEB 控制界面的 index. html 代码分别如图 3、图 4 所示。

四、初步探索实践成果与思考

经过近两年的探索与实践,在高中通用技术教学中引入树莓派平台的基于校情的智能台灯、智能机械臂小车 2 个综合项目,作为高一高二教材《技术与设计 1》《技术与设计 2》《电子控制技术》《产品三维设计与制造》的教学载体,让学生围绕自己热衷的人工智能设备开发这个主题,进行技术设计、技术制作、技术体验等实践活动,经历设计的一般过程,领会结构、流程、系统、控制的思想,落实培养学生的技术意识、工程思维、创新设计、图样表达、物化能力等通用技术核心素养,不失为聚焦"双新"视域下课堂教学变革、提高通用技术课堂教学有效性的有益探索。

```python
#!/usr/bin/python3
# -*- coding:utf-8 -*-
from bottle import get,post,run,route,request,template,static_file
from AlphaBot import AlphaBot
from PCA9685 import PCA9685
import threading
import socket #ip
import os
import time

Ab = AlphaBot()
pwm = PCA9685(0x40)
pwm.setPWMFreq(50)

#Set servo parameters
HPulse = 1500  #Sets the initial Pulse
HStep = 0      #Sets the initial step length
VPulse = 1500  #Sets the initial Pulse
VStep = 0      #Sets the initial step length
pwm.setServoPulse(1,VPulse)
pwm.setServoPulse(0,HPulse)

time.sleep(12) #仅用于开机自动启动本程序的等待时间

@get("/")
def index():
    return template("index")

@route('/<filename>')
def server_static(filename):
    return static_file(filename, root='./')

@route('/fonts/<filename>')
def server_fonts(filename):
    return static_file(filename, root='./fonts/')

@post("/cmd")
def cmd():
    global HStep,VStep
    code = request.body.read().decode()
    speed = request.POST.get('speed')
    print(code)
    if(speed != None):
        Ab.setPWMA(float(speed))
        Ab.setPWMB(float(speed))
        print(speed)
    if code == "stop":
        HStep = 0
        VStep = 0
        Ab.stop()
        print("stop")
    elif code == "forward":
        Ab.forward()
        print("forward")
    elif code == "backward":
        Ab.backward()
        print("backward")
    elif code == "turnleft":
        Ab.left()
        print("turnleft")
    elif code == "turnright":
        Ab.right()
        print("turnright")
    elif code == "up":
        VStep = -5
        print("up")
    elif code == "down":
        VStep = 5
        print("down")
    elif code == "left":
        HStep = 5
        print("left")
    elif code == "right":
        HStep = -5
        print("right")
    return "OK"

def timerfunc():
    global HPulse,VPulse,HStep,VStep,pwm

    if(HStep != 0):
        HPulse += HStep
        if(HPulse >= 2100):
            HPulse = 2100
        if(HPulse <= 1000):
            HPulse = 1000
        #set channel 4, the zb servo
        pwm.setServoPulse(4,HPulse)

    if(VStep != 0):
        VPulse += VStep
        if(VPulse >= 1600):
            VPulse = 1600
        if(VPulse <= 1380):
            VPulse = 1380
        #set channel 8, the zs servo
        pwm.setServoPulse(8,VPulse)

    global t          #Notice: use global variable!
    t = threading.Timer(0.02, timerfunc)
    t.start()

def camera():
    lastpath = os.path.abspath(os.path.join(os.getcwd(), "/home/pi"))
    print("lastpath = %s" %lastpath)
    campath = lastpath + '/mjpg-streamer/mjpg-streamer-experimental/'
    print("campath = %s" %campath)
    os.system(campath + './mjpg_streamer -i "' + campath + './input_uvc.so" -o "' + campath + './output_http.so -w ' + campath
+ './www"')

tcamera = threading.Thread(target = camera)
tcamera.setDaemon(True)
tcamera.start()

t = threading.Timer(0.02, timerfunc)
t.setDaemon(True)
t.start()

s = socket.socket(socket.AF_INET,socket.SOCK_DGRAM)
s.connect(('8.8.8.8',80))
localhost=s.getsockname()[0]
run(host = localhost, port = 8000)
```

图3

```html
<!DOCTYPE html>
<html lang="en">
<head>
    <meta charset="UTF-8">
    <meta name="viewport" content="width=device-width, initial-scale=1.0">
    <title>HsefzPTBot001</title>
    <link href="bootstrap.min.css" rel="stylesheet" media="screen">
    <script src="jquery.js"></script>
    <script>

        $(function(){
            var isTouchDevice = "ontouchstart" in document.documentElement ? true : false;
            var BUTTON_DOWN    = isTouchDevice ? "touchstart" : "mousedown";
            var BUTTON_UP      = isTouchDevice ? "touchend"   : "mouseup";

            $("button").bind(BUTTON_DOWN,function(){
                $.post("/cmd",this.id,function(data,status){
                });
            });

            $("button").bind(BUTTON_UP,function(){
                $.post("/cmd","stop",function(data,status){
                });
            });

            $('input').change(function() {
                var speed = this.value;
                $.post('/cmd', {speed: speed});;
            });
        });

    </script>

    <style type="text/css">
        button {
            margin: 10px 15px 10px 15px;
            width: 50px;
            height: 50px;
        }
        input {
            margin: 10px 15px 10px 15px;
            width: 50px;
            height: 50px;
        }
    </style>

</head>
<body>
<div id="container" class="container" align="center">
    <div style="width:60%; height:40px; line-height:40px; text-align:center; font-size:20px; color:white; background-color:blue; margin:auto">
    HsefzPTBot001 Web Control
    </div><br><br>

    <script>
        var ip_addr = document.location.hostname;
        document.write("<img width=\"320\" height=\"240\" src=\"http://" + ip_addr + ":8080/?action=stream\"></br>");
    </script>

    <table align="center">
        <tr>
            <td align="center"><b>Lunzi Contrl</b></td>
            <td align="center"><b>Zhuashou Contrl</b></td>
        </tr>
        <tr>
            <td>
                <div align="center">
                    <button id="forward" class="btn btn-lg btn-primary glyphicon glyphicon-circle-arrow-up"></button>
                </div>
                <div align="center">
                    <button id='turnleft' class="btn btn-lg btn-primary glyphicon glyphicon-circle-arrow-left"></button>
                    <button id='turnright' class="btn btn-lg btn-primary glyphicon glyphicon-circle-arrow-right"></button>
                </div>
                <div align="center">
                    <button id='backward' class="btn btn-lg btn-primary glyphicon glyphicon-circle-arrow-down"></button>
                </div>
            </td>
            <td>
                <div align="center">
                    <button id="up" class="btn btn-lg btn-primary glyphicon glyphicon-circle-arrow-up"></button>
                </div>
                <div align="center">
                    <button id='left' class="btn btn-lg btn-primary glyphicon glyphicon-circle-arrow-left"></button>
                    <button id='right' class="btn btn-lg btn-primary glyphicon glyphicon-circle-arrow-right"></button>
                </div align="center">
                <div align="center">
                    <button id='down' class="btn btn-lg btn-primary glyphicon glyphicon-circle-arrow-down"></button>
                </div>
            </td>
        </tr>
    </table>
    <input type="range" min="20" max="100", style="width:300px";>
</div>
</body>
</html>
```

图 4

得益于树莓派平台的智能台灯、智能机械臂小车 2 个综合项目的系统学习和训练,在通用技术学科类系列竞赛中,我校学生报名参赛踊跃,并获佳绩。2022—2023 学年全国青少年劳动技能与智能设计大赛,3 个线下挑战项目(无碳小车)队,1 个线上挑战项目(智能家居)队,经初赛进复赛,获上海赛区复赛一等奖 2 个、二等奖 2 个,均获得晋级全国决赛的资格,最终在全国决赛中获一等奖 2 个、二等奖 1 个、三等奖 1 个。2023 年上海市中学劳动技术学科竞赛,获一等奖 1 个、三等奖 1 个。在 2023 年上海市青少年建筑模型锦标赛中,获二等奖 1 个、三等奖 2 个。2023 年的科技创新大赛,通过通用技术学科组孵化的课题项目有 10 个,获各级奖项 9 个。

【参考文献】

［1］顾建军,吴铁军.普通高中通用技术课程标准(2017 年版 2020 年修订)解读[M].北京:高等教育出版社,2020.

［2］柯博文.树莓派 Raspberry Pi 实战指南:手把手教你掌握 100 个精彩案例[M].北京:清华大学出版社,2015.

［3］张恩锋.Arduino 应用于通用技术教学的探索[J].教育与装备研究,2019(10):67 - 71.

(本文作者:刘海生)

高中生心理健康教育单元设计：情绪管理专题案例

中小学心理健康教育的目标要求促进学生不断正确地认识自我，调控情绪，承受挫折，适应环境；培养学生乐观向上的心理品质，促进学生人格的健康发展。[1]情绪是人的内心世界的反映。[2]情绪管理是高中生心理健康教育的重要专题之一，对发展积极的自我意象、建立和谐人际关系有着极为重要的作用。本专题参照《高中生心理健康自助手册》[5]情绪管理的课程内容进行单元教学设计。

一、设计意图

高一学生刚刚度过学段升级，正处于适应阶段，本章节根据高一年级学生的心理发展特点进行设计。进入青春期的学生在情绪特征上表现为冲动、不稳定、极端化等特点，容易出现内心需要与意志调控之间的失调。[3][4]本单元从学生生活实际出发，采用视频素材、讨论探究、互动活动等方式，了解情绪方面的理论知识，并学会用理性情绪疗法（主要是 ABC 疗法）等方法调节情绪并应用于实践。

二、单元教学目标

（一）知识目标

1. 了解情绪的含义与分类；

2. 认识积极情绪与消极情绪及其作用。

（二）能力目标

1. 正确认识与评价自己的情绪；

2. 有效调控情绪，减少不良情绪给个人带来的影响；

3. 运用所学方法解决实际问题。

（三）态度和情感目标

重视情绪的调控，培养良好的情绪，拥有积极乐观的好心情。

（四）核心素养培养目标

辩证看待情绪对人的影响，通过认知调节，增强情绪调控能力；增强心理弹性，提升心理适应性。

三、单元教学重点、难点

（一）重点

1. 认识情绪的不同表现。

2. 辩证看待积极情绪、消极情绪对人的作用。

3. 学习正确看待情绪对人的影响，转化消极情绪，通过认知调整解决实际问题，调控情绪。

（二）难点

有效调控自身情绪，培养主动调节情绪的能力。

此专题共三课时，分别为"情绪心理剧场——情绪的定义、激发和运作""天使与恶魔——情绪的功能""驯服'情绪怪'——情绪表达与人际沟通"。

以第一课时"情绪心理剧场——情绪的定义、激发和运作"为例：

情绪心理剧场

——情绪的定义、激发和运作

本课在设计时着力于体验与参与，采取能够引起关注、激发兴趣、投入参与的情景教学法，借力色彩印象，以可视化的途径引发学生对内部情绪体验的觉察与认识，为情绪的管理、调控打下基础。

四、教学目标

核心素养培养目标：通过认知改善，增强情绪调控能力；增强心理弹性，提升心理适应性。

知识与技能：了解情绪与信念的关系。

情感态度价值观：感受行为背后信念的力量，了解情绪是可以驾驭的。

过程与方法：通过情境创设，体验信念与情绪的联结；主动转变想法，推进积极思维模式。

五、重点难点

重点：了解情绪与信念的关系，情绪是可以有意识地进行选择和调控的。

难点：能够自我觉察情绪，有意识地向积极思维模式转变。

六、教学方式

情境体验法、视频教学法、讲授法。

七、教学准备

场地布置；PPT；《头脑特工队》片段截取（初识、迁居、家庭冲突——备用）；

情境卡片 3 张；情绪角色牌 5 个（5 种颜色分别代表喜、怒、哀、惧和厌）。

八、教学过程与策略

环节1:导入——播放《头脑特工队》视频片段

【设计意图】通过五个具象化情绪人物间的互动,导入情绪专题。

环节2:什么是情绪?

【设计意图】(初高衔接)引导学生回顾初中知识,明确情绪的定义。

环节3:情绪的产生与运作,播放《头脑特工队》视频片段(迁居)

【设计意图】从主人公搬迁至新居,目睹破烂不堪的房子导致多种情绪迸发,了解情绪的即发性、同时性和复杂性;理解情绪是一种主观体验,"主观"二字背后隐藏的关键是个体的想法、态度、信念。

环节4:情绪心理剧场——生活五味瓶

活动过程:以环节3为基础,导向日常生活中的情境。学生担任情境主角,根据情境卡片呈现情境。学生分小组(喜、怒、哀、惧、厌)模拟不同情绪小人如何在脑中影响主人公并做出反应。最后回到情境,由表演者依据自身实际做出情境反馈,说出自己的想法及感受。由此进行多轮类似的情境模拟,形式上从按序回答到快速抢答,内容上由教师进一步追问想法背后的个人需求,探索内在信念的线索。

情境一:[教室]你是班级里的学习委员,班主任老师要你通知一下,这次开学摸底考取消。

情境二:[校园]同班同学出了水痘,我们班级被隔离了。

其他情境可从现场生成:现在回想一下,生活中是不是也有类似的让你感觉五味杂陈的事情?

【设计意图】通过模拟几个贴近实际生活的情境,短暂中断情绪的直接反应,放大内部斗争过程,以体验内在多种想法并存到选择呈现的过程,介入情绪调控的中间环节。

环节5:情绪谁当家?补充思考,播放《头脑特工队》视频片段(家庭冲突)3 min

【设计意图】识别父、母、莱莉情绪中枢的差异,找到各自不同的主导情绪。回顾日常生活中的应对方式,思考:你的主导小人是哪一个? 主导情绪可以改变吗?

课后练习:心理自助(练习调节情绪)。

学生自我剖析,记录生活中的经历,用ABC理论进行分析,体会情绪是个人的主观体验,个人可以对情绪进行主动调控和改善。

【板书设计】

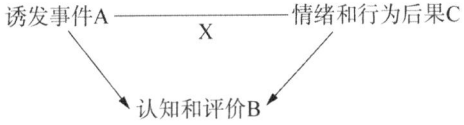

【参考文献】

[1] 中华人民共和国教育部.中小学心理健康教育指导纲要(2012年修订)[S].北京:北京师范大学出

版社,2012:1-4.

〔2〕金锐刚.高中心理健康教育核心素养培养的思考[J].新智慧,2021(27):1-3.

〔3〕何妍,任玉丹.深入领会新《纲要》精神全面推进心理健康教育工作——访《中小学心理健康教育指导纲要(2012年修订)》修订组组长俞国良教授[J].中小学心理健康教育,2013(02):11-15.

〔4〕周林.基于核心素养的高中学生心理健康教育分析[J].黑龙江科学,2021,12(21):108-109.

〔5〕吴增强(2019):高中生心理健康自助手册,上海:上海教育出版社.

(本文作者:陈秋妍)